市场预期、利率期限结构与间接货币政策转型

Market Expectation, Term Structure of Interest and the Transformation of Indirect Monetary Policy

李宏瑾 著

经济管理出版社

ECONOMY & MANAGEMENT PUBLISHING HOUSE

图书在版编目（CIP）数据

市场预期、利率期限结构与间接货币政策转型/李宏瑾著. —北京：经济管理出版社，
2013.6

ISBN 978-7-5096-2515-6

Ⅰ.①市…　Ⅱ.①李…　Ⅲ.①货币政策—研究—中国　Ⅳ.①F822.0

中国版本图书馆 CIP 数据核字（2013）第 137186 号

组稿编辑：宋　娜
责任编辑：宋　娜　刘广钦
责任印制：黄　铄
责任校对：张　青

出版发行：经济管理出版社
　　　　　（北京市海淀区北蜂窝 8 号中雅大厦 A 座 11 层　100038）
网　　　址：www. E-mp. com. cn
电　　　话：（010）51915602
印　　　刷：北京银祥印刷厂
经　　　销：新华书店
开　　　本：720mm×1000mm/16
印　　　张：17.75
字　　　数：291 千字
版　　　次：2013 年 7 月第 1 版　2013 年 7 月第 1 次印刷
书　　　号：ISBN 978-7-5096-2515-6
定　　　价：80.00 元

编委会及编辑部成员名单

　　本书获得了国家社科基金重点项目利率市场化改革和利率调控体系（12AZD038）、中国博士后科学基金面上资助项目利率期限结构与通货膨胀问题研究（20100470460）的支持。

序 一

博士后制度是 19 世纪下半叶首先在若干发达国家逐渐形成的一种培养高级优秀专业人才的制度，至今已有一百多年历史。

20 世纪 80 年代初，由著名物理学家李政道先生积极倡导，在邓小平同志大力支持下，中国开始酝酿实施博士后制度。1985 年，首批博士后研究人员进站。

中国的博士后制度最初仅覆盖了自然科学诸领域。经过若干年实践，为了适应国家加快改革开放和建设社会主义市场经济制度的需要，全国博士后管理委员会决定，将设站领域拓展至社会科学。1992 年，首批社会科学博士后人员进站，至今已整整 20 年。

20 世纪 90 年代初期，正是中国经济社会发展和改革开放突飞猛进之时。理论突破和实践跨越的双重需求，使中国的社会科学工作者们获得了前所未有的发展空间。毋庸讳言，与发达国家相比，中国的社会科学在理论体系、研究方法乃至研究手段上均存在较大的差距。正是这种差距，激励中国的社会科学界正视国外，大量引进，兼收并蓄，同时，不忘植根本土，深究国情，开拓创新，从而开创了中国社会科学发展历史上最为繁荣的时期。在短短 20 余年内，随着学术交流渠道的拓宽、交流方式的创新和交流频率的提高，中国的社会科学不仅基本完成了理论上从传统体制向社会主义市场经济体制的转换，而且在中国丰富实践的基础上展开了自己的伟大创造。中国的社会科学和社会科学工作者们在改革开放和现代化建设事业中发挥了不可替代的重要作用。在这个波澜壮阔的历史进程中，中国社会科学博士后制度功不可没。

值此中国实施社会科学博士后制度20周年之际，为了充分展示中国社会科学博士后的研究成果，推动中国社会科学博士后制度进一步发展，全国博士后管理委员会和中国社会科学院经反复磋商，并征求了多家设站单位的意见，决定推出《中国社会科学博士后文库》（以下简称《文库》）。作为一个集中、系统、全面展示社会科学领域博士后优秀成果的学术平台，《文库》将成为展示中国社会科学博士后学术风采、扩大博士后群体的学术影响力和社会影响力的园地，成为调动广大博士后科研人员的积极性和创造力的加速器，成为培养中国社会科学领域各学科领军人才的孵化器。

创新、影响和规范，是《文库》的基本追求。

我们提倡创新，首先就是要求，入选的著作应能提供经过严密论证的新结论，或者提供有助于对所述论题进一步深入研究的新材料、新方法和新思路。与当前社会上一些机构对学术成果的要求不同，我们不提倡在一部著作中提出多少观点，一般地，我们甚至也不追求观点之"新"。我们需要的是有翔实的资料支撑，经过科学论证，而且能够被证实或证伪的论点。对于那些缺少严格的前提设定，没有充分的资料支撑，缺乏合乎逻辑的推理过程，仅仅凭借少数来路模糊的资料和数据，便一下子导出几个很"强"的结论的论著，我们概不收录。因为，在我们看来，提出一种观点和论证一种观点相比较，后者可能更为重要：观点未经论证，至多只是天才的猜测；经过论证的观点，才能成为科学。

我们提倡创新，还表现在研究方法之新上。这里所说的方法，显然不是指那种在时下的课题论证书中常见的老调重弹，诸如"历史与逻辑并重"、"演绎与归纳统一"之类；也不是我们在很多论文中见到的那种敷衍塞责的表述，诸如"理论研究与实证分析的统一"等等。我们所说的方法，就理论研究而论，指的是在某一研究领域中确定或建立基本事实以及这些事实之间关系的假设、模型、推论及其检验；就应用研究而言，则指的是根据某一理论假设，为了完成一个既定目标，所使用的具体模型、技术、工具或程序。众所周知，在方法上求新如同在理论上创新一样，殊非易事。因此，我们亦不强求提出全新的理论方法，我们的最低要求，是要按照现代社会科学的研究规范来展开研究并构造论著。

我们支持那些有影响力的著述入选。这里说的影响力，既包括学术影响力，也包括社会影响力和国际影响力。就学术影响力而言，入选的成果应达到公认的学科高水平，要在本学科领域得到学术界的普遍认可，还要经得起历史和时间的检验，若干年后仍然能够为学者引用或参考。就社会影响力而言，入选的成果应能向正在进行着的社会经济进程转化。哲学社会科学与自然科学一样，也有一个转化问题。其研究成果要向现实生产力转化，要向现实政策转化，要向和谐社会建设转化，要向文化产业转化，要向人才培养转化。就国际影响力而言，中国哲学社会科学要想发挥巨大影响，就要瞄准国际一流水平，站在学术高峰，为世界文明的发展作出贡献。

我们尊奉严谨治学、实事求是的学风。我们强调恪守学术规范，尊重知识产权，坚决抵制各种学术不端之风，自觉维护哲学社会科学工作者的良好形象。当此学术界世风日下之时，我们希望本《文库》能通过自己良好的学术形象，为整肃不良学风贡献力量。

中国社会科学院副院长

中国社会科学院博士后管理委员会主任

2012 年 9 月

序 二

在 21 世纪的全球化时代，人才已成为国家的核心竞争力之一。从人才培养和学科发展的历史来看，哲学社会科学的发展水平体现着一个国家或民族的思维能力、精神状况和文明素质。

培养优秀的哲学社会科学人才，是我国可持续发展战略的重要内容之一。哲学社会科学的人才队伍、科研能力和研究成果作为国家的"软实力"，在综合国力体系中占据越来越重要的地位。在全面建设小康社会、加快推进社会主义现代化、实现中华民族伟大复兴的历史进程中，哲学社会科学具有不可替代的重大作用。胡锦涛同志强调，一定要从党和国家事业发展全局的战略高度，把繁荣发展哲学社会科学作为一项重大而紧迫的战略任务切实抓紧抓好，推动我国哲学社会科学新的更大的发展，为中国特色社会主义事业提供强有力的思想保证、精神动力和智力支持。因此，国家与社会要实现可持续健康发展，必须切实重视哲学社会科学，"努力建设具有中国特色、中国风格、中国气派的哲学社会科学"，充分展示当代中国哲学社会科学的本土情怀与世界眼光，力争在当代世界思想与学术的舞台上赢得应有的尊严与地位。

在培养和造就哲学社会科学人才的战略与实践上，博士后制度发挥了重要作用。我国的博士后制度是在世界著名物理学家、诺贝尔奖获得者李政道先生的建议下，由邓小平同志亲自决策，经国务院批准于 1985 年开始实施的。这也是我国有计划、有目的地培养高层次青年人才的一项重要制度。二十多年来，在党中央、国务院的领导下，经过各方共同努力，我国已建立了科学、完备的博士后制度体系，同时，形成了培养和使用相结合，产学研相结合，政府调控和社会参与相结合，服务物质文明与精神文明建设的鲜明特色。通过实施博士后制度，我国培养了一支优秀的高素质哲学社会科学人才队伍。他们在科研机构或高等院校依托自身优势和兴趣，自主从事开拓性、创新性研究工作，从而具有宽广的学术视野、突出的研究能力和强烈的探索精神。其中，一些出站博士后已成为哲学社会科学领域的科研骨干和学术带头人，在"长江学者"、"新世纪百千万人才工程"等国家重大科研人才梯队中占据越来越大的比重。可以说，博士后制度已成为国家培养哲学社会科学拔尖人才的重要途径，而且为哲学社会科学的发展造就了一支新的生力军。

哲学社会科学领域部分博士后的优秀研究成果不仅具有重要的学术价值，而且具有解决当前社会问题的现实意义，但往往因为一些客观因素，这些成果不能尽快问世，不能发挥其应有的现实作用，着实令人痛惜。

可喜的是，今天我们在支持哲学社会科学领域博士后研究成果出版方面迈出了坚实的一步。全国博士后管理委员会与中国社会科学院共同设立了《中国社会科学博士后文库》，每年在全国范围内择优出版哲学社会科学博士后的科研成果，并为其提供出版资助。这一举措不仅在建立以质量为导向的人才培养机制上具有积极的示范作用，而且有益于提升博士后青年科研人才的学术地位，扩大其学术影响力和社会影响力，更有益于人才强国战略的实施。

今天，借《中国社会科学博士后文库》出版之际，我衷心地希望更多的人、更多的部门与机构能够了解和关心哲学社会科学领域博士后及其研究成果，积极支持博士后工作。可以预见，我国的博士后事业也将取得新的更大的发展。让我们携起手来，共同努力，推动实现社会主义现代化事业的可持续发展与中华民族的伟大复兴。

人力资源和社会保障部副部长
全国博士后管理委员会主任
2012 年 9 月

摘　要

　　第二次世界大战后以传统凯恩斯理论为指导的货币政策及其"滞胀"后果使人们在理论与决策现实中加深了对预期重要性的认识。20 世纪 70 年代以来，以 Lucas 为代表的理性预期学派和理性预期革命在理论界和决策层都产生了巨大的影响。特别是对于货币政策制定者的中央银行来说，只有考虑到市场预期的政策才能达到理想的政策效果，否则就会引发政策的动态不一致性问题。货币政策的制定和执行必须具备足够的前瞻性、可靠性和可信性，只有这样才能够保证货币政策的有效性，顺利实现价格、产出等货币政策的最终目标。20 世纪 90 年代以后，各国中央银行普遍采用了以稳定通货膨胀为最主要目标并仅调节短期货币市场利率的货币政策框架，各国货币政策更加遵循一定的规则并对市场预期高度重视。与此同时，随着固定收益证券市场的发展，通过利率期限结构来观察市场对经济增长和通货膨胀等预期及货币政策的实际效果，在货币政策实践中发挥了越来越重要的作用，各国中央银行都投入了大量资源估计收益率曲线，以此作为货币决策的参考。

　　自 1984 年中国人民银行正式履行中央银行职能以来，我国货币政策经历了由信贷规模和现金投放的直接调控模式向以公开市场操作作为主要标志的间接调控模式转变。虽然货币政策在稳定物价和产出方面发挥了重要的作用，但由于缺乏必要的规则，对市场预期重视不够，以数量为主的货币调控模式效率逐渐下降，并在特定时期不得不进行人为干预。与此同时，中国金融市场，特别是作为公开市场操作进行货币调控主要场所的银行间债券市场迅猛发展。根据 BIS 截至 2012 年 6 月底的统计，中国债券市场规模已排名世界第 3 位，亚洲第 2 位（仅次于美国和日本），市场的广度、深度已为有效开展公开市场操作进行以利率为目标的间接货币调控提供了必要条件。那么，传统的预期理论是否同样适用于中国，收益率曲线能否为货币政策提供有效的宏观经济信息，向以利率为主的价格型货币模式转型的条件是否充分，这是我们关心的问题，也是本书研究的主要目的。

在第一章简要回顾了预期理论及其在货币政策中的作用和发达国家货币政策变迁及债券市场情况，并对我国货币政策、债券市场发展和中债收益率曲线情况进行介绍。之后，第二章和第三章分别利用回归方法和协整分析，对我国利率期限结构的预期理论进行检验。回归方法表明，与美国数据类似，我国利率期限结构存在明显的时变溢价特征，这可以解释利率期限结构中的"预期之谜"。经期限溢价修正后，利率期限结构所隐含的远期利率包含了大量未来即期利率变化的信息，而且无法拒绝预期理论。协整分析表明，各期限国债收益率存在着长期均衡的协整关系，误差修正模型表明这种长期稳定的关系是在短期动态过程中不断调整实现的，从而支持了利率期限结构的预期理论。短端利率始终是长端利率的 Granger 原因，反之则不成立。这为我国货币政策操作框架由数量工具调控向价格工具间接调控的转变提供了理论支持。

第四章和第五章主要对利率期限结构对经济增长和通货膨胀等主要宏观经济变量的预测作用进行了经验分析。根据理性预期和费雪效应，对我国利率期限结构的一年以内短期和 5 年以下的中期通货膨胀的预测能力进行了经验分析，结果表明收益率曲线确实包含了未来通货膨胀变动的信息，可以作为判断未来通货膨胀走势的预测变量。仿射利率期限结构因子分析模型和基于实际利率作用的利差分析都表明，利率期限结构对 GDP、工业增加值、投资和消费等实体经济变量以及通货膨胀率都具有良好的预测作用。利率期限结构可以作为良好的宏观经济指示器，对准确判断经济走势和市场预期，把握政策方向和节奏，开展前瞻性、针对性的货币政策操作，提高货币政策效果，具有非常重要的意义。

第六章至第九章在对发达国家货币政策变迁和我国货币政策框架考察的基础上，对我国开展利率调控的充分条件进行了分析。首先考察了•"二战"以来发达国家货币政策由利率—货币数量—利率的变迁过程，分析了公开市场操作和利率走廊两种主要利率调控模式，并得到货币政策操作必须遵循一定的规则、价格型目标和工具往往要优于数量型目标和工具等对我国货币政策的有益启示。对我国货币政策的典型性事实分析表明，当前数量调控模式面临越来越多的挑战，数量调控的效果越来越差，迫切需要向价格型货币调控模式转型。目前，上海银行间同业拆放利率（Shibor）已经充分发挥了货币市场基准利率的作用，中国人民银行可以通过公开市场操作有效引导货币市场利率，这也说明中国已经具备了以利率为目标开展间接货币政策调控的充分条件。最后，第十章在总结全文的基础上，对当前中国公开市场操作和利率引导存在的问题进行了全面的分析，并就向价格型货币政策转型提出了具体的政策建议。

关键词：预期　利率期限结构　货币政策

Abstract

The monetary practices guided by the traditional Keynes' theory and their stagflation outcome enhanced the understanding of expectation in both theory and policy-making. Since 1970s, the Rational Expectation School advocated by R. Lucas and the rational expectation revolution had a huge influence both in academic field and policy makers. To point out that, monetary policy makers must fully consider market expectations to enhance the forward-looking, reliability and its credibility to promote the validity and fulfill the ultimate goals of monetary policy such as prices and output. Otherwise, central bankers will face time inconsistency problem and policy failure. Since 1990s, central banks adopted the monetary framework with the price stability as the main terminal goal and only adjusting short term monetary market interest rate. Monetary policy follows a certain rule more and pays much more attention to the market expectations. Meanwhile, with the development of the fixed income security markets, it is more and more important to achieve the information of future economy growth, inflation changes and judge the real effects of monetary policy through the term structure of interest rate for the monetary practices. Central banks in most countries put lots of resources to estimate the yield curve as beneficial references to the monetary policy decisions.

Since the People's Bank of China (PBC) formally performed the central bank responsibility in 1984, China's monetary policy has changed from direct framework with credit control and cash issuance to indirect framework characterized by the open market operations. But because of lack of rules and neglect of market expectations, the quantitative monetary policy faces inefficiency and tends to direct credit control. Meanwhile, financial markets especially the inter-bank bond market where the PBC operates the OMOs are developing rapidly. According to the statistics of BIS at June 2012, China's bond market has ranked the 3rd in the world (just only after US and Japan). The depth and width of the bond market has already provided the necessary conditions for the priced based monetary policy. Then, whether China's yield curves support the expectation theory, can the yield curves provide effective macro-economy information, and are there any sufficient conditions for the interest monetary policy? Those are what we are concerning with and the main goal of this paper.

The first chapter shortly introduces the expectation theory as well as the role in monetary policy, the changes of monetary policy in the developed countries and an overview of the developments of China's monetary policy and bond market as well as the China bond yield curve. Chapter 2 and 3 tests the traditional expectation theory of China's term structure of interest rate based on the methods of regression and co-integration analysis. The regression empirical results showed that there are time-various term premium in the term structure that explains the expectation puzzle. If the term premium factors are considered, the forward rates contain the information of the future spot rates and we cannot reject the expectation hypothesis. The co-integration analysis showed that there are long run equilibrium co-integration relationships between yields of different maturity that supports the expectation hypothesis of the interest rate structure. With the short run adjustment of the error correction mechanisms, interest rates react on the deviations from the equilibriums. The empirical analysis also shows the interest rates of overnight and 1 month which are the granger causes of other maturity rates while the opposite are not the case. This provides the theoretical support of the transition of China's monetary policy operation framework from the quantitative based to the pricing — adjustments mode.

Chapter 4 and 5 tests the macro—economic information contained in the term structure. Based on expectation theory and fisher effect, the empirical studies on the short and medium term shows that yield curve can predict 'future inflation. The affined term structure factor model and the analysis based on real interest rate shows that yield curve have good predictive power on the future changes of real economy such as GDP, industry value added, investment and consumption as well as prices. The information in the term structure is a good macro—economic indicator and beneficial to monetary policy makers to judge economic and policy trends as well as market expectations and are good to be better policy decisions to promote the effectiveness of monetary policy.

We then turn to the sufficient condition analysis of the price based monetary policy in China. Chapter 6 introduces the transitions of monetary policy framework in the developed countries since World War Ⅱ, summarize two typical modes interest rate operations, which is open market operations, channel system respectively and point out that monetary policy must obey the rule operation and price—based framework dominates the quantity—based framework. The analysis on China's monetary policy shows that the current quantity monetary policy faces more and more challenges and the efficiency is more and more weak. The empirical study on the role of monetary market benchmark rate shows Shibor is a good benchmark rate. The PBC can operate interest rate efficiently through open market operations. All those mean that it is time to reform the monetary policy to the price—based mode. Then the last chapter, Chapter 10, summarizes the findings above which fully analysis the pitfalls in the current open market operations, interest policy arrangements and provides suggestions to the future monetary policy reforms.

Key Words: Expectations; Term Structure of Interest Rate; Monetary Policy

目　录

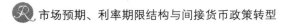

Contents

Contents

第一章　引言

第一节　预期理论与货币政策

一、预期理论发展简述

所谓"预期"，就是指经济主体（包括居民、厂商以及政府部门等经济参与者）在决定当前的行动之前，对未来经济形势或经济变量所做的一种主观估计。虽然至少从 19 世纪 70 年代以来的"边际革命"开始，作为社会科学皇后的经济学在研究方法上一直以物理学作为榜样（如微积分等数学工具和均衡概念的引入），但经济学毕竟是以一个个活生生的、具有主观预期的人所开展的经济活动作为研究对象的学科，这也是经济学与物理学等其他自然科学的最大的区别之处。就物理学而言，当明确给出初始条件后，可以通过精确计算得到整个系统未来的状态，但是一个经济体即使所有变量的状态都是一样的（如劳动力人口、资本存量以及人力资本，等等），只要预期不同，经济发展也不会完全一样。著名的银行挤兑例子（Diamond 和 Dybvig，1983）表明，如果储户都预期银行不会倒闭，那么银行就可以正常地经营下去；但是，如果大家都预期银行可能倒闭，那么银行就会面临挤兑而倒闭。这里，银行资产、负债及风险状况等变量并没有发生任何变化，只是人们对银行流动性预期的不同，会形成截然不同的后果。而且，现实经济往往并非一成不变，在进行当期决策时，必须考虑到其对未来的影响。因此，预期问题就显得十分重要。

　　然而，与价格、总产出等经济变量不同，作为一个非常主观的变量，如何理解和刻画预期，成为了经济学非常重要的问题。经济学家们对预期的关注由来已久，并以 Muth（1961）所开创的经典论文为代表。经济学对预期的认识也经历了一个逐步形成、发展直至成熟的过程。大致来说，预期理论经历了静态预期、适应性预期和理性预期三个发展阶段。

　　所谓静态预期，是指变量当期是什么样，就预期其下一期还是什么样。以价格为例，静态预期就是将当期价格作为下一期的预期价格，著名的"蛛网模型"就是应用静态预期构建的。尽管静态预期具有简单的特点，但显然这样刻画预期过于僵化，现实中也没有出现模型所预测到的蛛网特征。因此，静态预期并不是对现实预期的很好的理论，并逐渐被适应性预期所取代。

　　与静态预期过于僵化的观点相比，适应性预期关注到过去预期可能会出现误差，并根据以往预期的误差来修正今后的预期。仍然以价格为例，对于下一期价格的预期，可以用当期价格与上一期预期价格的加权平均来表示，这也是宏观经济学中最常用的适应性预期的表达方式。由于考虑到过去预期的误差，适应性预期更加接近于现实，并且可以证明适应性预期下经济系统的动态行为更为稳定，再加上适应性预期本身在模型技术上易于处理，因此在 20 世纪 60 年代以来，涌现出很多适应性预期的凯恩斯主义宏观经济模型。但是，在适应性预期中，当期价格和上一期预期价格加权平均的权数，对下一期预期价格具有非常重要的影响，但适应性预期理论及相关经验研究都无法得到一个令人满意的答案。更为重要的是，Muth（1961）指出，适应性预期建立在对过去预期误差修正的基础之上。也就是说，人们对未来的预期与实际总是不符合的，即对未来的预测总是错误的。这也就意味着适应性预期表明人们总是存在系统性错误，而若预测错误永远存在，这在理论上显然是难以让人接受的。

　　静态预期和适应性预期都是假定人们只能根据过去经验对未来做出判断，而把当前可供利用的信息以及人们对政府政策效应的判断统统排除在预期形成机制之外。20 世纪 70 年代以来，以 Lucas 为代表的理性预期学派，从"理性人"假定出发，指出经济活动者为谋取最大利益，总是设法利用过去、现在以及未来一切可获得的信息，对所关心的经济变量在未来变动状况做出尽可能准确的预测，并认为这种预期才是合乎理性的。理性预期学派认为，适应性预期具有随机性，没有理性解释，即属于"后向预期"，而理性预期之所以称之为是"理性"的，是因为它是人们参照过去历史提供的所有知识和当前的信息，对这种知识加以最有效的利用，并经过周密的思考之后才做出的一种预期。理性预期的内涵就是人们在进行预期的时候，如果人们是理性的，那么他们会最大限度地利用所得到的信息来做出行动而不会犯系统性错误。在理性预期下，人们对未来变量的预期值就是这个变量的数学期望。从大数定律的意义上讲，人们的预期应该是准确的。

与静态预期或适应性预期试图刻画预期行为并构建数学模型不同，由于对人们怎样形成预期这一行为条件并没有形成非常成熟的理论，因而理性预期学派另辟蹊径。理性预期实际上就是在理性假定下，最大限度地利用已有信息进行决策而不会犯系统性错误，因而理性预期也就意味着经济人在进行预期时，在其能力范围之内，好得不能再好为止。因此，理性预期实际上是一个均衡条件，而非对经济人的行为假设。Lucas（1978）指出，"理性预期并不试图描述人们怎样理解环境，怎样学习，怎样处理信息等这些方面。它更应该是一种结果（近似上）应该满足的性质。这种结果是由某种未被明确设定的学习与适应过程所产生的……换言之，我们并不知道人们到底是通过一个什么样的学习过程来得到'理性预期'的，我们仅仅知道它是一个均衡所应该满足的条件"。也就是说，理性预期并不是通常意义上理解的行为假设，而是一个均衡条件，是一个均衡的概念。在具体的理论分析中，并不需要对人们的预期行为进行刻画，而是在实现理性预期均衡时，每个人看起来都具有"理性预期"，也即理性预期是从均衡条件的角度，将"预期"因素引入到模型构建之中。

尽管 1936 年凯恩斯经典名著《就业、利息与货币通论》的发表标志着宏观经济学的诞生，而希克斯等人对凯恩斯的宏观经济理论用 IS/LM 框架加以表述及总供求（AS/AD）分析，确立了 20 世纪五六十年代凯恩斯主义在宏观经济与货币政策领域的主导地位。但是，凯恩斯主义革命自诞生之初就面临着以哈耶克等为代表的奥地利学派和以弗里德曼为代表的货币学派的"反革命"，而且理论和现实也使人们逐渐抛弃了传统的凯恩斯理论。一方面，传统的凯恩斯理论往往仅关注于总体宏观变量之间的联系，并没有考虑微观主体的决策过程及政策对微观主体行为及激励机制所造成的影响，并且主要采用适应性预期方式处理动态问题。理性预期学派对传统凯恩斯学派适应性预期系统性预期误差的内在缺陷及缺乏必要的微观基础提出了强烈批评，这也是 20 世纪 70 年代著名的 "卢卡斯批判"（Lucas Critique，Lucas，1976）的关键之处。另一方面，在奉行凯恩斯主义政策的作用下，尽管各国在 "二战" 后经历了持续增长，但 20 世纪 60 年代中后期至 20 世纪 70 年代，美国经济陷入了痛苦的 "滞涨"，通货膨胀与经济停滞并存，这是传统的凯恩斯理论无法解释的。因此，20 世纪 70 年代以来，理性预期学派越来越受到理论界和决策层的重视。

事实上，即使是 20 世纪 80 年代以来出现的 "新凯恩斯主义"，虽然在学派的名称上还带有凯恩斯的名字，但主要是由于其继承了传统凯恩斯理论有关产品价格或工资存在某种程度刚性的假设，并为其寻找微观基础（在传统的凯恩斯理论中，这些假设都是事前的主观性的假设，即通常所说的 ad hoc 假设，并不是从微观个体的最优化行为导出的），在模型处理时也抛弃了适应性预期而采用理性预期模型。尽管新凯恩斯主义理论模型最后基本上都可以简化成类似传统凯恩斯理论的结论，但就理论模型的构建和对预期的处理方法上，与传统凯恩斯理论的实际关联并不大，反而与理性预期学派非常接近。

二、理性预期理论与货币政策

自 20 世纪 70 年代以来，理性预期在宏观经济学及宏观经济政策方面产生了重大的影响。特别是对于宏观决策来说，只有考虑到理性预期因素，相关决策才能够取得预期效果。当一项经济政策出台时，各种微观经济主体会立即根据可能获得的多种信息预测政策的后果，从而迅速做出反应。如果政府政策的信用度高、说服力强，那么具有理性的企业和公众就会顺着政府的意图调整各自的经营策略，寻求其利益的最大化。从大数定律的意义上讲，公众的预期总的来说是正确的。虽然每一个市场主体单独的预期并不一定正确，但从长期来看，公众预期是正确的。在货币政策方面，主要体现在对通货膨胀与失业率关系（即传统的菲利普斯曲线，Philips Curve）的转变及货币政策操作规则重要性的认识上。

在传统凯恩斯理论盛行时期，货币政策的一个特点是 "相机抉择"，而这也是基于传统菲利普斯曲线（Philips，1958）对失业率（经济增长）与通货膨胀率具有负相关关系的经验发现。政府似乎可以根据这种变量之间的统计关系，通过提高通货膨胀率来提高就业率和经济增长。当失业率上升时，就提高通货膨胀率，从而促进增长与就业，根据经济的变化采取相机抉择的政策（Discretion）。但是，一旦政府真的实行这样的政策，就会改变居民的行为和预期，长期来看传统的菲利普斯曲线也将不会成立。20 世纪 60 年代美国的经验也表明，高通货膨胀政策的最终结果并非是失业率的降低，而是高通胀与高失业率并存，即陷入"滞涨"的尴尬境地。Phelps（1968）提出的"经预期修正菲利普斯曲线"对这个问题行了理论上的解释，指出在适应性预期下，通胀率与失业率在短期内有交替关系，但并非是由于通货膨胀本身，而是实际通货膨胀与预期通货膨胀之间的差异决定了失业水平。长期内实际通货膨胀与预期通货膨胀之间不会出现永久性偏差。因此，长期内菲利普斯曲线是一条垂直于自然失业率的直线。虽然相机抉择政策具有灵活性的特点，但其理论基础存在重要缺陷，也逐渐被各国中央银行所抛弃。随着理性预期学派的兴起和对货币政策规则理论认识的进一步加深，货币政策规则操作逐渐被各国中央银行所重视，并在货币政策决策和操作中发挥了越来越大的作用。这方面最重要的研究是Kydland 和 Prescott（1977）有关货币政策动态不一性理论以及 Barro 和 Gordon（1983）有关货币政策是相机抉择还是规则行事的讨论。①

所谓政策的动态一致性（Dynamic Consistency，或又称为 Time Consistency）就是从政府角度来看，政策不仅仅在制定阶段应该是最优的，而且在政策制定后的执行阶段也应该是最优的。如果在执行阶段并不是最优的，那么这项政策就是动态不一致，因为政府作为政策制定者本身，并没有足够的激励去真正执行这项政策。在理性预期下，作为政策对象的经济人在动态博弈过程中也不会相信这项政策。Kydland 和 Prescott（1977）的货币政策模型中，博弈的参与者为政府和私人部门，私人部门选择预期通货膨胀率，政府通过货币政策在给定的预期通货膨胀率情况下选择实际通货膨胀率。动态博弈分析表明，在缺乏预先承诺机制（Pre-commitment Mechanism）的情况下，如果政府通过提高通货膨胀率的手段来增加产出（即传统菲利普斯曲线所揭示的那样），那么这种政策只能在短期内有效。因为公众与宏观部门并不是静态博弈，而是一个动态博弈的过程，如果公众总是受到政策的"愚弄"，那么公众将不会信任政府部门，政府的表态

---

① 有关货币政策规则与相机抉择的争论最早可以追溯至 19 世纪英国通货学派与银行学派的分歧，而 Simon（1948）的著作则是现代意义上对这个问题进行深入讨论最早的经典文献。

可能会强化通胀预期，从而起到相反的政策效果。

Barro 和 Gordon（1983）在货币政策的动态不一致性的基础上，进一步阐述了货币政策规则的重要性问题。就货币政策的目标而言，实行低通货膨胀的政策目标是最优的选择，但低通货膨胀对政府而言却具有动态不一致性。当公众有较低的通货膨胀率预期时，中央银行将面对某种现实的通货膨胀激励，也即通过制造意外的高通胀率以获取产出的额外收益。但是，公众的预期是理性的，他们确信政策制定者存在这样的激励，因此一开始就会有较高的通货膨胀预期。结果是货币当局的政策造成了高通货膨胀，却又得不到任何产出上的好处。政府的最优政策只能是通过意外的通货膨胀来获得最大的产出目标，但个体经济人是理性预期的，因而会将较高的通货膨胀水平作为预期在决策中予以考虑，最后的结果仍然是较高的通货膨胀水平和较高的自然失业率并存。因而，在相机抉择机制下，政府与公众之间的政策博弈结果仍然是具有通货膨胀偏差的，相机抉择行事的中央银行更可能出现短视行为，也更容易导致政策的动态不一致性。因此，必须使用规则的货币政策以达到预期调控效果。Barro 和 Gordon（1983）提出的解决方法是建立政府的信誉机制，提高政策的可靠性和可信度。

第二节　利率期限结构与货币政策

一、利率期限结构及其货币政策含义

利率是宏观经济和金融活动中非常重要的变量，它连接着货币因素与实际经济，是货币政策当局调节经济活动的重要手段。所谓利率期限结构，又称作收益率曲线，是指在风险、流动性和税收等方面具有相同性质，仅是由不同期限债券收益率所描绘的曲线（Mishkin，1992a）；严格来说，是指只有到期期限不同的无违约风险的零息票债券收益率之间的关系（Malkiel，1987）。

在微观层面上，短期无风险利率是各种固定收益证券及金融衍生产品定价的基础，利率期限结构对金融产品定价和风险管理至关重要；在宏观层面上，无风险的利率期限结构还具有宏观经济指示器的作用，包含了大量有关未来经济增长、投资、消费以及通货膨胀等方面的信息，这些信息可以通过收益率曲线的斜率（即长短期利率之差）观察而得。因此，利率期限结构有助于市场参与者和货币政策当局准确判断未来宏观经济运行的状况，观察货币政策的实际效果，提高货币决策的可靠性和有效性。具体而言，利率期限结构对货币政策的作用，主要体现在以下几个方面：一是利率期限结构预期理论及其隐含的远期利率预测作用是否成立；二是利率期限结构能否反映市场对宏观经济（包括通货膨胀以及经济增长、投资、消费等实体经济方面的信息）的预期（即利率期限结构能否预测未来通货膨胀变动及 GDP 等变量的变化）。

二、传统的利率期限结构预期假说和远期利率预测作用

在有关利率期限结构的研究中，一个很重要的问题是收益率曲线的形状是由哪些因素决定的。一般来说，在金融市场中，虽然大部分时期内收益率曲线的形状都是向上倾斜的，但也有可能出现水平或向下倾斜的情况，而且不同时期收益率曲线的斜率也是不同的。传统的利率期限结构主要包括预期理论和流动性偏好理论。[①]

预期假说（Expectation Hypothesis）是出现最早、影响最大的利率期限结构理论，这可以追溯至 Fisher（1896），并通过 Hicks（1939）以及 Lutz（1940）等人的发展而逐步完善。在金融市场完全竞争、市场参与者对债券不存在期限偏好等假设下，由于无套利机制的作用，不论投资于任何期限的债券，投资者取得的单一时期的预期回报率都将相同，即市场整体上的利率预期（根据当期利率期限结构所得到的远期利率）与未来即期利率相同，市场实现均衡，从而得到预期假说的基本形式，即长期利率的预期值是期限内各短期利率预期值的平均值。在理性预期和无套利条件下，远期利率可以由已知的即期利率期限结构推导而得。在理性预期下

---

① 当然，还包括期限选择理论（又称市场分割理论）（Malkiel，1987）。但是，随着金融市场的发展、技术的进步和金融管制的放松，这一理论已逐渐被人们所遗忘（林海、郑振龙，2007）。

（Rational Expectations Hypothesis of the Term Structure，REHTS），变量的实际值应等于对该变量的预期值（即远期利率）加上无偏扰动项，因此利率期限结构可以对未来利率变化进行预测。只要当前利率期限结构形状是向上倾斜的，那么市场便会预期未来利率向上倾斜。但是，这与事实并不完全相符，因此人们又提出了流动性偏好假说。流动性偏好假说（Liquidity Preference Hypothesis）最早由 Hicks（1939）提出，他认为预期在收益率曲线形状方面具有非常重要的作用，但各期限债券并不是完全替代的。一般来说，投资者通常更偏好于短期债券，由于价格波动和变现风险更大，持有长期债券应要求更高的收益率补偿，即期限溢价（或期限升水），因此即使各期限预期利率保持不变，收益率曲线也会是向上倾斜的。

应该说，这两种假说都有合理的成分，所不同的主要是对期限溢价认识上的不同。在有关利率期限结构的预期理论的研究中，认为长期利率完全由短期利率预期决定的观点又被称为纯预期理论。大量经验研究都拒绝了纯预期理论。为此，将长期利率与短期利率预期的偏离定义为期限溢价，并将其纳入预期理论的分析中，长期利率包含对短期利率预期及期限溢价两部分。国外学者对利率期限结构的预期假说进行了大量经验研究，得到的结论也并不完全一致，笔者将在后面的研究中具体进行综述。不过，毫无疑问的是，利率期限结构预期假说是否成立，是非常重要的。这不仅是因为有关预期理论和货币政策的分析已经表明，理性预期理论已经是现代宏观经济学和金融理论的基石，更主要的是只有预期理论成立，中央银行才能够通过利率政策的调整来影响市场利率，进而影响投资、消费和实体经济，实现货币政策目标。同时，货币政策当局才可以与市场投资者一样，根据收益率曲线的斜率情况来判断未来利率的走势以及当前实际的货币政策态势。

三、利率期限结构对未来通货膨胀率变动的预测作用

Fisher（1930）开创性地揭示了利率与预期通货膨胀率之间的关系。著名的费雪效应（Fisher Effect）表明，名义利率等于实际利率与预期通货膨胀率之和。市场参与者对未来通货膨胀预期与名义利率水平有着非常密切的关系，而长短期（名义）利差则反映了市场参与者对未来实际利率和通货膨胀的看法。Fama（1975）的经典研究表明，名义利率的变化趋势反

映了通货膨胀的波动，而非实际利率的变化（即实际利率是稳定的）。尽管理论界对实际利率是否是稳定的一直存在争论，但大部分经验研究都表明费雪效应的存在（Carlson，1977；Garbade 和 Wachtel，1978；Mishkin，1992b）。因此，在费雪效应和理性预期假设下，长短期名义利率之差，即收益率曲线的斜率（Mishkin，1992a），反映了市场参与者对未来实际利率和通货膨胀的看法。收益率曲线包含的有关未来利率和预期通胀变动的因素（即未来通货膨胀走势的信息），因此可以作为未来通货膨胀的预测变量。当收益率曲线斜率陡峭时，表明市场参与者预期未来存在较大的通货膨胀压力；类似的，当收益率曲线斜率变得更为平缓时，表明市场参与者预期通货膨胀压力减小，未来通货膨胀率将下降。

从货币政策的角度来看，如果利率期限结构包含未来通货膨胀的信息，那么决策当局就可以通过观察收益率曲线的斜率来观察市场参与者对未来通货膨胀的预期，并在进行决策时观察政策的实际效果。如果货币政策具有较高的可信度，那么在理性预期假设下，收缩（扩张）性的货币政策将往往会使市场参与者预期未来通货膨胀下降（上升），未来通货膨胀的实际情况也将与市场预期大体一致；反之，在收缩（扩张）性的货币政策下，长期收益率相较于短期收益率并未下降（上升），即市场参与者并未预期未来通货膨胀将下降（上升），说明货币政策是不可信的。为了实现既定的货币政策目标（如降低通货膨胀率），政策当局必须采取可置信的政策，继续采取紧缩性的货币政策，从而引导市场的未来通货膨胀预期，实现价格稳定的货币政策目标。

四、利率期限结构对未来经济增长等实体经济的预测作用

虽然目前理论界对利率期限结构包含未来通货膨胀变动信息的理论认识基本上是一致的，即由于费雪效应和理性预期的作用，长短期利差能够反映市场对未来通胀预期的变化。但是，尽管大量经验研究都表明，收益率曲线的斜率与未来 GDP 等实体经济具有非常密切的关系，但这方面的理论背景则有很大的不同。

直到 20 世纪 80 年代人们才注意到利率期限结构的宏观经济预测作用，这最早可追溯至 Harvey（1988）的一系列研究。根据基于消费的资本

资产定价模型（C-CAPM），Harvey（1988）对收益率曲线所包含的市场参与者对未来经济变化预期的信息进行了理论分析。假设市场参与者预期未来经济衰退，那么这些参与者将会更多地购买长期债券来规避经济衰退对未来消费造成的不利影响，就将更多地购买长期债券并卖出短期债券。这样，在均衡条件下，长期债券的市场价格将上升，而短期债券的市场价格将下降，即长期债券的收益率下降而短期债券收益率将上升。长短期债券的收益利差将缩小，收益率曲线的斜率与未来经济增长的变化呈正向关系。

Estrella 和 Hardouvelis（1991）、Estrella（1997，2005）等则从实际利率与经济增长的理论关系出发，对名义利差的宏观经济预测能力进行了分析。一般来说，实际利率（而非名义利率）将直接决定经济主体的消费和投资决策，而投资决策主要取决于长期而非短期利率水平，因此收益率曲线的斜率可以很好地预测经济增长、消费、投资及经济周期。在紧缩（扩张）的货币政策下，长短期债券收益率利差将缩小（扩大），这一方面是由于对未来通货膨胀预期的下降，同时也意味着长期实际利率的提高（降低），从而导致未来产出水平的收缩（扩张）。

另外，Lint 和 Stolin（2003）在传统的 IS/LM 模型的框架下考察了利率期限结构和未来 GDP 之间的联系，指出来自货币市场和商品市场的冲击将导致期限利差和未来 GDP 的变化呈现不同的关系。假设存在价格刚性，初始货币市场和商品市场达到均衡。货币市场上的冲击，如预期中央银行将会实施紧缩（扩张）性的货币政策，将会提高（降低）市场参与者对未来短期利率的预期，进而提高（降低）当前的长期利率，期限利差变大（小）；同时，紧缩（扩张）性的货币政策会导致 LM 曲线向左（右）移动而 IS 曲线位置不变，这会导致未来 GDP 变小（变大）。这样，在货币市场冲击下，期限利差与未来 GDP 的变化呈负向关系。相反，商品市场上的一个冲击，例如市场参与者预期未来收入增加，则他们会预期未来短期利率变大，从而当前期限利差变大；同时，市场参与者未来收入的增加会使 IS 曲线向右移动而 LM 曲线位置不变，未来 GDP 将会增加，此时期限利差与未来 GDP 的变化呈正向关系。

五、现代利率期限结构理论和计量模型的发展

国外关于利率期限结构理论的研究分为传统的利率期限结构理论和现

代的利率期限结构理论。传统的利率期限结构理论主要集中于研究收益率
曲线形状及其形成原因，而现代的利率期限结构理论着重研究利率的动态
过程。前面有关利率期限结构预期理论、远期利率预测及收益率曲线对宏
观经济变量的预测作用，主要是以传统利率期限结构作为理论基础。随着
资产定价理论的发展，很多研究都试图通过无套利假定和随机过程分析来
解释利率期限结构，并形成了大量现代理论期限结构模型。虽然这方面的
研究非常多，但从研究思路上来看，主要分为均衡模型（Equilibrium
Models）和无套利模型（No-Arbitrage Models）两大类。均衡模型以一个跨
期广义均衡模型为基础，推出短期无风险利率的一个过程，然后寻找该过
程对债券价格和期权价格的含义（Vasicek，1977；Cox、Ingersoll 和 Ross，
1985a、b；等等）。无套利模型则以微分方程和无套利条件构建的模型来
推导不同期限的均衡到期收益率，即利率期限结构（Ho 和 Lee，1986；
Hull 和 White，1990；等等）。很多学者将现代利率期限结构理论应用于宏
观经济变量预测的研究中，取得了较好的效果。例如，Wu（2006）提出
了一个框架来对标准的利率期限结构的一般均衡模型进行补充，根据无套
利的资产定价方法，发现不同期限的利率是宏观经济变量的线性函数，而
这些宏观经济变量的动态由一般均衡模型来决定。Ang 和 Piazzesi（2003）
在无套利仿射模型的框架下，将仿射利率期限结构模型与 VAR 模型结合，
将宏观变量与利率期限结构结合起来，发现利率期限结构对宏观经济变量
具有较好的预测能力。

随着计量模型的发展，涌现出大量有关利率期限结构宏观经济预测作
用的经验研究，如 VAR 模型（Davis 和 Henry，1994；Smets 和 Tsatsaronis，
1997）、因子分析和状态空间方法（如 Diebold、Rudebusch 和 Aruoba，
2006）以及体制转换模型（Bansal、Tauchen 和 Zhou，2004；Chauvet 和
Senyuz，2009）等。对美国及英国、法国、德国等欧洲国家的经验研究表
明，利率期限结构对包括 GDP、消费、投资、失业等实体经济情况以及经
济周期（衰退）具有非常理想的预测作用。在利率期限结构与通货膨胀之
间的关系方面，Evans（2003）构建了一个基于马尔可夫体制转换并考虑
非中性非线性动态风险升水情形的名义和实际利率期限结构模型，用以说
明利率期限结构预测未来收益率曲线和通货膨胀变动的准确程度，通过对
英国数据的经验分析发现，收益率曲线对未来两到三年通货膨胀变化有着
非常准确的预测作用。Diebold、Rudebusch 和 Aruoba（2006）的状态空间

方法表明，不仅宏观经济变量对收益率曲线未来的变化有着非常明显作用，而收益率曲线也对包括通货膨胀在内的宏观经济变量存在（尽管较弱的）影响作用。Ang、Bekaert 和 Wei（2008）所构建的体制转换模型发现，名义利差（无论长期还是短期）主要是由预期通货膨胀的变化造成的，特别是在正常经济时期，80%的名义利差的变动可以由预期通货膨胀及通胀风险所解释。

尽管现代金融理论能够对利率期限结构进行很好的理论刻画，通过脉冲响应函数或因子分析所得到的水平因子、斜率因子等可以较好地描述宏观经济变量，但这并未从经济学的角度分析利率期限结构影响宏观经济的具体机制。同时，由于 VAR 模型主要是基于变量间统计关系的讨论，因子分析实际上是研究利率期限结构中不可观测的潜在因素，这样无法通过直接观察利差对宏观经济增长进行明确的定量预测。由于直观性较差，其政策含义和应用性也大打折扣。近年来，也有学者在新凯恩斯主义宏观经济分析框架下引入现代利率期限结构模型，对利率期限结构的宏观经济预测作用进行了理论分析，如 Bekaert、Cho 和 Moreno（2010），Orphanides 和 Wei（2012）等。由于中国债券市场发展较晚，关于利率期限结构的研究仅是处于起步阶段，因而本项研究主要关注传统利率期限结构理论，对名义利差所包含的宏观经济信息进行检验，以更为直观地考察利率期限结构在货币政策和宏观经济分析中的作用。

第三节　利率期限结构在发达国家货币政策应用的背景

由于利率期限结构包含了未来经济增长和通货膨胀走势的重要信息，因此很多国家的货币政策制定者非常关注收益率曲线的变动情况，并在货币政策实践中发挥了重要的作用。如美联储早在 20 世纪 90 年代初就将收益率曲线作为度量货币政策的重要指标之一，在 1997 年将利率期限结构正式纳入其编制的先行经济景气指数，并每天都在联储网站上公布当日的美国国债收益率数据;① 英格兰银行早在 1994 年的《通货膨胀报告》中就开始定期公布根据利率期限结构推导出来的预期通货膨胀率;各国中央银行也都投入大量资源估计收益率曲线作为货币决策的参考 (BIS, 2005)。利率期限结构之所以能够在各国货币政策中发挥如此重要的作用,与各国货币政策决策机制的变迁和金融市场的迅速发展密不可分。

一、发达国家货币政策变迁

第二次世界大战结束后至 20 世纪 60 年代,受凯恩斯主义的影响,主要发达国家的货币政策大多以促进经济增长、降低失业率作为主要目标,并以传统的菲利普斯曲线为依据,根据经济和通货膨胀的变化,采取相机抉择的货币政策。为促进经济增长,货币政策往往采取人为压低利率的政策。尽管货币政策的初衷是为了熨平经济的波动,但由于货币政策的动态不一致性,逆周期性的政策并未达到预期的效果,"滞涨"的出现也标志着凯恩斯主义的破产。从 70 年代中期开始,大部分发达国家的中央银行普遍接受了货币学派的观点,将货币供应量作为货币政策的中介目标,采取钉住货币供应的政策模式。但是,由于金融创新的发展,货币供应与经济增长、价格等的关系及货币乘数的稳定性越来越差,各国中央银行在 80 年代中期纷纷放弃货币供应目标。

进入 90 年代以来,大多数发达国家的中央银行都采用以稳定通货膨胀为最主要目标并仅调节短期货币市场利率的货币政策框架。与 70 年代之前同样以利率为目标的调控不同,中央银行更加重视市场参与者的预期并遵循一定的规则(如著名的"泰勒规则")。在具体的实践中,更加注重政策的前瞻性、透明性和可靠性,货币调控更接近于市场,政策调控效果也更明显。在操作框架上,各国中央银行以货币市场短期利率作为货币政策最主要的中介目标和操作目标,通常设定货币市场短期利率目标(又被称为中央银行基准利率,Benchmark Rate,目标利率,Target Rate,或关键

---

① 参见 "The Yield Curve as A Leading Indicator", www.newyorkfed.org/research/capital_markets/ycfaq.html。

政策利率，Key Policy Rate），①通过公开市场操作等手段，使货币市场利率与中央银行目标利率水平相接近。在那些实行通货膨胀目标制的国家（如英国、新西兰、印度尼西亚等国），政策操作上也仍然以中央银行基准利率为主要手段。市场参与者将根据货币市场短期利率的变化及对通货膨胀、市场风险等的预期，决定借贷利率，从而影响价格、消费、投资和国民经济。

发达国家中央银行之所以采用以货币市场短期利率作为货币政策最主要的中介目标和操作目标，一方面是由于通过公开市场操作或利率走廊机制，中央银行能够直接影响市场流动性和短期利率；另一方面根据利率期限结构预期理论，短期利率与长期利率之间存在长期均衡的协整关系，因此仅调整短期利率也就意味着短期利率政策最终将传导至市场的长期利率。由中央银行直接决定（钉住）长期利率意味着中央银行将决定市场利率期限结构（即事实上的利率管制），这既不符合市场的内在要求，也可能超出了中央银行的能力。

由此可见，利率期限结构在中央银行决策中的重要作用，不仅仅是其能够为中央银行提供有关未来经济增长和通货膨胀变动的重要信息，及时了解市场预期，提高政策调控的有效性，也与中央银行货币政策操作模式的转变有着密切的关系。

二、全球债券市场和金融衍生产品市场的发展

1. 从规模来看，各国固定收益市场发展迅速

根据 BIS 的数据，1989 年末全球债券市场（国内债券和国际债券）余额仅为 11.23 万亿美元，到 2012 年 6 月，已增长至 84.43 万亿美元，年均

① 一般而言，各国中央银行可以调整多种短期利率水平，只是将对金融市场最具影响、对中央银行货币政策操作最为重要的利率，习惯地称为"中央银行基准利率"或"中央银行目标利率"。如在美国，除联邦基金利率外，还有再贴现率利率；在欧元区，除主要再融资利率外，还有存贷款便利利率，等等。另外，不同时期各国中央银行所确定的基准利率也会有所不同。如英格兰银行于 1997 年获得利率定价权后，将短期回购利率确定为中央银行官方基准利率；但在 2006 年则通过设定"英镑隔夜指数利率"作为官方银行利率。

增长率约 9.38%，远远高于同期全球经济 2.7% 的年均增速。① 其中，发达国家债券市场余额占据了全球债券市场的主要份额。20 世纪 80 年代末发达国家债券市场余额在全球债券市场总额的比重将近 95%，随着 90 年代新兴经济体的发展，发达国家债券余额在全球债券市场的份额有所下降，但仍然占全球债券市场总额的 80% 以上。美国一直是全球最大的债券市场，其市场份额一度接近全球的一半，1989 年美国债券市场余额占全球的比重为 61.9%，之后逐步下降。目前，美国债券市场余额为全球的 40% 左右，如图 1-1 所示。

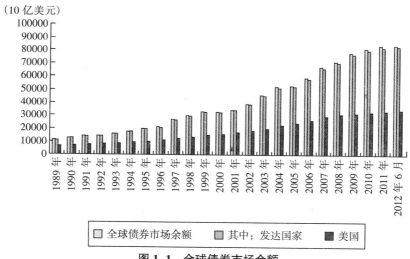

图 1-1　全球债券市场余额

资料来源：BIS, http://www.bis.org/statistics/secstats.htm。

从债券类型来看，金融机构债和政府债是市场最主要的品种，并且发展迅速。如图 1-2 所示，1993 年金融机构债余额占全部债券余额的38.79%，2012 年 6 月则上升至 44.83%，金融债余额年均增速约为 9.35%；政府债券一直是最主要的债券品种，1993 年政府债券占全部债券余额的比重高达 47.12%，到 2012 年 6 月仍占 44.86%，政府债余额年均增速约为8.6%。与之相比，公司债发展较为缓慢，其余额占全部债券市场余额的比重由 1993 年的 12.95% 下降至 2012 年 6 月的 10.3%，最高时期也不过

---

① 全球经济增速根据世界银行"世界经济发展指数在线数据库"（WDI）计算而得。

14%（2001 年的 13.56%），部分年份甚至低于 10%（2007 年的 9.87% 和 2008 年的 9.94%）。不过，从绝对数量来看，公司债余额增长仍然比较快，年均增速约为 7.9%。债券市场规模的扩大，特别是国债市场的发展，不仅提高了金融市场的广度和深度，也为中央银行开展公开市场操作，引导货币市场利率，进行货币政策调控，提供了必要的条件。

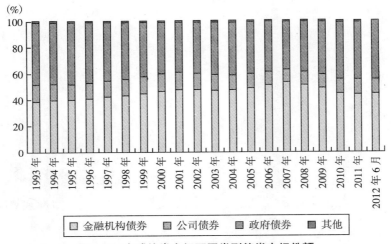

图 1-2　全球债券市场不同类型债券市场份额

资料来源：BIS，http://www.bis.org/statistics/secstats.htm。

2. 金融衍生品市场，特别是利率衍生品市场，交易活跃

20 世纪 70 年代以来，金融创新日新月异，新的金融产品层出不穷，特别是期权等金融衍生品出现及 Black-Scholes 期权公式（Black 和 Scholes，1973）发表以后，各种利率、汇率等金融衍生产品迅速涌现，交易规模迅速扩大。各种金融衍生产品，特别是利率类衍生产品，在资产定价、风险管理等方面的作用日趋重要。目前，金融衍生产品的交易量已经远远超过其基础资产的交易量。据国际清算银行（BIS）统计，全球场外市场金融衍生产品市场余额由 1998 年底的 80.31 万亿美元上升至最高的 2011 年末的 647.76 万亿美元，2012 年 6 月末仍高达 638.93 万亿美元。其中，利率衍生品合约占据了绝大部分的比例，由 1998 年的 50.01 万亿美元上升至 2011 年末的 504.12 万亿美元，2012 年 6 月末仍高达 494.02 万亿美元，如图 1-3 所示。

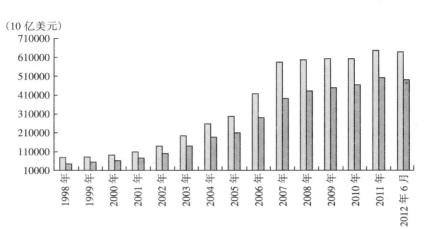

图 1-3 全球场外市场衍生产品市场余额

资料来源：BIS，http://www.bis.org/statistics/derstats.htm。

　　在全部利率衍生品合约中，又以利率互换（Swaps）为主，占全部利率衍生产品交易额的 3/4 左右。金融衍生产品市场的发展，有效促进了全球债券市场的流动性和有效性，市场价格发现和风险规避功能充分发挥，这不仅仅有利于更全面的利率期限结构基础数据的构建，也使市场参与者和政策当局能够及时根据市场变化获得市场信息，为投资和政策决策提供可靠的依据。利率衍生品市场产品结构如图 1-4 所示。

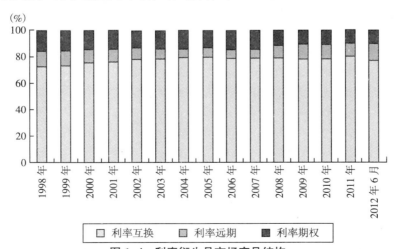

图 1-4 利率衍生品市场产品结构

资料来源：BIS，http://www.bis.org/statistics/derstats.htm。

第四节 我国货币政策转型与债券市场的发展

一、由直接调控向间接调控过渡的中国货币政策

受长期计划经济体制的影响，改革开放前中国并不存在真正意义上的金融业，金融仅作为社会的现金出纳部门，成为国家计划和财政的附属物，[①] 所谓"大财政，小银行"就是对这种格局的描述。因此，在改革开放后的很长一段时期，我国并不存在真正意义上的金融调控和货币政策。中国人民银行在 1984 年独立行使中央银行职能之后，开始积极探索如何履行现代中央银行的职能，努力运用经济手段组织金融工作。在当时金融业刚刚起步、金融市场和金融机构管理水平不高的情况下，我国主要采用信贷规模计划和现金发行管理的直接方式作为货币政策调控的主要手段。

进入 20 世纪 90 年代以来，随着我国社会主义市场经济制度的建立和金融市场的发展，直接的信贷规模计划管理方式的有效性越来越差，并于 1998 年初被正式取消，中国人民银行开始尝试由直接调控向间接调控模式转变。1998 年，中国人民银行重新启用人民币公开市场操作。依托快速发展的银行间债券市场，我国公开市场操作取得了长足的进步，成为日常货币政策操作最主要的政策工具。在取消贷款规模控制以后，公开市场业务操作作为主要间接货币政策工具在金融宏观调控中的成功应用，标志着中国货币政策调控实现了由直接调控向间接调控的基本转变。

目前，我国形成了以货币供应量和新增信贷为中介目标，以商业银行超额储备和货币市场利率为操作目标，以币值稳定并以此促进经济增长为最终目标，灵活运用公开市场操作、存款准备金率、利率、再贷款和再贴现等间接调控手段的货币政策框架，在调节货币供应量，保持币值稳定，

[①] 1969~1978 年中国人民银行一度被划入财政部管辖，只是保留了一块牌子，从而成为真正的制度空壳。

促进经济发展等方面，取得了较好的政策效果。但是，由于当前特定的经济发展阶段和金融安排，间接货币政策调控也面临着严峻的挑战，具体表现在经济长期处于外部失衡和内部失衡。国际收支顺差和外汇储备迅速增长，间接调控冲销干预的有效性越来越差，削弱了货币政策的独立性；国内消费过低、投资过旺，信贷需求居高不下，公开市场操作、提高准备金和利率等常规政策手段的有效性下降。为此，我国不得不于 2007 年第四季度至 2008 年上半年及 2010 年重新启用信贷规模直接控制手段。

之所以会出现这种情况，一方面是受当前体制安排的影响，中央银行缺乏必要的独立性，在政策操作时虽然越来越重视公众的预期，但仍主要是采用逆经济周期的相机抉择手段，货币政策的前瞻性、透明性和可靠性较差，在一定程度上损害了货币政策的信誉；另一方面，当前以数量型目标和工具为主的货币政策有效性减弱。20 世纪 90 年代中期以来，我国金融业迅速发展，直接融资方式和非银行金融机构的作用显著增强，商业银行经营水平大幅提高，金融创新和表外业务迅速增长。货币供应量和信贷的可控性不理想，货币供应、新增贷款与经济增长及物价的相关性减弱，数量控制有可能带来行政干预的"一刀切"等给经济金融发展造成扭曲。2010 年末及 2011 年初，中国人民银行提出以"社会融资规模"作为货币政策中介目标，并尝试修改货币供应量统计口径，着手编制流动性总量指标，恰恰说明了这一点。

目前，我国利率市场化已经取得了很大的进展。货币市场、债券市场利率早在十多年前就已经完成了市场化，对金融机构的存贷款利率也仅限于利差控制并管制贷款利率下限和存款利率上限。特别是 2007 年我国正式引入 Shibor（Shanghai Interbank Offered Rate，上海银行间同业拆放利率），建立了货币市场基准利率体系。应该说，目前我国金融机构的利率管理水平以及经济主体的利率敏感性和承受能力已经有了显著的提高，完全有条件发挥利率政策的作用，参照当前发达国家的货币政策模式，建立以货币市场短期利率为主要中介目标和操作目标的间接货币政策框架，根据市场预期及未来经济的变化情况，发挥价格杠杆的作用，影响微观经济主体的财务成本和对未来经济的预期，使其根据利率等宏观经济信号的变化及时调整经济行为，从而顺利实现货币政策调控目标。

二、我国债券市场的发展

1997 年前，我国债券市场主要分为交易所市场和银行柜台凭证式国债市场。由于建立之初交易所市场监管经验不足，市场风险较大，[①] 1997 年6 月，中国人民银行要求商业银行退出交易所市场，开始使用在中央国债登记结算公司所托管的债券进行现券和回购买卖。债券市场逐步形成了银行间市场、交易所市场和商业银行柜台市场共存，场外市场和场内市场并立的格局。十多年来，我国债券市场取得了迅猛发展，市场广度和深度不断提高，市场参与者日益扩大，产品不断创新，市场交易活跃，流动性逐渐扩大，债券定价日益合理，特别是银行间债券市场已经成为我国债券融资的主要渠道，而且银行间市场也是中央银行开展公开市场操作进行间接货币政策调控的主要场所。

债券市场参与主体上，交易所市场参与者包括证券公司、基金公司、信托投资公司、保险公司以及其他非金融机构投资者和个人投资者。银行间债券市场在成立之初仅有商业银行和政策性银行作为交易主体，且不能参与交易所市场。[②] 此后，由于意识到债券市场完全分割的弊端，中国人民银行逐步放开银行间债券市场的交易主体，并于 2002 年 4 月规定金融机构进入银行间债券市场由审批制改为备案制，从而为丰富银行间债券市场参与主体迈出实质性步骤，证券公司、基金等非银行金融机构通过备案方式正式进入银行间债券市场。目前，银行间债券市场参与主体种类丰富多样，除商业银行、保险公司、证券公司等各类金融机构之外，还包括大量的非金融机构法人（通过商业银行代理，间接参与银行间债券市场交易）。2012 年，银行间债券市场参与主体多达 11287 个，以做市商为核心、金融机构为主体、其他机构投资者共同参与的多层市场结构更加完善，成为各

[①] 主要是受 1995 年 2 月爆发的"327 国债期货事件"的影响，我国交易所债券市场发展在 20 世纪90 年代中期几乎完全停滞。

[②] 2009 年 1 月，中国证监会和银监会联合发布了《关于开展上市商业银行在证券交易所参与债券交易试点有关问题的通知》，其中规定 14 家上市银行可以进入交易所市场进行现券交易，但受交易所市场规模的限制和监管部门的分歧，我国债券市场统一的步伐仍比较缓慢 [参见《银行何以重返交易所债市》，《新世纪》（周刊）2010 年第 43 期]。尽管我国债券市场仍存在分割，但蒋贤锋、史永东（2010）的研究表明，截至 2005 年我国国债市场统一程度在增强，分割程度在下降，分管造成的市场风险在减少，而且中央银行公开市场操作对市场统一起到了主要作用。

类市场主体进行投融资活动的重要平台。另外，2010 年，境外中央银行或货币当局、我国香港和澳门地区人民币业务清算行及跨境贸易人民币结算境外参与银行等相关机构获准进入银行间债券市场投资试点。

我国债券市场一级市场发行规模如图 1-5 所示。

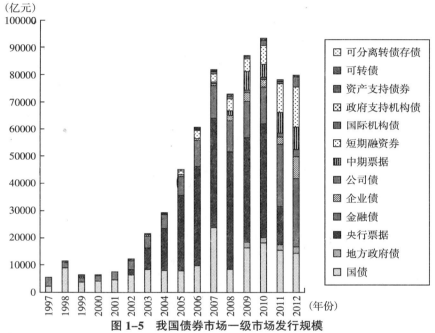

图 1-5　我国债券市场一级市场发行规模

资料来源：Wind。

我国债券一级市场结构如图 1-6 所示。

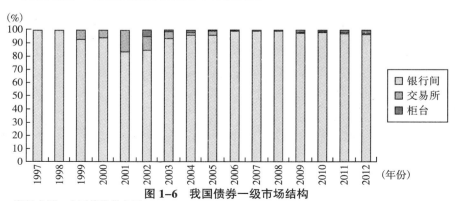

图 1-6　我国债券一级市场结构

资料来源：中国债券信息网，www.chinabond.com.cn。

债券市场规模上，一级市场融资能力显著增强，二级市场交易活跃，债券市场余额规模增长迅速。1997 年，我国债券一级市场发展总量仅为 4456.71 亿元，2010 年则达到 9.35 万亿元；受宏观调控政策的影响，2011 年和 2012 年，债券发行规模略有下降，但仍分别高达 7.81 万亿元和 7.996 万亿元。二级市场方面，1997 年仅成交 3233.4 亿元，2012 年则高达 70.84 万亿元；债券市场规模方面，1997 年年末债券市场余额仅为 4701.33 亿元，2012 年则高达 25.96 万亿元。无论是在一级市场、二级市场还是债券市场规模方面，银行间市场都是我国最主要的债券市场。

我国债券二级市场成交量如图 1-7 所示。

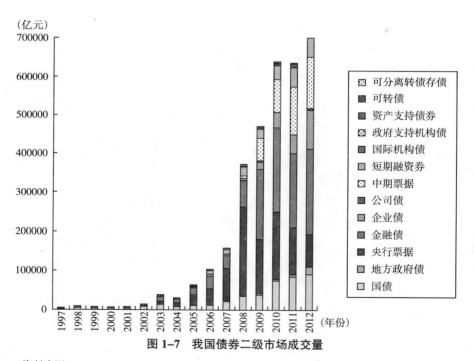

图 1-7　我国债券二级市场成交量

资料来源：Wind。

我国债券二级市场结构如图 1-8 所示。

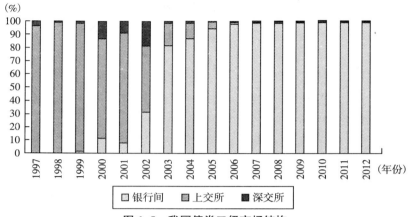

图1-8 我国债券二级市场结构

资料来源：Wind。

我国债券市场余额如图1-9所示。

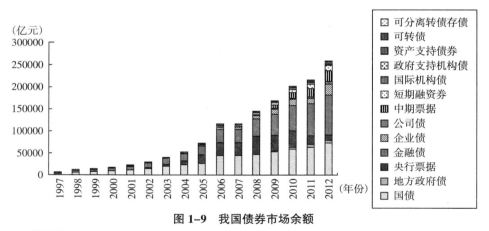

图1-9 我国债券市场余额

资料来源：Wind。

我国债券市场年末余额市场结构如图1-10所示。

在市场产品上，一方面债券产品不断创新。1997年，债券市场仅有国债、企业债和金融债三种产品，之后陆续推出可转债、中央银行票据、短期融资券、资产支持证券和中期票据，等等。其中，国债、金融债和中央银行票据是最主要的市场品种，2012年分别占一级市场发行量的19.7%、29.6%和18.1%。2012年央票停发后，国债和金融债占市场发行比重分别

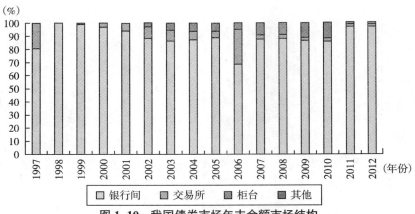

图1-10 我国债券市场年末余额市场结构

资料来源：Wind。

为17.8%和31.5%，信用债发行迅速上升，企业债、公司债、短期融资券及中期票据占总发行额的比重达到42.3%。另一方面利率衍生产品从无到有，发展迅速。其中，利率互换发展迅速，2012年成交近2.1万笔，名义本金额高达2万多亿元。

我国债券利率衍生品交易情况如表1-1所示。

表1-1 我国债券利率衍生品交易情况

年份	债券远期		利率互换		远期利率协议	
	交易笔数（笔）	交易量（亿元）	交易笔数（笔）	名义本金额（亿元）	交易笔数（笔）	名义本金额（亿元）
2005	108	178	n.a.	n.a.	n.a.	n.a.
2006	398	664.5	103	355.7	n.a.	n.a.
2007	1238	2518.1	1978	2186.9	14	10.5
2008	1327	5005.5	4040	4121.5	137	113.6
2009	1599	6556.4	4044	4616.4	27	60.0
2010	967	3183.4	11643	15003.4	20	33.5
2011	436	1030.1	20202	26759.6	3	3.0
2012	56	166.1	20945	29021.4	2	2.0

注：自2009年起，债券远期交易量按结算金额统计。
资料来源：《中国人民银行2012年第四季度货币政策执行报告》。

第五节　中债收益率曲线

目前，在国内几乎所有关于我国利率期限结构的研究中，收益率曲线的估算都是采用基于 Nelson 和 Siegel（1987）及 Svensson（1994）提出的 NS 或 NSS 多项式样条拟合方法（如朱世武、陈健恒，2003；郭涛，2007；周子康、王宁、杨衡，2008；郭涛、宋德勇，2008；康书隆、王志强，2010；等等）。这种方法比较适合发育比较成熟、具有一定广度和深度的发达国家债券市场，且被大部分发达国家中央银行所采用。[①] 异常点对样条拟合方法的效果将有着不利的影响，而且国内很少有研究考虑异常交易问题。事实上，如果仅是针对每一笔交易，判断异常交易非常困难。目前主观判断法、相对位置法、零波动率利差等方法也不一定准确，所以国内学者很少考虑这一问题。周子康、王宁和杨衡（2008）参考同期活期存款利率、存款基准利率和实际利率曲线形态，将收盘到期收益率在 0.72% 以下和剩余年限在三个月以下收盘到期收益率大于 3.5% 的国债交易，视为异常点并进行剔除。尽管近年来我国债券市场制度化建设取得了重要进展，但毕竟我国金融市场化时间不长，市场交易中仍然存在很多特定的基于利益调整的交易安排（易纲，2008），以拟合方法得到的收益率曲线效果可能并不是十分理想。

中央国债登记结算有限责任公司（简称"中债登"）作为我国银行间债券市场债券交易、登记、托管、结算的专业机构，自 1999 年开始编制中国债券收益率曲线。为保证中债收益率曲线编制质量和准确度，"中债登"利用主观判断法对市场异常价格数据进行剔除。对于交易结算价中的异常交易，主要是将每日各类债券的交易结算价格与上一工作日对应的债券收益率曲线进行比较。对于相差过大的交易结算价，如无法用当天的倾向政策和相关金融的变动等因素来解释，则该价格有可能是异常价格。进一步了解结算交易情况，剔除"买断式回购"或为"做量"等原因而形成

[①] 目前，除美国和日本外，绝大多数发达国家中央银行或财政部都采用 NS 或 NSS 方法编制收益率曲线，参见 BIS（2005）。

的异常价格。对于可信度较高的双边报价有可能出现的防御性报价，也要具体分析，主要是看双边报价是否连续以及买卖价差和收益率差是否过大。"中债登"利用自身对债券市场每笔交易双方的信息优势，每天都对当日有可能出现的异常交易进行监测，并将异常交易点剔除后，编制收益率曲线。

在具体的曲线编制方法上，2002 年"中债登"实现了第一次升级，又经过公司内外部专家的深入研究和比较后，结合中国债券市场的实际情况，于 2006 年开发出全新的基于 Hermite 插值法的债券收益率曲线构建模型。在剔除异常交易后，首先进行息票剥离，然后利用 Hermite 三次多项式进行插值，从而得到收益率曲线。[①] 具体公式为：

设 $0 = x_1 < \cdots < x_n = 30$，已知 $(x_i, y_i)(x_{i+1}, y_{i+1})$，$i, j \in [1, n]$，求任意 $x_i \leq x \leq x_n$，对应 $y(x)$ 的，则用单调三次 Hermite 多项式插值模型，公式为：

$$y(x) = y_i H_1 + y_{i+1} H_2 + d_i H_3 + d_{i+1} H_4$$

其中：$H_1 = 3(\frac{x_{i+1} - x}{x_{i+1} - x_i})^2 - 2(\frac{x_{i+1} - x}{x_{i+1} - x_i})^3$

$$H_2 = 3(\frac{x - x_i}{x_{i+1} - x_i})^2 - 2(\frac{x - x_i}{x_{i+1} - x_i})^3$$

$$H_3 = \frac{(x_{i+1} - x)^2}{x_{i+1} - x_i} - \frac{(x_{i+1} - x)^3}{(x_{i+1} - x_i)^2}$$

$$H_4 = \frac{(x - x_i)^3}{(x_{i+1} - x_i)^2} - \frac{(x - x_i)^2}{x_{i+1} - x_i}$$

$d_j = y'(x_j)$，$j = i$，$i + 1$ 为斜率

x_i：待偿期限

y_i：收益率

Hermite 插值法主要特点是兼顾了光滑性、灵活性和稳定性，即曲线在全局各点皆可导，对各种形态的曲线皆可反映，某个样本点的变动只会影响附近期限的收益率，而不会影响收益率曲线的全局。因此，Hermite 模型可以适应欠发达债券市场的情况（如奇异交易较多，流动性影响较

---

① 有关中债收益率曲线具体的编制方法和数据等情况，参见《中债收益率曲线及中债估值编制方法说明》（中国债券信息网，www.chinabond.com.cn）。对收益率曲线构建的插值方法更为详细的技术上的讨论，参见 Hagan 和 West（2006）。陈震（2009）对 Hermite 法和样条模型在我国国债收益率曲线估计方面进行了综合比较分析，发现 Hermite 法比较适合银行间市场。

大，呈现较强的波动性等）。从实践来看，Hermite 模型对市场情况的适应性较强，不仅适用于中国债券市场，而且也可适用于发达国家债券市场。如美国财政部的国债收益率曲线就是采用 Hermite 方法编制的。[①] 也就是说，采用 Hermite 模型编制债券收益率曲线，既能适应我国债券市场的当前现状，也能兼顾未来发展的需要。

鉴于中债收益率曲线的权威性、完整性和真实性，以及银行间债券市场在我国债券市场中的重要地位，笔者采用中债银行间固定利率国债收益率曲线进行经验分析。另外，由于笔者主要是分析收益率曲线预期理论及其所包含的未来宏观经济（GDP 和通货膨胀等）信息的作用，为此应该采用即期收益率曲线，以反映当期市场交易者对未来经济的预期，而非在未来投资收益不变假设上的名义的到期收益率。期限为 0~30 年的中债银行间市场国债即期收益率曲线如图 1-11 所示。目前，国内债券交易习惯上仍以到期收益率进行报价，有的研究也采用实际上附息票的到期收益率曲线（惠恩才，2007），这是不准确的。虽然笔者主要分析一年期及以下的

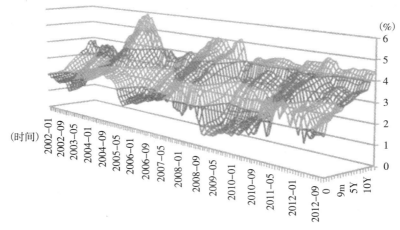

（2002 年 1 月至 2012 年 12 月，期限 0~30 年）

图 1-11　中债银行间市场国债即期收益率

资料来源：中国债券信息网，www.chinabond.com.cn。

---

① "Treasury Yield Curve Methodology", Office of Debt Management, Department of the Treasury, Feb, 26th, 2009, http: //www.treasury.gov/resource –center/data –chart –center/interest –rates/Pages/yield–method.aspx.

短期数据，我国大部分国债均是年付息一次，在市场风险和波动较小的情况下，即期收益率和到期收益率差别不大，但毕竟我国仍有很多长期国债（主要是 10 年及以上）一年付息两次，因而对于 6 月到 12 月的国债即期收益率和到期收益率还是会有一定的差别。

第六节　研究的主要安排

　　笔者简要地回顾了预期理论及其对货币政策的重要意义，总结了利率期限结构对中央银行货币政策的作用。通过对发达国家货币政策转型及金融市场发展的分析，说明了利率期限结构对 20 世纪 90 年代以来以利率为目标的间接货币政策调控的重要意义。虽然我国间接货币政策已经有了十多年的实践经验，但由于货币政策并未按照物价稳定的最终目标根据一定的规则开展操作，而随着金融市场的发展和金融创新的活跃，数量型目标和工具的作用日益减弱，重视市场预期，积极发挥价格型工具的作用，以货币市场利率为目标，开展前瞻性的货币政策操作，成为我国间接货币政策转型的发展方向。中央银行必须密切关注市场预期，加强决策公开及与公众的沟通，利率期限结构的作用就显得非常重要。同时，债券市场的发展为观察利率期限结构信息，通过公开市场开展货币政策操作，为顺利实现政策调控目标提供了必要条件。

　　由于我国的债券市场发展较晚，虽然有学者就利率期限结构的估计及其与宏观经济和货币政策的关系开展研究，但有关利率期限结构所包含的宏观经济信息及其对货币政策意义等方面仍缺乏系统性研究。本书试图在此方面进行尝试。除引言外，本书将主要分三个部分展开。第一部分，对我国利率期限结构的预期理论进行检验。预期理论是否能够解释我国利率期限结构，是依靠利率期限结构开展间接货币政策调控的必要条件。为此，本书主要对经期限溢价修正后的预期理论进行检验，并利用协整理论方法对利率期限结构的预期理论进行进一步的检验。第二部分，对我国利率期限结构所包含的宏观经济信息（通货膨胀和经济增长）进行经验分析，这也是通过利率期限结构进行货币政策调控的充分条件。只有利率期限结构有效包含市场预期及未来宏观经济信息，中央银行才能够通过观察利率期限结构开展前瞻性货币政策操作。第三部分，将首先考察"二战"以来发达国家货币政策演进过程，并结合 20 世纪 80 年代中期以来我国货币政策变迁过程，深入分析我国以利率为目标的间接货币政策转型过程中存在的问题，通过对货币市场基准利率及中央银行基准利率进行经验分析，说明我国以货币市场利率为目标开展间接货币政策调控的可能性，从而为我国货币政策转型提供具体的政策建议。

第二章 利率期限结构的远期利率预测作用

——经期限溢价修正的预期假说检验

第一节 研究的背景

根据传统利率期限结构理论的预期假说，通过利率期限结构得到的远期利率就是投资者对未来即期利率的预期。在理性预期下，变量的实际值应等于对该变量的预期值（即远期利率）加上无偏扰动项。因此，只要利率期限结构的预期假说成立，远期利率就能够对未来利率走势进行预期；而对远期利率预测作用进行检验，也就意味着对利率期限结构的预期假说是否成立进行检验。

从理论的解释性和政策意义上讲，预期假说无疑是非常重要的。因为，只有预期理论成立，货币政策当局才能够利用利率期限结构观察市场预期，开展前瞻性货币操作并提高政策的有效性。然而，遗憾的是，大量有关预期理论的经验研究虽然都表明预期理论对收益率曲线的重要性，但往往拒绝了纯理性预期假说。虽然 Campbell 和 Shiller（1987），Hall、Anderson 和 Granger（1992），Shea（1992）等利用协整理论分析表明，长期来看，利率期限结构的理性预期理论是成立的，而且 Hardouvelis（1994），Gerlach 和 Smets（1997）等对欧洲和加拿大等发达国家的经验研究总体上支持了预期假说，但针对美国数据的研究（Shiller、Campbell 和 Schoenholtz，1983；Mankiw 和 Summers，1984；Campbell 和 Shiller，1991；

Hardouvelis，1994；等等）都拒绝了纯预期理论。[①] 尽管如此，这些研究都表明利率期限结构的远期利率对未来短期利率的预测方向是正确且显著的，这也与 Fama（1984）、Fama 和 Bliss（1987）、Mishkin（1988）、Jorion 和 Mishkin（1991）、Cochrane 和 Piazzesi（2005）等人的发现一致。

针对美国数据明确拒绝纯预期假设但远期利率预测作用又很显著这一矛盾现象（可将其称为"预期之谜"），很多研究认为预期理论或远期利率预测作用的失效主要是由于美联储利率政策框架的变化（如 Mankiw 和 Miron，1986；Rudebusch，1995）或是长期利率对即期短期利率的过度反应（Hardouvelis，1994），但是 Fama（1984）、Hardouvelis（1988）等则认为，这主要是由于没有考虑到期限溢价的因素，而且期限溢价是随期限变化而变化的（即时变期限溢价）。Smant（2010）指出，传统的对远期利率预测能力或预期理论的经验研究实际上是对理性预期和期限溢价为零（或不变）为前提，因而当回归方程拒绝理性预期的原假设后，很有可能是由于遗漏时变期限溢价因素致使估计偏误，而非预期理论不成立。一般来说，通过回归方法检验预期理论，主要是假设期限溢价为零或不变；但大量经验研究都表明，利率期限结构存在着时变期限溢价（Campbell 和 Shiller，1991；Jongen、Verschoor 和 Wolff，2005）。因此，考虑到时变期限溢价后的预期理论更符合现实。但与理性预期一样，期限溢价事前也是不可观测的，很多经验研究主要是利用已知利率期限结构信息来解释期限溢价（Campbell 和 Shiller，1991）或是利用 ARCH 系列模型对期限溢价进行描述（Engle、Lilien 和 Robins，1987）。Tzavalis 和 Wickens（1997）针对时变溢价因素在检验预期理论时可能造成的偏误，利用事后数据在各个期限的期限溢价具有相关性假设基础上，通过期限溢价的单因子模型，对美国利率期限结构的预期理论模型进行了修正和检验，取得了非常满意的效果，在经验上对"预期之谜"进行了更好的解释。与 Tzavalis 和 Wickens（1997）的方法类似，Boero 和 Torricelli（2002）对德国利率期限结构预期理论的经验研究同样取得了非常理想的效果。

主要国外远期利率预测作用回归研究的结果见表 2-1。

[①] 一个例外是，Longstaff（2000）针对美国 3 个月以内的超短期质押回购利率（隔夜、1 周、数周至 3 月以内）的研究发现，最短端利率期限结构反而能够接受"纯预期理论"，并认为回购利率比国债利率更代表了市场无风险利率。

表 2-1　主要国外远期利率预测作用回归研究的结果

研究文献	国别	样本期（年）	斜率系数	标准差	R^2	文中出处
Shiller（1979）	美国	1966~1977	-5.56	1.67	0.201	
	美国	1919~1958	-0.44	0.75	0.010	P.1210，表3
	美国	1956~1977	-5.88	2.09	0.090	
Shiller、Campbell 和 Schoenholtz（1983）	美国	1959~1973	-1.46	1.79	0.020	P.192，表3
Mankiw（1986）	加拿大	1961~1984	0.10	0.07	0.020	P.81，表9
	西德	1961~1984	0.14	0.07	0.030	
Fama（1984）	美国	1959~1982	0.46	0.07	0.130	P.517，表4
			0.25	0.10	0.020	
			0.26	0.12	0.020	
			0.17	0.10	0.010	
			0.11	0.10	0.000	
Fama 和 Bliss（1986）	美国	1964~1984	0.09	0.28	0.000	P.686，表3
			0.69	0.26	0.080	
			1.30	0.10	0.240	
			1.61	0.34	0.480	
Shiller（1986）	美国	1953~1986	0.61	0.17	0.090	P.103

注：利率期限结构的预期假说认为理论上斜率应该等于1.00。
资料来源：Shiller（1990）。

由于我国债券市场发展较晚，国内对利率期限结构方面的研究刚刚起步。目前，国内研究除集中于收益率曲线估计方法（朱世武、陈健恒，2003；郭涛，2007；周子康、王宁和杨衡，2008；康书隆、王志强，2010；等等）及其对经济预测作用（于鑫，2008；石柱鲜、孙皓和邓创，2008；刘金全、王勇和张鹤，2007；惠恩才，2007；等等）的讨论外，很多学者针对利率期限结构的远期利率预测作用及预期理论和流动性偏好开展了大量的经验研究。与美国数据的研究相类似，虽然通过协整分析可以表明，长期来看我国利率期限结构的预期理论仍然是成立的（唐齐鸣、高翔，2002；史敏、汪寿阳、徐山鹰和陶铄，2005；吴丹、谢赤，2005；等等），而且利率期限结构中的远期利率信息能够很好地预测未来即期利率（范龙振、王晓丽，2004；范龙振、施婷，2006；郭涛、宋德勇，2008；等等），但除吴丹、谢赤（2005）、史敏等（2005）外，绝大部分研究都拒绝了纯预期理论。同时，很多研究表明我国利率期限结构存在时变期限溢价（朱世武、陈健恒，2004；范龙振、施婷，2006；张雪莹，2006；谢赤、陈晖、何源，2008；余文龙、王安兴，2010；郑振龙、吴颖玲，2009；等等）。由于吴丹、谢赤（2005）的样本仅为 2003 年 1 月至 2004 年 4 月共 321 天的数据，而史敏等（2005）则以存在信用风险的银行间同业拆借利率为样本，其研究样本都存在一定的问题，可能影响结论的稳健性。根据国内现有研究结果可以发现，我国利率期限结构同样存在"预期之谜"的现象。

正如前面已经指出的，预期理论无论是在理论还是政策实践上，都具有非常重要的作用。对于远期利率预测作用的有效性与拒绝预期理论这一矛盾，不应仅仅停留在理论上的解释，还需要可靠的经验研究支持。尽管谢赤、陈晖和何源（2008）指出，预期假设被拒绝可能是由于没有考虑到时变期限溢价因素，并推导了两种检验预期理论的回归方法，但其研究仍是通过 Kalman 滤波方法对各期限的期限溢价进行描述。因此，本书试图在此方面进行尝试。本章的安排如下：第二节将以我国 2002 年 1 月至 2011 年 12 月收益率曲线为样本，对利率期限结构的远期利率及其对未来即期利率的预测作用进行分析；第三节将在 Fama（1984）有关远期利率预测及预期理论分析的基础上，借鉴 Tzavalis 和 Wickens（1997）的做法，对经期限溢价修正的预期理论及远期利率的预测能力进行检验，从而对我国利率期限结构的"预期之谜"提供经验方面的解释；最后是本章小结。

第二节　对远期利率与未来即期利率
关系的初步分析

一、利率期限结构所隐含的远期利率

远期利率是投资者在未来特定时期投资于一定期限债券的收益率。在理性预期和无套利条件下，远期利率可以由已知的即期利率期限结构推导而得，这也称为隐含的远期利率（Implied Forward Rates）。Shiller（1979）及 Shiller、Campbell 和 Schoenholtz（1983）给出了远期利率的推导公式。

在连续复利下，远期利率与未来即期利率关系满足 $e^{R_t^n n} = e^{R_t^m m} e^{f_t^{m,n}}$ $(n-m)$，从而可得，$f_t^{m,n} = \dfrac{R_t^n n - R_t^m m}{n-m}$，其中，$m < n$。$R_t^n$代表 t 时刻持有期为 n 的债券收益率，$f_t^{m,n}$代表 t 时刻由利率期限结构所隐含的持有期为 $n-m$ 的债券 m 期远期利率。

这里，远期利率的得出完全是基于无套利条件，因而实际上就是市场对未来利率的预期。理论上，市场未来即期利率应与隐含的远期利率具有很强的相关性。这样，可以通过简单回归方程来考察远期利率与未来即期利率的相关关系：

$$R_{t+m}^{n-m} = \alpha + \beta f_t^{m,n} + \varepsilon_{t+m} \tag{2-1}$$

二、计量技术说明

由于本书主要是针对利率进行时间序列分析，因而数据很可能面临残差自相关问题，最小二乘回归（OLS）估计的显著性检验（t 检验）将失效，参数估计也不具有（渐近）有效性。为此，一般的做法是进行广义差分，但其估计结果与原模型的真值实际上是有偏的，因而以此方法得到的变量产出弹性系数是一个有偏估计量。针对异方差和自相关在经典回归模型中有可能导致的参数估计无效且显著性检验无效等问题，Newey 和 West（1987）提出的异方差自相关一致性协方差矩阵估计量。在数据中存在未知的异方差和自相关情况下，通过计算 Newey-West 估计量，即异方差自相关一致性协方差矩阵估计量，对传统 t 检验估计量进行修正。需要指出的是，Newey-West 估计量只是改变了参数的标准差估计，进而解决了异方差和自相关情况下 OLS 的 t 显著性检验失效的问题，但这个方法并未改变系数的参数估计，因而估计的结果仍然是一个无偏估计量。HAC Newey-West 估计量：

$$\hat{\sum}_{NW} = \frac{T}{T-k}(X'X)^{-1}\hat{\Omega}(X'X)^{-1}$$

其中，$\hat{\Omega} = \dfrac{T}{T-k}\{ \displaystyle\sum_{t=1}^{T} u_t^2 x_t x_t' + \sum_{v=1}^{q}\left[\left(1 - \frac{v}{q+1}\right)\sum_{t=v+1}^{T}(x_t u_t u_{t-v} x_{t-v}' + x_{t-v} u_{t-v} u_t x_t')\right]\}$，T 为样本数量，k 为估计参数数量，$u_t$ 为最小二乘的残差

项，q 代表估计的 OLS 残差 u_t 的自相关阶数，根据 Newey 和 West（1987），$q = floor(4(T/100)^{2/9})$。在以后的分析中，笔者都将采用 Newey–West 估计量进行显著性检验。

另外，在线性回归分析中，一般用 R^2 来作为评判模型估计值对实际值拟合好坏程度的标准，而事实上在无套利理性预期下得到的远期利率实际上就是对未来即期利率的预期或估计，因而可以借鉴 R^2 的方法，得到真实的拟合优度，用以评价远期利率（即对未来即期利率）与未来实际利率的预测精度。真实 R^2 计算公式为：

$$\text{True } R^2 = 1 - \sum (R_{t+m}^{n-m} - f_t^{m,n})^2 / \sum (R_{t+m}^{n-m} - \overline{R_{t+m}^{n-m}})^2$$

显然，如果远期利率与未来即期利率完全一致（即纯理性预期成立），真实 R^2 应该等于 1，而其越小则说明远期利率对未来即期利率预测效果越差，且预期理论可能不成立。另外，如果纯预期理论成立，那么理论上应该有 $\beta = 1$ 且 $\alpha = 0$，笔者通过 Wald 系数检验对 $\beta = 1$ 的原假设进行检验。

三、检验结果

通过 PP 检验可以发现，由即期利率期限结构所得到的远期利率与各期限即期利率曲线都是 I(1) 序列，且存在协整关系。通过 PP 检验可以发现，远期利率与未来即期利率都是 I(1) 序列，这样需要对其是否存在长期平稳的协整关系进行检验。本书通过 Engle 和 Granger（1987）提出的基于回归残差的 E–G 两步法进行协整检验。自变量和因变量存在协整关系也就意味着因变量能被自变量的线性组合所解释，两者存在稳定的均衡关系，因变量不能被自变量所解释的部分构成一个残差序列，并应具有平稳性质。这样，变量之间是否存在协整关系等价于检验回归方程残差序列的平稳性。对式（2–1）进行回归并得到残差项（w），对其进行平稳性检验。变量平稳性和协整关系检验结果如表 2–2 所示。

表 2–2　远期利率与未来即期利率平稳性检验及协整检验结果

变量	PP 统计量	变量	PP 统计量	变量	PP 统计量	变量	PP 统计量	变量	PP 统计量
R_{t+1}^1	−2.319	$f_t^{1,2}$	−2.247	$D(R_{t+1}^1)$	−6.590***	$D(f_t^{1,2})$	−5.453***	w	−3.337***
R_{t+3}^1	−2.305	$f_t^{1,4}$	−2.210	$D(R_{t+3}^1)$	−6.966***	$D(f_t^{1,4})$	−5.510***	w	−2.483**
R_{t+6}^1	−2.450	$f_t^{1,7}$	−2.237	$D(R_{t+6}^1)$	−6.259***	$D(f_t^{1,7})$	−4.605***	w	−2.568**

变量	PP 统计量	变量	PP 统计量	变量	PP 统计量	变量	PP 统计量	变量	PP 统计量
R^1_{t+9}	−2.228	$f^{1,10}_t$	−2.282	$D(R^1_{t+9})$	−6.083***	$D(f^{1,10}_t)$	−4.633***	w	−2.237**
R^1_{t+12}	−2.198	$f^{1,13}_t$	−2.265	$D(R^1_{t+12})$	−6.217***	$D(f^{1,13}_t)$	−4.819***	w	−6.228***

注：D 代表差分变量，根据检验方程的 AIC 和 SC 准则，利率水平变量检验形式加入常数项，差分变量和残差项 w 检验形式为既无常数项也无时间趋势项，*** 和 ** 分别代表显著性水平 1% 和 5%。

这样，可以对式（2-1）直接进行回归，结果如表 2-3 所示。

表 2-3 远期利率与未来即期利率的简单线性回归结果

m	α	β	R^2	S.E.	F	True R^2	β = 1 Wald 检验 χ² 统计量
1	0.5047 (0.1522)***	0.6601 (0.0733)***	0.727	0.324	311.57***	0.355	21.52***
3	0.5874 (0.1706)***	0.6199 (0.0813)***	0.508	0.439	118.54***	0.153	21.84***
6	1.0201 (0.3334)***	0.4111 (0.1645)**	0.202	0.566	28.38***	−0.813	12.81***
9	1.7332 (0.4486)***	0.1005 (0.2001)	0.013	0.636	1.447	−1.930	20.22***
12	2.4801 (0.4852)***	−0.2004 (0.1905)	0.051	0.631	5.726	−3.035	39.71***

注：括号内为 Newey-West 标准差，*** 和 ** 分别代表显著性水平 1% 和 5%。

从表 2-3 中可以看出，远期利率与未来即期利率仅在短端（6 个月以下）存在显著的相关关系，而且具相关性随着利率期限的变长而下降，并在长端（9 月和 12 月远期）不显著。回归方程（2-1）的 R^2 在 m = 1 时最大也仅为 0.73，而代表预测精度的真实 R^2 则更低，仅为 0.36。无论是通过预测精度，还是对 β = 1 的检验都表明，理性预期并不成立。由此，笔者通过对远期利率与未来即期利率的简单线性分析表明，远期利率对未来即期利率仅在短端具有较好的预测作用，而且预测能力随着期限的变长而下降，[①] 纯预期理论

[①] 这一发现也与国外的研究相类似。例如，Campbell 和 Shiller（1991）发现对于 2 月和 3 月远期利率预测效果较好，之后效果变差，并直至 9 月后远期利率预测效果才转好；Fama（1984）、Fama 和 Bliss（1987）的研究也表明，短期的短端和更长期（1 年以上）远期利率预测效果较好，而短期的中长端远期利率预测效果不显著。国内对远期利率预测作用的研究（范龙振、王晓丽，2004；范龙振、施婷，2006；郭涛、宋德勇，2008；等等）大多仅限于短端远期利率的分析，并没有考察短期的长端和更长期远期利率的预测作用。

并不成立。当然，通过公式（2-1）对远期利率预测及理性预期理论的检验毕竟仅是通过简单回归分析得到，其中利率期限结构的含义并不明显。因此在下一节，笔者将利用 Fama（1984）的分析框架，对利率期限结构的预期理论开展进一步的考察。

第三节　经期限溢价修正的预期理论检验
及远期利率预测作用

一、远期利率预测及预期理论检验的基础模型

笔者通过无套利条件得到远期利率，理性预期假说则表明远期利率包含了未来即期利率变化的信息，因而可以通过远期利率与当期即期利率溢价（即远期利率与当期即期利率之差）与即期利率的实际变化进行回归的方法，来检验远期利率对即期利率的预测作用及预期理论，这也是 Fama（1984）的基本思路。尽管对于预期理论有不同的表达形式，但 Campbell（1986）表明不同形式的预期理论实际上是等价的；Kim 和 Orphanides（2007）通过推导表明，不同预期理论所包含的期限溢价实际上是可以互相转换的。因此，笔者采用 Dziwura 和 Green（1996）对预期理论的定义，仅考虑债券的持有期为 1 期情况，则：$f_t^m = E(R_{t+m}) + \theta_t^m$。期限溢价 θ_t^m 就是 t 时刻的远期利率 f_t^m 与未来即期利率的预期 $E(R_{t+m})$ 之差，即：

$$\theta_t^m = f_t^m - E(R_{t+m}) \tag{2-2}$$

对式（2-2）两边同时减去 t 时刻的即期利率 R_t，整理可得 $E(R_{t+m}) - R_t = f_t^m - R_t - \theta_t^m$，在理性预期假设下，有 $R_{t+m} = E(R_{t+m}) + \varepsilon_{t+m}$，$\varepsilon_{t+m}$，为预测误差的无偏扰动项。由此，可以得到回归的基础模型如下：

$$R_{t+m} - R_t = \alpha + \beta(f_t^m - R_t) + \phi_t^m \tag{2-3}$$

其中，$\phi_t^m = \varepsilon_{t+m} - \theta_t^m$。在纯理性预期假设下，期限溢价为零，即 $\phi_t^m = \varepsilon_{t+m}$，这也是 Fama（1984）研究的情形，或者稍微放宽一下预期理论条件，假设期限溢价是不随期限 m 变动的一个常数，那么在这两种条件下，都不

会影响式（2-3）中对系数 β 的估计。如果预期理论成立的话，理论上应该有 β = 1，说明远期利率与即期利率之差完全反映了实际利率的变化情况。反之，如果 β ≠ 1，那么说明期限溢价为零或不变的假设不成立，而且如果无法拒绝 β = 0 的原假设的话，则说明远期利率无法有效预测未来即期利率。相应地，如果 0 < β < 1，则表明利率期限结构所隐含的远期利率对未来即期利率具有一定的预测作用，但由于 β ≠ 1 而拒绝纯预期理论，表明存在着"预期之谜"。

首先假定我国利率期限溢价为零或者不变，对式（2-3）进行回归。通过 PP 检验可以发现，在 10% 显著性水平下，各变量都是平稳的，可以直接进行回归，如表 2-4 所示。

表 2-4　未来利率变化、远期利率与即期利率之差及期限溢价平稳性检验结果

变量	PP 统计量	变量	PP 统计量	变量	PP 统计量
$R_{t+1} - R_t$	-6.653***	$f_t^1 - R_t$	-1.619*	T_t^1	-2.629***
$R_{t+3} - R_t$	-2.457**	$f_t^3 - R_t$	-4.517***	T_t^3	-2.179***
$R_{t+6} - R_t$	-2.935***	$f_t^6 - R_t$	-4.387***	T_t^6	-2.702***
$R_{t+9} - R_t$	-2.238**	$f_t^9 - R_t$	-3.145*	T_t^9	-2.077**
$R_{t+12} - R_t$	-2.031**	$f_t^{12} - R_t$	-3.242*	T_t^{12}	-1.840*

注：根据检验方程的 AIC 和 SC 准则，$f_t^1 - R_t$、$f_t^6 - R_t$、$f_t^9 - R_t$、$f_t^{12} - R_t$ 检验形式为即有常数项又有趋势项，而其他变量检验形式均为既无常数项也无时间趋势项，***、**、* 分别代表显著性水平 1%、5% 和 10%。

不同时期即期利率及远期利率与即期利率之差是平稳的，这与 Campbell 和 Shiller（1987）等利用协整方法检验预期理论的理论背景所揭示的是一样的，即不同期限利率存在共同的长期关系，而这也在一定程度上说明我国利率期限结构预期理论很可能是成立的。在期限溢价为零或不变假设下，对模型（2-3）进行回归，结果如表 2-5 所示。

表 2-5　远期利率预测和预期理论检验结果

m	α	β	R^2	S.E.	F	β = 1 Wald 检验 χ^2 统计量
1	−0.0016 (0.0235)	0.0200 (0.0695)	0.0008	0.2437	0.0988	198.64***
3	−0.0394 (0.0785)	0.2098 (0.2815)	0.0130	0.4749	1.5180	7.8795***

m	α	β	R^2	S.E.	F	β = 1 Wald 检验 χ² 统计量
6	0.0573 (0.1486)	−0.0240 (0.4537)	0.0001	0.6402	0.0115	5.0928**
9	0.4147 (0.2201)*	−0.6711 (0.5096)	0.0733	0.7485	8.6199***	10.75***
12	0.6722 (0.2688)**	−0.9482 (0.5040)*	0.1189	0.8639	14.30***	14.94***

注：括号内为 Newey–West 标准差，***、**、* 分别代表显著性水平 1%、5% 和 10%。

表 2–5 显示，仅当 m = 12 时，方程的 β 通过了显著性检验，其他回归结果的系数方向都与 Shiller、Campbell 和 Schoenholtz（1983），Mankiw 和 Summers（1984），Campbell 和 Shiller（1991）等类似，系数 β 的方向是与理论假设相反的，这表明要么是理性预期理论不成立，要么期限溢价并不为零且不是一个常数，而是随期限的变化而变化，即时变期限溢价。也就是 Smant（2010）所指出的，由于存在变期限溢价，对 β 系数的估计产生了偏误。因而，对方程（2–3）的检验表明，中国的利率期限结构存在着时变期限溢价，但这并不意味着完全拒绝远期利率的预测作用和预期理论。

二、经期限溢价修正后的模型

由于存在单时变期限溢价，而时变期限溢价又在事前是不可观测的，这给经验分析带来了困难。Tzavalis 和 Wickens（1997）提出，在回归中可以引入一个期限溢价的代理变量，从而解决由期限溢价带来的估计偏误问题。假设不同期限的期限溢价密切相关，即期限溢价可以由单因子表示，那么期限分别为 m 和 n 的期限溢价关系如下：

$$\theta_t^m = \gamma^{m,n}\theta_t^n \tag{2-4}$$

如果 $\gamma^{m,n}$ 仅取决于期限因素，对于固定的 n 期和 m 期，$\gamma^{m,n}$ 应该是一个大于零的常数。因此将式（2–2）、式（2–4）代入回归方程（2–3），可得：

$$R_{t+m} - R_t = \alpha^* + \beta^*(f_t^m - R_t) + \eta^{m,n}T_t^n + \varepsilon_{t+m}^* \tag{2-5}$$

其中，$\eta^{m,n} = -\gamma^{m,n}$，$T_t^n = (f_t^n - R_{t+n})$，$\varepsilon_{t+m}^*$ 为均值为零的无偏误差变量，而在理性预期成立时，应有 $\beta^* = 1$。

这样，可以通过对式（2-5）进行回归，对远期利率的预测能力及预期理论进行检验。分别选择 T1、T3、T6、T9、T12 作为期限溢价因子进行检验，结果如表 2-6 所示。

表 2-6　经期限溢价修正后的远期利率预测和预期理论检验结果（OLS）

m	α	β	η	R^2	S.E.	F	β = 1 Wald 检验 χ^2 统计量
T_t^1							
3	−0.0642 (0.0661)	0.9756 (0.2927)***	−0.7685 (0.974)***	0.3056	0.4001	25.09***	0.0069
6	−0.0660 (0.1234)	0.8165 (0.2351)***	−0.8662 (0.2698)***	0.2039	0.5738	14.21***	0.6094
9	0.2141 (0.1786)	0.1662 (0.3535)	−0.9572 (0.2425)***	0.2349	0.6832	16.58***	5.564**
12	0.3899 (0.1961)**	−0.0245 (0.2963)	−1.3160 (0.2115)***	0.3541	0.7432	28.78***	11.96***
T_t^3							
1	0.0257 (0.0129)**	0.2033 (0.0534)***	−0.2656 (0.0392)***	0.2506	0.2111	19.06***	222.90***
6	0.0579 (0.1022)	0.5355 (0.2512)**	−0.9195 (0.1574)***	0.4628	0.4713	47.82***	3.2184
9	0.3575 (0.1919)*	−0.1133 (0.4342)	−0.9415 (0.133)***	0.3963	0.6069	35.45***	6.574**
12	0.5779 (0.2271)**	−0.3794 (0.4162)	−1.0607 (0.1267)***	0.4098	0.7104	36.46***	10.98***
T_t^6							
1	0.0196 (0.0194)	0.1369 (0.0723)*	−0.1252 (0.0401)***	0.0973	0.2303	5.9805***	142.60***
3	−0.0399 (0.0564)	0.9039 (0.2180)***	−0.5044 (0.0834)***	0.4778	0.3488	50.79***	0.1942
9	0.2058 (0.1190)*	0.3577 (0.2858)	−0.9427 (0.0651)***	0.6287	0.4760	91.43***	5.052**
12	0.4320 (0.2190)*	−0.0233 (0.4357)	−0.9646 (0.1395)***	0.5623	0.6118	67.43***	5.5170**
T_t^9							
1	0.0125 (0.0213)	0.1029 (0.0783)	−0.0835 (0.0308)***	0.0716	0.2210	4.1674**	131.27***
3	−0.0675 (0.0719)	0.9286 (0.2845)***	−0.3555 (0.0931)***	0.3618	0.3803	30.62***	0.0630

续表

m	α	β	η	R^2	S.E.	F	$\beta=1$ Wald 检验 χ^2 统计量
6	−0.0447 (0.0720)	0.9697 (0.1849)***	−0.6370 (0.1010)***	0.6270	0.3909	90.76***	0.0269
12	0.2356 (0.1725)	0.4134 (0.3232)	−0.9235 (0.0712)***	0.7349	0.4761	145.57***	3.2934*
T_t^{12}							
1	0.0143 (0.0216)	0.1389 (0.1033)	−0.0709 (0.0269)***	0.0636	0.2145	3.5639**	69.54***
3	−0.0503 (0.0667)	0.8184 (0.2389)***	−0.2757 (0.0735)***	0.2931	0.3837	21.76***	0.5779
6	−0.0641 (0.1181)	0.9731 (0.3068)***	−0.5072 (0.0994)***	0.5069	0.4501	53.97***	0.0077
9	0.0075 (0.1235)	0.9296 (0.2756)***	−0.7443 (0.0827)***	0.7036	0.4307	124.61***	0.0652
T_t^{10}, 12	0.1746 (0.1298)	0.5764 (0.2387)**	−0.9413 (0.0539)***	0.8196	0.3927	238.54***	3.1486
T_t^{11}, 12	0.0865 (0.0673)	0.7953 (0.1217)***	−0.9782 (0.0304)***	0.9288	0.2468	684.68***	2.8309

注：括号内为 Newey–West 标准差，***、**、* 分别代表显著性水平 1%、5% 和 10%。

从表 2-6 中可见，经期限溢价修正后模型的效果改善非常明显。与表 2-4 相比，回归方程的 R^2 有明显的提高，大部分方程的 β 也都通过了显著性检验，说明远期利率对未来利率具有较好的预测作用。特别是 3 月、6 月和 9 月远期方程的 Wald 系数检验都表明无法拒绝的 $\beta=1$ 原假设，说明预期理论是成立的。虽然 1 年远期回归效果并不很理想，但这可能是由于期限溢价因子选择的问题。由表可见，如果选择 T_t^{10} 和 T_t^{11}，1 年远期利率同样具有良好的预测功能，而且也无法拒绝预期理论。另外，所有的回归结果都表明，$\gamma^{n,m} = -\eta^{n,m} > 0$，且都通过了显著性检验，这与之前对我国利率期限结构期限溢价的理论分析是一致的，再次说明经期限溢价修正的模型（2-5）是可靠的。

三、广义矩估计结果

由于模型（2-5）中所包含的期限溢价代理变量 $T_t^n = (f_t^n - R_{t+n})$，而这很可能由于预期误差而存在由期限而带来的自相关问题，因而采用广义矩估计方法（GMM）要比 OLS 估计方法更可靠。因为 GMM 不要求扰动项的准确分布信息，允许随机误差项存在异方差和自相关，所以得到的参数估计量要比 OLS 更合乎实际，是一个稳健估计量，而且可以证明 OLS 实际上是 GMM 的特例。Tzavalis 和 Wickens（1997）就是利用 GMM 进行分析。在利用 GMM 估计时，需要选择工具变量（IV），而 Tzavalis 和 Wickens（1997）根据 Campbell（1987）对超额收益率预测能力的分析，分别选择滞后 1 月的持有期为 1 月债券利率变化（ΔR_{t-1}^{1}）、持有期为 1 年的债券利率变化（ΔR_t^{12}）、1 年期与 1 月期债券利率之差（$R_t^{12} - R_t^{1}$）以及常数项和时间趋势项作为工具变量。由于工具变量个数比方程要估计的参数个数多，因而对参数估计的过度识别检验可以用来判断单因子期限溢价修正的理性预期模型的正确性。笔者采用 Tzavalis 和 Wickens（1997）的工具变量，对模型（2-5）进行 GMM 估计，结果如表 2-7 所示。

表 2-7　经期限溢价修正后的远期利率预测和预期理论检验结果（GMM）

	m	α	β	η	J(2)	β = 1 Wald 检验 χ² 统计量
T_t^1						
	3	−0.0779 (0.0671)	1.1498 (0.3763)***	−0.9107 (0.3024)***	0.0017	0.1584
	6	−0.1048 (0.1451)	1.1986 (0.3624)***	−0.9772 (0.3869)***	0.0249	0.3004
	9	0.2145 (0.1981)	0.2769 (0.4242)	−0.9713 (0.2614)***	0.0477*	2.9056*
	12	0.3810 (0.2642)	−0.0465 (0.4039)	−1.5195 (0.3423)***	0.0476*	6.7136***
T_t^3						
	1	−0.0661 (0.0519)	0.8127 (0.3211)**	−1.0077 (0.4178)**	0.0019	0.3402
	6	0.0515 (0.1074)	0.7322 (0.2687)***	−0.9746 (0.2088)***	0.0197	0.9939
	9	0.2003 (0.2430)	0.5680 (0.5273)	−0.7683 (0.2609)***	0.0562**	0.6714
	12	0.2073 (0.4587)	1.1317 (0.9495)	−3.776 (1.4153)***	0.0239	0.0193

续表

m	α	β	η	J(2)	β = 1 Wald 检验 χ² 统计量
T_t^6					
1	0.0640 (0.0695)	0.7439 (0.2680)***	−0.7628 (0.2472)***	0.0323	0.9146
3	−0.0394 (0.0827)	1.3056 (0.3372)***	−0.9393 (0.1830)***	0.0176	0.8212
9	0.1177 (0.1343)	0.8579 (0.3138)***	−1.4655 (0.2805)***	0.0148	0.2051
12	0.3298 (0.2819)	0.6570 (0.5163)	−1.8672 (0.5200)***	0.0316	0.4412
T_t^9					
1	0.0156 (0.0209)	0.2459 (0.1365)*	−0.0998 (0.0695)	0.0439*	30.51***
3	−0.0298 (0.0747)	0.9199 (0.3475)**	−0.3820 (0.1298)***	0.0352	0.0531
6	−0.0632 (0.0836)	1.0624 (0.2473)***	−0.6358 (0.12997)***	0.0127	0.0637
12	0.0516 (0.1987)	0.9767 (0.3861)**	−1.2511 (0.2286)***	0.0086	0.0037
T_t^{12}					
1	0.0142 (0.0228)	0.3085 (0.1675)*	−0.0737 (0.0614)	0.0041*	17.05***
3	−0.0330 (0.0775)	0.7462 (0.3507)**	−0.1782 (0.0965)*	0.0164	0.5235
6	−0.1160 (0.1178)	1.1210 (0.3298)***	−0.4026 (0.1225)***	0.0195	0.1345
9	−0.0259 (0.1439)	0.9738 (0.3528)***	−0.7640 (0.1457)***	0.0078	0.0055

工具变量：常数项、时间趋势项、ΔR_{t-1}^1、ΔR_t^{12}和 $R_t^{12} - R_t^1$。

注：括号内为标准差，***、**、* 分别代表显著性水平1%、5%和10%。J(2)为GMM的J统计量与观测值N之积，且J(2)~χ_2^2（自由度为2，即工具变量个数减估计参数个数）。

广义矩估计方法得到的结果也很理想，虽然在全部显著的方程中，有两个方程表明1月远期利率存在过度识别问题，但这两个方程β的Wald系数检验都拒绝其不等于1的原假设，这可能与期限溢价修正因子的选择有关。另外，所有方程都在10%水平下无法拒绝过度识别约束成立的零假设，这表明单因子期限溢价模型是合理的。只要有适当的期限溢价因子修正，各期远期利率方程的 Wald 系数检验都表明无法拒绝 β = 1 的原假设，说明远期利率确实对未来利率具有预测能力，而且也无法拒绝纯预期理论。

从表 2-6 和表 2-7 的结果来看，虽然经过期限溢价修正后，大部分方程的 β 都通过了显著性检验且无法拒绝理性预期假设，但是期限溢价对模型的修正效果与期限选择密切相关。与远期期限较接近的期限溢价代理变量的修正效果较好，而如果与远期期限长差很大，则有的方程并未通过检验。结合第二部分对远期利率与未来即期利率简单相关关系的回归结果（表 2-3），仅短期的短端（6 个月及以下）两者具有显著的相关关系，这说明我国金融市场可能并不一定是理性预期，很可能适应性预期过程更符合市场预期的现实，即市场对未来变量的预期更受最近的短期信息的影响并不断进行预期修正过程，而无法通过完全的历史信息进行准确的判断（表 2-6 和表 2-7 中仅有 1 个方程无法拒绝 1 月远期的理性预期假设），这也更符合我国当前特定阶段金融市场发展的实际。当然，对我国固定收益市场预期性质的判断需要更严格的经验分析。

第四节　本章小结

本书的经验研究为利率期限结构的远期利率预测作用及预期理论提供了新的证据。与针对美国数据的经验研究结果类似，我国利率期限结构具有明显的时变期限溢价特征，这也解释了利率期限结构的"预期之谜"。经期限溢价修正后，远期利率包含了未来即期利率变动的信息，而且也无法拒绝预期理论。我国货币市场和债券市场的利率市场化已经有十余年的宝贵经验，利率期限结构包含了大量未来经济运行的有效信息，这对准确判断未来市场利率走势，客观评价货币政策实际立场和效果，具有非常重要的意义。

利率市场化是中国金融改革的大势所趋，2012 年 6 月，中国人民银行决定允许存款利率在管制水平上浮 10%，这是自 2004 年 10 月放开贷款利率上限和存款利率下限后，利率市场化改革向实质化迈进的重要一步。随着利率市场化改革的逐步深入并最终实现，货币政策也应实现以利率引导为主的价格型调控模式转型。尽管目前我国仍然对金融机构存贷款利率实行利差管制，但货币市场的利率变动能够影响金融机构的头寸，从而影响其贷款利率的浮动水平。利率期限结构的远期利率信息及预期理论表明，中央银行可以通过公开市场操作改变商业银行和金融机构的头寸状况，这必将影响市场的资金供求和实际利率水平，从而实现价格、产出等货币政策最终目标。这为深入推进我国利率市场化改革，实现货币政策由准备金等数量工具调整为主向利率价格工具调整为主的转变，提供了很好的理论支持。因此，今后应在进一步深化我国债券市场发展，形成更为合理的收益率曲线的同时，加大对利率期限结构所包含的信息价值的分析，切实提高货币政策的敏感性、前瞻性和有效性。

第三章 基于协整理论的利率期限结构预期假说检验

第一节 研究的背景

利率期限结构的传统预期假说认为，投资者对债券的投资期限没有偏好，在无套利机制作用下，不论投资于何种期限的债券，投资者取得的单一时期预期回报率都应相同。假设投资者对债券不存在期限偏好，那么在套利机制的作用下，市场的远期利率（即对未来利率的预期）应该与未来即期利率相同。在不存在交易费用且理性预期条件下，长期债券收益率应该等于预期未来的短期利率的均值，由此也就可以确定利率期限结构的形状。例如，如果投资者认为当期利率水平较高，未来难以维持下去，即未来短期利率将下降，那么在长短期债券收益率相同时，投资者将更多地购买长期债券（从而提高长期债券的价格，降低长期债券的收益率），并抛售短期债券（从而降低短期债券的价格，提高短期债券的收益率），从而形成向下倾斜的收益率曲线；类似的，预期未来利率将升高，那么将形成向上倾斜的收益率曲线。因此，从理论上说，如果预期理论成立，那么不同期限利率将随着时间的变化而同时变化，即长短期利率存在着某种共同的长期均衡关系，而这也正好符合协整理论的基本概念。也就是说，如果利率期限结构的预期理论成立，那么不同期限利率一定存在协整关系，这也就意味着不同期限利率是否存在协整关系，可以作为检验预期理论是否成立的必要条件。

这方面最早的研究可以追溯至 Campbell 和 Shiller（1987）利用美国 20

年和 1 个月的长短期月度数据，对利率期限结构预期假说进行检验，发现利率均为一阶单整序列，并且存在着协整关系，从而表明利率期限结构的预期理论是成立的。之后，Hall、Anderson 和 Granger（1992），Shea（1992），Engsted 和 Tanggaard（1994）等利用协整理论，在多变量框架下对不同期限利率之间的关系进行了经验研究，同样支持了利率期限结构的预期理论。目前，国内对利率期限结构预期理论检验的经验研究大多采用回归的方法，但由于传统的回归方法没有考虑到时变期限溢价因素，因而往往发现利率期限结构对未来即期利率具有一定的预测作用但却拒绝预期理论的矛盾现象，即所谓的"预期之谜"（余文龙、王安兴，2010）。唐齐鸣和高翔（2002）、李彪和杨宝臣（2006）等，利用我国同业拆借市场利率或交易所国债回购利率，采用协整分析方法对利率期限结构预期理论进行检验，表明我国利率期限结构的预期理论是成立的。但是，他们的利率包含着一定程度的信用风险，并不符合严格意义上的无风险收益率，而且由于拆借和回购交易多集中于半年以内短端交易，受数据可得性和样本期限限制，均是分析半年以内的各期限利率关系。这里，笔者采用由中国中央国债登记结算有限责任公司提供的银行间固定收益国债收益率曲线作为样本，利用协整理论对我国利率期限结构的预期理论进行检验。

第二节　协整分析与利率期限结构的预期理论

通常，高频金融交易数据都呈现水平平稳的特征，但月度利率数据则并不一定是平稳序列。一些非平稳序列由于某种经济关系而联系在一起，其线性组合有可能是平稳序列，那么从长远看这些变量应该具有稳定的均衡关系，这是建立和检验模型的基本出发点。在短期内，因为季节影响或随机干扰，这些变量有可能偏离均值。如果这种偏离是暂时的，那么随着时间推移将会回到均衡状态；如果这种偏离是持久的，就不能说这些变量之间存在均衡关系。协整（Co-Integration）就是这种均衡关系性质的统计表示。在有关协整理论的经典论文中，Engle 和 Granger（1987）基于回归方程的残差平稳性检验，提出了协整检验的 E-G 两步法，并以美国 20 年和 1 月期长短期国债利率为例，对美国利率期限结构的预期理论进行了检验。

一、协整关系检验

如果时间序列 y_{1t}，y_{2t}，…，y_{nt} 都是 d 阶单整序列 $[I(d)]$，那么存在一个向量 $\alpha = (\alpha_1,\ \alpha_2,\ \cdots,\ \alpha_n)$，使得 $\alpha y_t^T \sim I(d-b)$，则序列 y_{1t}，y_{2t}，…，y_{nt} 是（d，b）阶协整，记为 $y_t \sim CI(d,\ b)$，α 称作协整向量。以两变量为例，为检验同是 d 阶单整的两个序列 x_t，y_t 是否存在协整关系，根据 Engle 和 Granger（1987）提出的两步检验法，首先对两变量进行回归：

$$y_t = \alpha + \beta x_t + w_t \tag{3-1}$$

用 $\hat{\alpha}$，$\hat{\beta}$ 表示回归系数的估计值，则模型关残差估计值为：

$$\hat{w} = y_t - \hat{\alpha} - \hat{\beta} x_t \tag{3-2}$$

如果 $\hat{w} \sim I(0)$，则序列 x_t，y_t 存在协整关系，且协整向量为（1，$-\hat{\beta}$），方程（3-1）即为协整回归方程。

二、误差修正模型

协整关系表明，非平稳序列间存在着长期稳定的均衡关系，这种长期稳定的关系是在短期动态过程的不断调整中得以实现的。由于大多数经济时间序列的一阶差分是平稳的，因此会存在某种联系方式将协整过程和长期稳定均衡状态结合起来，变量的线性组合是平稳的，变量中的长期分量相互抵消，生成一个平稳的时间序列，而这主要是由于误差修正机制发挥作用，防止长期关系偏差扩大，从而实现长期均衡关系。也就是说，任何协整关系都存在着反映短期调整的误差修正机制，这可以由误差修正模型（ECM）表示。

最常用的 ECM 模型的估计方法是 Engle 和 Granger（1987）的两步法，模型形式为：

$$\Delta y_t = k_0 + k_1 \Delta x_t + k_2 w_{t-1} + \varepsilon_t \tag{3-3}$$

可以证明，式（3-3）又与 Davidson、Hendry、Srba 和 Yeo（1978）提出的自回归分布滞后模型 ADL（1，1）是等价的，模型形式为：

$$y_t = k_0 + k_1 y_{t-1} + k_2 x_t + k_3 x_{t-1} + \varepsilon_t \tag{3-4}$$

三、利率期限结构的预期理论模型

根据预期理论，长、短期利率之间应该存在着较为稳定的联系，由此可以确定利率期限结构的状态。这里根据 Hall、Anderson 和 Granger（1992）的方法，对利率期限结构的预期理论推导如下：

在无套利理性预期条件下，长期利率等于预期未来短期利率的平均值，因而有：

$$R_t^k = \frac{1}{k}\left[\sum_{j=1}^{k} ER_{t+j-1}^1 + \sum_{j=1}^{k}\theta_t^j\right] = \frac{1}{k}\sum_{j=1}^{k} ER_{t+j-1}^1 + \Theta^k \tag{3-5}$$

其中，$\Theta^k = \frac{1}{k}\sum_{j=1}^{k}\theta_t^j$ 代表平均的期限溢价，在纯预期理论下，有 $\Theta^k = 0$，或者假定其为一个不变的常数，又称弱预期理论。

由式（3-5）可以有：

$$R_t^k - R_t^1 = \frac{1}{k}\left[\sum_{j=1}^{k} ER_{t+j-1}^1 - kR_t^1\right] + \Theta^k$$

$$= \frac{1}{k}\left[(ER_{t+1}^1 - R_t^1) + (ER_{t+2}^1 - R_t^1) + \cdots + (ER_{t+k-1}^1 - R_t^1)\right] + \Theta^k$$

$$= \frac{1}{k}\left[\sum_{j=1}^{k-1} E(R_{t+j}^1 - R_t^1)\right] + \Theta^k$$

$$= \frac{1}{k}\left[\sum_{j=1}^{k-1} (E(R_{t+1}^1 - R_t^1) + E(R_{t+2}^1 - R_{t+1}^1) + \cdots + E(R_{t+i}^1 - R_{t+i-1}^1))\right] + \Theta^k$$

$$= \frac{1}{k}\sum_{i=1}^{k-1}\sum_{j=1}^{j=i} E\Delta R_{t+j}^1 + \Theta^k \tag{3-6}$$

如果 R_t^k 和 R_t^1 均为一阶单整序列 I(1)，那么式（3-6）最后推导得到的序列应该是平稳序列。因此，如果预期理论成立，那么 R_t^k 和 R_t^1 应该存在协整关系，并且协整向量为（1，-1）。这个关系可以扩展到不同期限利率间的关系，通过对不同期限利率间协整关系的检验，实际上也就是对预期理论成立必要条件的检验。预期理论成立必要条件就是不同期限利率间存在协整关系，而且理论上，协整回归方程 $\hat{\beta} = 1$。

第三节 我国利率期限结构预期理论的经验分析

一、数据说明及平稳性检验

本章主要考察 1 年以内的短期收益率，样本期为 2002 年 1 月至 2011 年 12 月。通过 PP 检验可以发现，各期限利率的水平序列都不是平稳的，而其一阶差分序列都在 1% 水平下通过平稳性检验，因而各期限利率都是 I（1）序列，这样可以通过 E–G 两步法对不同期限利率是否存在协整关系进行检验，从而考察利率期限结构预期理论是否成立，如表 3–1 所示。

表 3–1　各期限利率平稳性检验

变量	PP 统计量	变量	PP 统计量
R_t^0	−2.479	$D(R_t^0)$	−9.098***
R_t^1	−2.421	$D(R_t^1)$	−7.646***
R_t^3	−2.247	$D(R_t^3)$	−6.678***
R_t^6	−2.287	$D(R_t^6)$	−6.157***
R_t^9	−2.291	$D(R_t^9)$	−5.894***
R_t^{12}	−2.266	$D(R_t^{12})$	−5.725***

注：D 代表差分变量，根据检验方程的 AIC 和 SC 准则，利率水平变量检验形式加入常数项，差分变量和残差项为既无常数项也无时间趋势项，*** 代表显著性水平 1%。

二、协整检验结果

从表 3–2 中可见，各期限利率 OLS 回归都通过显著性检验，并且其残差项都通过了平稳性检验，说明不同期限利率期间存在长期稳定的协整关系，这也符合利率期限结构预期理论的含义。同时，Wald 系数检验也表明，除 3 个方程仅能在 10% 显著性水平下拒绝 β = 1 的原假设外，绝大多数方程都无法拒绝 β = 1 的原假设，而这也与公式（3–6）所揭示的，协整

回归方程 $\hat{\beta} = 1$ ［或协整向量为（1，−1）］是一致的，从而说明利率期限结构的预期理论是成立的。

表 3–2　不同期限利率 OLS 估计及残差平稳性检验结果

n，m	α	β	R^2	S.E.	F	β = 1 Wald 检验 χ^2 统计量	残差 w 平稳性检验 PP 统计量
1，0	0.2911 (0.104)***	0.936 (0.041)***	0.806	0.273	488.9***	2.413	−2.310**
3，0	0.531 (0.176)***	0.894 (0.072)***	0.567	0.463	154.7***	2.151	−2.264**
6，0	0.629 (0.183)***	0.881 (0.077)***	0.541	0.482	138.6***	2.356	−2.555**
9，0	0.699 (0.189)***	0.879 (0.081)***	0.523	0.497	129.4***	2.207	−2.738***
12，0	0.765 (0.194)***	0.879 (0.084)***	0.507	0.513	121.4***	2.095	−2.670***
3，1	−0.019 (0.075)	1.093 (0.048)***	0.923	0.195	1422.9***	1.843	−3.069***
6，1	0.063 (0.083)	1.090 (0.071)***	0.899	0.225	1061.0***	1.347	−3.963***
9，1	0.118 (0.091)	1.097 (0.056)***	0.885	0.244	908.0***	1.955	−4.162***
12，1	0.166 (0.099)*	1.105 (0.060)***	0.872	0.261	806.2***	2.001	−4.139***
6，3	0.061 (0.020)***	1.007 (0.009)***	0.994	0.341	20525.4***	0.566	−5.805***
9，3	0.103 (0.032)***	1.019 (0.014)***	0.989	0.077	10269.2***	1.754	−5.421***
12，3	0.141 (0.039)***	1.031 (0.017)***	0.984	0.094	7087.7***	1.317	−4.891***
9，6	0.037 (0.013)***	1.014 (0.005)***	0.998	0.027	84671.5***	1.194	−3.672***
12，6	0.073 (0.024)***	1.027 (0.009)***	0.995	0.051	23889.3***	1.769	−4.491***
12，9	0.034 (0.013)**	1.014 (0.006)***	0.998	0.027	83708.9***	1.321	−4.669***

注：括号内为 Newey–West 标准差，***、**、* 分别代表显著性水平 1%、5% 和 10%。

三、误差修正模型检验结果

如前所述，协整关系表明非平稳序列间存在着长期稳定的均衡关系，而这种长期稳定的关系是在短期动态过程的不断调整中得以实现，并可以由误差修正模型表示。分别对误差修正模型的两个等价形式即方程（3-3）和方程（3-4）进行回归，在回归时直接对变量显著性进行 t 检验。结果表明，各变量都通过了至少 10% 的显著性检验，而且 D.W. 值也表明不存在自相关现象，说明误差修正机制在避免长期偏差关系扩大，促使变量实现长期均衡方面，发挥了作用。具体检验结果见表 3-3 和表 3-4。

表 3-3 误差修正模型估计结果 ［因变量为 $D(R_t^n)$］

n, m	C	$D(R_t^m)$	$W(-1)$	R^2	D.W.	S.E.	F
1, 0	0.0031 (0.012)	0.769 (0.055)***	−0.091 (0.055)*	0.825	1.622	0.102	272.63***
3, 0	0.0050 (0.020)	0.521 (0.114)***	−0.081 (0.040)**	0.474	1.632	0.161	52.34***
6, 0	0.0044 (0.021)	0.444 (0.122)***	−0.089 (0.042)**	0.363	1.295	0.174	33.10***
9, 0	0.0045 (0.022)	0.417 (0.122)***	−0.089 (0.043)**	0.326	1.190	0.180	28.00***
12, 0	0.0047 (0.022)	0.406 (0.120)***	−0.083 (0.042)*	0.315	1.416	0.179	26.66***
3, 1	0.0025 (0.011)	0.804 (0.081)***	−0.185 (0.055)***	0.770	1.760	0.106	194.1***
6, 1	0.0022 (0.014)	0.729 (0.104)***	−0.204 (0.053)***	0.645	1.51	0.130	105.6***
9, 1	0.0024 (0.015)	0.701 (0.119)***	−0.195 (0.052)***	0.597	1.460	0.139	85.80***
12, 1	0.0027 (0.016)	0.683 (0.115)***	−0.171 (0.051)**	0.574	1.432	0.141	78.02***
6, 3	0.0001 (0.004)	0.975 (0.028)***	−0.471 (0.083)***	0.955	1.635	0.046	1227.9***
9, 3	0.00009 (0.006)	0.961 (0.042)***	−0.385 (0.082)***	0.920	1.646	0.062	664.9***
12, 3	0.0002 (0.007)	0.946 (0.051)***	−0.287 (0.084)***	0.898	1.695	0.069	513.5***

n, m	C	$D(R_t^m)$	W(−1)	R^2	D.W.	S.E.	F
9, 6	0.0008 (0.002)	1.002 (0.013)***	−0.326 (0.093)***	0.991	2.002	0.020	6713.6***
12, 6	0.0004 (0.003)	0.989 (0.023)***	−0.273 (0.079)***	0.972	2.067	0.036	1996.8***
12, 9	0.0003 (0.002)	0.994 (0.010)***	−0.285 (0.067)***	0.992	2.077	0.020	6820.9***

注：括号内为标准差，***、**、*分别代表显著性水平1%、5%和10%。

表 3-4 误差修正模型估计结果（因变量为 R_t^n）

n, m	C	$R_t^n(-1)$	R_t^m	$R_t^m(-1)$	R^2	D.W.	S.E.	F
1, 0	−0.018 (0.031)	0.910 (0.054)***	0.782 (0.056)***	−0.671 (0.073)***	0.974	1.652	0.102	1414.1***
3, 0	−0.014 (0.054)	0.919 (0.041)***	0.539 (0.114)***	−0.432 (0.109)***	0.950	1.437	0.160	721.3***
6, 0	0.001 (0.054)	0.911 (0.043)***	0.464 (0.122)***	−0.349 (0.113)***	0.942	1.268	0.174	616.9***
9, 0	0.006 (0.066)	0.910 (0.044)***	0.434 (0.122)***	−0.321 (0.113)***	0.940	1.208	0.179	579.8***
12, 0	0.008 (0.068)	0.916 (0.043)***	0.432 (0.121)***	−0.315 (0.110)***	0.942	1.162	0.179	619.1***
3, 1	−0.016 (0.032)	0.815 (0.056)***	0.808 (0.076)***	−0.597 (0.101)***	0.978	1.763	0.107	1673.1***
6, 1	0.002 (0.039)	0.795 (0.054)***	0.732 (0.099)***	−0.502 (0.114)***	0.967	1.543	0.131	1225.0***
9, 1	0.013 (0.043)	0.805 (0.052)***	0.704 (0.107)***	−0.484 (0.117)***	0.964	1.461	0.139	1013.1***
12, 1	0.021 (0.045)	0.828 (0.052)***	0.685 (0.110)***	−0.490 (0.116)***	0.963	1.432	0.142	1005.5**
6, 3	0.031 (0.014)**	0.530 (0.083)***	0.975 (0.028)***	−0.502 (0.091)***	0.996	1.637	0.047	9099.82***
9, 3	0.043 (0.019)**	0.616 (0.083)***	0.960 (0.041)***	−0.571 (0.096)***	0.993	1.648	0.062	5245.7***
12, 3	0.048 (0.021)**	0.702 (0.084)***	0.944 (0.049)***	−0.640 (0.100)***	0.991	1.697	0.069	4349.4***
9, 6	0.014 (0.006)**	0.675 (0.093)***	1.001 (0.012)***	−0.673 (0.093)***	0.999	2.006	0.020	49488.1***

续表

n, m	C	$R_t^n(-1)$	R_t^m	$R_t^m(-1)$	R^2	D.W.	S.E.	F
12, 6	0.025 (0.011)**	0.728 (0.079)***	0.988 (0.022)***	−0.711 (0.080)***	0.998	2.072	0.036	15745.8***
12, 9	0.012 (0.006)*	0.717 (0.068)***	0.994 (0.009)***	−0.707 (0.067)***	0.999	2.081	0.020	52806.5***

注：括号内为标准差，***、**、*分别代表显著性水平 1%、5%和 10%。

四、格兰杰（Granger）因果关系分析

由上可见，各期限利率水平变量并非平稳，但它们都是 I(1) 序列，并且存在着协整关系。根据 Sims、Stock 和 Watson（1990），如果变量同为一阶单整且存在协整关系，那么这些变量可以以水平形式进入 VAR 系统且不会出现模型设定错误，最小二乘法估计是一致估计。因此，直接将各期限利率水平序列置于 VAR 框架，并对其进行 Granger 因果关系检验。首先，通过 SC 准则确定 VAR 系统的滞后阶数为 2。单位根结果如图 3-1 所示。观察 VAR 系统的特征根可以发现，VAR 模型的全部特征根都落在单位圆以内，这说明笔者设定的 VAR 模型是稳定的。

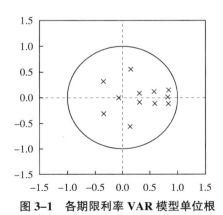

图 3-1　各期限利率 VAR 模型单位根

在确立 VAR 系统后，对各期限利率进行 Granger 因果关系检验，具体结果见表 3-5。从表 3-5 中可以发现一个非常有意思的现象——短期利率短端的隔夜利率和 1 月期利率始终是其他各期限利率的 Granger 原因，而

除 3 月期利率与隔夜利率互为 Granger 因果关系外，其他期限利率均不是隔夜利率或 1 月期利率的 Granger 原因，而且隔夜利率在 1% 显著性水平下是 1 月期利率的 Granger 原因，1 月期利率则仅在 10% 显著性水平下为隔夜利率的 Granger 原因。也就是说，短端利率（特别是隔夜利率）的变化能够影响其他期限水平的利率的变化，反之则不成立。作为货币当局，完全可以仅通过引导隔夜利率来影响其他期限水平的利率，从而实现货币政策目标，这也与 20 世纪 90 年代以来发达国家通过公开市场操作等方式调整货币市场利率，使之与中央银行的目标利率相接近，从而实现物价稳定等货币政策目标的间接货币政策操作模式，是一致的。

表 3-5 各期限利率 Granger 因果检验

VAR Granger Causality/Block Exogeneity Wald Tests							
Dependentvariable：RATE0				Dependentvariable：RATE1			
Excluded	Chi-sq	df	Prob.	Excluded	Chi-sq	df	Prob.
RATE1	7.122861	2	0.0284	RATE0	16.47624	2	0.0003
RATE3	4.784489	2	0.0914	RATE3	0.174441	2	0.9165
RATE6	4.464196	2	0.1073	RATE6	4.085641	2	0.1297
RATE9	2.878671	2	0.2371	RATE9	4.276641	2	0.1179
RATE1Y	1.746306	2	0.4176	RATE1Y	3.478994	2	0.1756
All	28.21506	10	0.0017	All	48.89902	10	0.0000
Dependentvariable：RATE3				Dependentvariable：RATE6			
Excluded	Chi-sq	df	Prob.	Excluded	Chi-sq	df	Prob.
RATE0	7.264534	2	0.0265	RATE0	7.944382	2	0.0188
RATE1	8.240560	2	0.0162	RATE1	7.763451	2	0.0206
RATE6	2.001893	2	0.3675	RATE3	0.656877	2	0.7200
RATE9	3.137716	2	0.2083	RATE9	1.825419	2	0.4014
RATE1Y	4.521488	2	0.1043	RATE1Y	4.167483	2	0.1245
All	27.20321	10	0.0024	All	24.58832	10	0.0062
Dependentvariable：RATE9				Dependentvariable：RATE12			
Excluded	Chi-sq	df	Prob.	Excluded	Chi-sq	df	Prob.
RATE0	7.218695	2	0.0271	RATE0	6.708477	2	0.0349
RATE1	6.848388	2	0.0326	RATE1	6.399257	2	0.0408
RATE3	0.922434	2	0.6305	RATE3	0.973441	2	0.6146
RATE6	0.363146	2	0.8340	RATE6	0.551088	2	0.7592
RATE1Y	4.172699	2	0.1217	RATE9	2.163833	2	0.3389
All	21.30066	10	0.0191	All	16.26346	10	0.0923

第四节　本章小结

　　对中国利率期限结构数据的经验研究再一次为利率期限结构的预期假说提供了新的证据，一定程度上为当前各国中央银行仅调节短期货币市场利率的货币政策框架提供了理论支持。中央银行可以通过调节短期利率影响长期利率，进而影响实体经济，从而实现货币政策目标。如果中央银行直接决定（钉住）长期利率，这实际上意味着中央银行将决定市场利率期限结构（即事实上的利率管制），这既不符合市场经济的内在要求，也可能超出了中央银行的能力。尽管美联储在 2011 年 9 月 21 日决定开展 4000 亿美元规模的"扭转操作"当天成功地将十年期国债收益率由之前的 2% 左右打压至有史以来最低的 1.72%，[1] 但长期国债收益率并未在美联储预期的低水平上停留多久，10 年期国债收益率重新上升逐步恢复至 2% 左右，2011 年 10 月 27 日更是一度高达 2.42%。在 2012 年末最后一次货币决策会议决定采取事实上的量化宽松政策（QE4）后，10 年期国债收益率仍频繁超过 2%。因而，此次美联储的扭转操作可能会重蹈 1961 年政策无效的覆辙。

　　通过协整分析方法对预期假说的检验表明，中国各期限国债收益率存在着长期均衡的协整关系，从而支持了利率期限结构的预期假说。不同期限利率通过短期动态调整的误差修正机制，实现了稳定的长期均衡关系。通过 Granger 因果分析还发现，短端利率，特别是隔夜利率，始终是其他各期限利率的原因，反之，则不成立。这表明，我国货币政策当局可以通过钉住货币市场短端隔夜利率来影响各期限利率水平，通过利率调控实现物价稳定等货币政策目标的必要条件已经具备。从长远看，我国货币政策框架必将由以准备金等数量为主的调控模式过渡到利率价格引导为主的模式。因而，今后应进一步积极推进利率市场化改革，完善我国无风险收益率曲线和货币市场基准利率曲线建设，增强金融机构资金定价和风险管理能力，理顺货币政策利率传导机制，从而真正实现市场导向的货币政策框架。

---

① 资料来源：Wind。

第四章 利率期限结构、费雪效应与通货膨胀预测

第一节 研究的背景

利率是资金市场借贷的价格，而实际利率则为名义利率扣除物价因素后的利率水平。实际利率不仅对微观主体的储蓄、消费和投资决策有影响，而且对资本市场上的资产定价以及宏观经济中财政政策和货币政策的制定有着重要参考价值。费雪（Fisher，1930）首次揭示了通货膨胀与利率之间的关系，将名义利率与通货膨胀预期联系起来，用来分析实际利率的长期行为，他认为长期中当所有的调整都发生后，通货膨胀的变化将完全反映到名义利率上，而实际利率保持不变，这样名义利率可以分解为实际利率与预期通货膨胀率之和，即著名的费雪效应（Fisher Effect）。根据费雪效应，长短期（名义）利差反映了市场参与者对未来实际利率和通货膨胀的看法。Fama（1975）的经典研究表明，利率的变化趋势反映了通货膨胀的波动，而非实际利率的变化。尽管对实际利率是否是稳定的一直存在疑问，[1] 但大部分经验研究都表明费雪效应的存在（Carlson，1977；Garbade 和 Wachtel，1978；Mishkin，1992b）。这说明，收益率曲线包含的有

---

[1] 如 Carlson（1977）、Nelson 和 Schwert（1977）、Garbade 和 Wachtel（1978）等，甚至 Fama 本人（Fama，1976；Fama 和 Gibbons，1982）也承认，将样本期扩展至 20 世纪 70 年代末期，随着美联储决策程序的变化，应该拒绝实际利率稳定的假设。Mishkin（1981）的研究则表明，不仅"二战"后的美国实际利率一直是变化的，在大萧条时间也是如此，并且尽管当时名义利率很低，但极高的实际利率和事实上的紧缩货币环境，可以解释大萧条时期的经济和货币状况。

关未来利率和预期通胀变动的因素（即未来通货膨胀走势的信息），因而可以作为未来通货膨胀的预测变量。当收益率曲线斜率陡峭时，表明市场参与者预期未来存在较大的通货膨胀压力；反之，当收益率曲线斜率变得更为平缓时，表明市场参与者预期通货膨胀压力减小，未来通货膨胀率将下降。

在费雪效应和理性预期假设下，人们首先对短期利率期限结构与通货膨胀关系进行了经验研究获，并取得了较好的效果。Fama（1990）、Mishkin（1990a）最早利用美国国债收益率数据对利率期限结构预测未来通货膨胀变动的效果进行了经验分析，发现短期（一年期及以下）收益率曲线短端（6个月及以下）几乎无法预测通货膨胀的变化，但是短期内的中长端以及中长期收益率曲线包含了大量预测通货膨胀趋势的信息，而且名义利差变动包含了实际利率变动的重要信息。Mishkin（1991）对包括美国、欧洲和日本在内的10个OECD国家的短期收益率曲线的经验研究发现，尽管大部分国家利率期限结构并不能很好地预测未来通货膨胀走势，但法国、英国和德国的收益率曲线包含了大量未来通货膨胀变动的信息，而且除英国外，其他国家名义利率期限结构包含了实际利率期限结构的重要信息。

Fama和Mishkin及其合作者在20世纪90年代的研究得到了很多经验研究的支持。Frankel和Lown（1994）根据Mishkin（1990a）实际利率并不稳定的结论，认为短期利率从长期看，必然趋向均衡利率且任何期限利差都会包含未来通货膨胀的信息，通过非线性转换方法得到收益率曲线斜率（而非特定的两个点的利差），并对1960年1月至1979年9月以及1979年10月至1988年12月的数据分别进行了经验分析，再次表明了利率期限结构在预测通货膨胀变化方面的良好效果。Robertson（1992）同样根据费雪效应和理性预期，得到修正的Mishkin（20世纪90a）计量模型，并通过对英国国债收益率曲线与GDP缩减指数的经验研究表明，利率期限结构包含了未来通货膨胀的信息，并可以被用来指导货币决策。Caporale和Pittis（1998）则进一步考虑开放经济情形，以美国、英国等八个发达国家为样本，引入无抵补套利条件和购买力平价因素，得到无偏的利率期限结构，发现与Mishkin（1990a）的结论类似，短期收益率曲线的中长端对通货膨胀走势具有很好的预测作用。Nagayasu（2002）以日本为研究对象，分别考察了短期短端（三个月及以下）国债收益率曲线（Bill）、短期拆借市场收益率曲线（Call）和债券回购收益率曲线（Gensaki）与通货膨胀的关系，发现各种名义利率利差与未来通货膨胀变化具有非常显著的关系，而且这种关系在日本 1988 年 CPI 数据出现结构性变化之前表现得更为明显。20 世纪 90 年代的结果同样显著但效果弱化，这很可能是由于泡沫崩溃后日本 CPI 和利率变化较小造成的。Kotlan（1999）对捷克银行间同业市场收益率曲线的研究再次表明，短期收益率曲线的中长端包含了未来通货膨胀变动的信息。

有关中长期收益率曲线与通胀关系的经验研究，取得了更为理想的效果。Mishkin（1990b）对 2 年至 5 年与 1 年期收益率曲线斜率与通胀关系的经验研究表明，在 1953~1987 年的全部样本及 1979 年 10 月之前的样本中，较长期限利率期限结构与通货膨胀关系的所有回归方程都是显著的，1979 年 10 月之后样本 3 年和 4 年收益率曲线斜率与通货膨胀的关系仍是显著的，而且较长期限利率期限结构方程的 R^2 也较短期利率期限结构方程高很多（短期方程 R^2 大多在 0.1 以下，而长期方程 R^2 基本都在 0.35 左右，最高达 0.498），说明与短期利率期限相比，较长期限利率期限结构包含了更多未来通货膨胀变化的信息。Jorion 和 Mishkin（1991）进一步对英国、德国和瑞士中长期（1~5 年）利率期限结构的经验研究发现，较长期收益率曲线可以很好地预测未来通货膨胀变动情况，特别是最长期限水平利差（5 年减 1 年）的预测效果最好。Estrella 和 Mishkin（1997）进一步采用 10 年期与 3 月期利差，并观测不同期限通货膨胀变化情况，发现美国和德国更长期限的利差变化对各期通胀变动（特别是长期）具有非常理想的预测效果，英国和意大利部分期限（较短期限，如未来 9~12 季度、12~13 季度）通货膨胀变动也具有很好的预测效果。Elshareif 和 Tan（2009）表明，马来西亚的长期（5 年）收益率曲线构包含了未来通货膨胀和实际利率期限结构的信息。

随着 20 世纪 90 年代以来时间序列计量模型的发展，最近几年结合因子分析考察利率期限结构与通货膨胀关系的研究逐渐增多。例如，Evans（2003）构建了一个基于马尔可夫体制转换并考虑非中性非线性动态风险升水情形的名义和实际利率期限结构模型，用以说明利率期限结构预测未来收益率曲线和通货膨胀变动的准确程度，通过对英国数据的经验分析发现，收益率曲线对未来两三年通货膨胀变化有着非常准确的预测作用。Diebold、Rudebusch 和 Aruoba（2006）的状态空间方法表明，不仅宏观经济变量对收益率曲线未来的变化有着非常明显作用，而且收益率曲线也对包括通货膨胀在内的宏观经济变量存在（尽管较弱的）影响作用。Ang、Bekaert 和 Wei（2008）所构建的体制转换模型发现，名义利差（无论长期还是短期）主要是由预期通货膨胀的变化造成的，特别是在正常经济时期，80%的名义利差的变动可以由预期通货膨胀及通货膨胀风险所解释。

由于我国债券市场起步较晚，市场的广度和深度仍然处于不断发展之中，因此国内对利率期限结构方面的研究仍然相对较少。近年来，很多学者注意到了利率期限结构宏观经济指示器的作用，并进行了定性分析（陈晖、谢赤，2006；徐小华、何佳，2007；康书隆、王志强，2010；等等）和定量经验研究。在定量经验研究方面，大多采用 VAR 模型及因子分析方法（王一鸣、李剑峰，2005；刘金全、王勇和张鹤，2007；魏玺，2008；石柱鲜、孙皓和邓创，2008；于鑫，2009；马庆魁，2009；等等），但是，VAR 更多的是基于变量间统计关系的讨论，缺乏理论基础；因子分析实际上是研究利率期限结构中不可观测的潜在因素（Latent Variables），直观经济含义较差，而且很多研究考察的是银行间同业市场拆借利率（刘金全、王勇和张鹤，2007；石柱鲜、孙皓和邓创，2008；马庆魁，2009；等等），而非严格意义上的无风险利率（即国债收益率），这严重损害了其结论的可靠性。

目前，国内还缺少根据费雪效应和理性预期理论，即在 Fama 和 Mishkin 传统下，针对我国利率期限结构对通货膨胀预测作用方面的经验研究。朱世武（2005）对 1999 年 12 月至 2004 年 10 月间的经验分析表明，我国利率期限结构对未来通货膨胀的预测效果并不理想。但是，朱世武（2005）并没有考虑回归残差的异方差和序列相关问题，而且其样本期是银行间债券市场发展的较早时期，这对其结论有着直接的影响。因此，本书将在 Mishkin 的研究框架下，对我国利率期限结构和通货膨胀预测及实际利率方面开展工作，分别考察 1 年期以下的短期利率及 5 年以内的中期利率期限结构对通货膨胀的预测作用，通过严格的定量经验分析，检验我国利率期限结构是否包含未来通货膨胀和实际利率变动的重要信息，并为判断未来通货膨胀走势和货币政策决策提供有益的参考。

第二节　理论模型及计量技术说明

一、理论模型

虽然也有很多学者在费雪效应和理性预期假设下，得到了各种形式有关利率期限结构和通货膨胀走势关系的理论模型（Robertson，1992；Caporale 和 Pittis，1998；等等），但 Mishkin（1990a，b）的模型不仅仅能够分析收益率曲线与通货膨胀的关系，而且还能分析名义利率变动是否包含实际利率变动的信息，对判断货币政策也有非常大的帮助，因而本书的理论模型仍然采用 Mishkin（1990a，b）的形式。在费雪效应和理性预期假设下，可以得到考察通货膨胀率、名义利率与实际利率的计量模型如下：

$$\pi_t^m = \alpha_m + \beta_m i_t^m + \eta_t^m \qquad (4-1)$$

这个模型最早由 Fama（1975）提出。根据 Fisher（1930）交易方程式，m 期期望通货膨胀等于 m 期名义利率与 m 期实际利率之差：

$$E_t \pi_t^m = i_t^m - rr_t^m \qquad (4-2)$$

其中，E_t 表示 t 时期的预期，π_t^m 为 t 时期到 t + m 期的通货膨胀，i_t^m 为 m 期的名义利率，rr_t^m 为 t 时期的 m 期（事前）实际利率，即 t 时期到 t + m 期的 m 期事前实际收益率。根据理性预期理论，实际通货膨胀水平与预期通货膨胀的关系可以表示如下：

$$\pi_t^m = E_t \pi_t^m + \varepsilon_t^m \qquad (4-3)$$

其中，ε_t^m 为预测误差。由式（4-2）和式（4-3），可得：

$$\pi_t^m = i_t^m - rr_t^m + \varepsilon_t^m \qquad (4-4)$$

与式（4-1）相比较，可知 $\alpha_m = -\overline{rr}^m$，即实际利率均值的负数；$\beta_m = 1$，$\eta_t^m = \varepsilon_t^m - u_t^m$，$u_t^m = rr_t^m - \overline{rr}^m$。

假设理性预期且实际利率是稳定的，则方程（4-1）的 OLS 估计可以得到一致估计量 $\beta_m = 1$，且名义利率可以很好地预测未来通货膨胀。理性预期表明，$E_t \varepsilon_t^m = 0$。如果实际利率稳定，则表明 OLS 估计是一致的，因

为 $u_t^m = 0$，且预测误差 ε_t^m 是方差误最小的。如果实际利率不是稳定的，那么名义利率仍然包含了未来通货膨胀的信息，但并不再是最优的预测变量，因为 u_t^m 并不是等于 0。而且，如果名义利率与实际利率相关，那么 u_t^m 及 η_t^m 将与 i_t^m 相关，OLS 对 β_m 的估计将并不等于 1。u_t^m 及 η_t^m 将与 i_t^m 相关也意味着对 α_m 的估计也并不是对负实际利率 $-\overline{rr}_m$ 的一致性估计量。

通过式（4-4）虽然可以分析名义利率与通货膨胀率及实际利率的关系，但无法看出利率期限结构对于未来通胀走势的信息。因而，采用通货膨胀变动方程，通过 n 期到 m 期通货膨胀变化（$\pi_t^m - \pi_t^n$）与利率结构的"斜率"（$i_t^m - i_t^n$）的关系。将公式（4-4）减去 n 期，得到：

$$\pi_t^m - \pi_t^n = i_t^m - i_t^n - rr_t^m + rr_t^n + \varepsilon_t^m - \varepsilon_t^n \tag{4-5}$$

对式（4-5）进行整理，可得：

$$\pi_t^m - \pi_t^n = \alpha_{m,n} + \beta_{m,n}(i_t^m - i_t^n) + \eta_t^{m,n} \tag{4-6}$$

其中：

$$\alpha_{m,n} = \overline{rr}^n - \overline{rr}^m$$

$$\beta_{m,n} = 1$$

$$\eta_t^{m,n} = \varepsilon_t^m - \varepsilon_t^n - u_t^m + u_t^n$$

如果 $\beta_{m,n}$ 显著不等于 0，那么利率期限结构的斜率，即 $i_t^m - i_t^n$ 包含了未来 n 期到 m 期通货膨胀变化的重要信息，并且还表明，可以拒绝收益率的实际收益变化随着名义利率的变化而变化的假设。如果 $\beta_{m,n}$ 显著不等于 1，那么可以拒绝期限结构的实际利率是稳定的，且名义利率的变化包含了实际利率变化的重要信息。

二、计量技术说明

根据 Mishkin（1990a），$\eta_t^{m,n}$ 实际上包含了理性预期假设下对各期限通货膨胀的预测误差以及对各期限实际利率水平和平均实际利率的误差，因而简单的最小二乘回归（OLS）估计的显著性检验（t 检验）将失效，参数估计也不具有（渐近）有效性。Minshkin（1990a，b）利用 Newey 和 West（1987）提出的异方差自相关一致性协方差矩阵估计量进行显著性检验，这也是本书一直利用的计量方法。对于 Newey-West 估计量克服异方差和自相关问题的另一个替代的方法是采用方程组系统的似不相关回归法

（Seemingly Unrelated Regression，SUR）（Green，2002），而且 SUR 对于包含不同期限方程组的系统估计还将更为有效，因此在采用 Newey-West 估计量的方法后，将通过 SUR 方法对检验结果进一步做稳健性检验。SUR 系数估计：

$$b_{SUR} = \left[X'\left(\hat{\sum}\otimes I_T\right)X\right]^{-1}X'\left(\hat{\sum}\otimes I_T\right)^{-1}y$$

其中，$\hat{\sum}$ 为残差 s_{ij} 的一致估计量，$s_{ij} = \left[(y_i - X_i b_{LS})'(y_j - X_j b_{LS})\right]/\max(T_i，T_j)$，$b_{LS} = (X'X)^{-1}X'y$。

由于 SUR 对于包含不同期限方程组的系统估计更为有效，因此 Mishkin（1990a）在采用 Newey-West 估计量的方法后，又采用 SUR 的方法进行了稳健性检验。笔者也将采用这个方法进行检验。

在数据方面，笔者采用 2002 年 1 月至 2011 年 3 月中债银行间固定利率国债收益率曲线和月度环比 CPI。根据 Mishkin（1990a，1992b）的数据取值原则，通货膨胀率 $\pi_t^m = \prod_{i=t-1}^{t+m} CPI_i$，即第 t 月未来 m 期的通货膨胀率为 t－1 期到 t＋m 期的总体价格变化情况。当月利率数据为上个月最后一个交易日的数据。[①] 根据 Fama 和 Schwert（1979）的研究，预期通货膨胀中由于不同商品价格变动所包含的季节性因素，实际上反映了不同商品在不同时期市场上的真实成本，因而市场利率实际上已经考虑到这个问题。而且，从长期来看，市场上非预期的通货膨胀的变化总是存在着很多共同类似的特征。在设定国债利率时，市场只是对各种商品共有的预期通货膨胀作出反应。因此，在进行经验分析时，没有必要进行季节调整。Shiller（1979）、Mishkin（1981）的经验分析也证明了这一点。通过平稳性检验可以发现，各期限收益率曲线斜率和通货膨胀之差都是一阶平稳序列，且通过 Granger-Engle 两步法对同期限变量回归后的方程残差至少在 10% 以下显著平稳，因而可以判断具有协整关系。因此，笔者也没有对数据进行季节调整，并直接对原始序列进行回归分析（限于篇幅不报告具体检验结果）。

---

① 由于目前可以获得的最早的中债收益率曲线数据是 2002 年 1 月，因此 2002 年 1 月数据以当年第一个交易日（即 2002 年 1 月 4 日）的数据替代。

第三节　短期利率期限结构的通胀预测作用

一、短期利率期限结构检验结果

首先对 1 年以内的短期利率期限结构的通货膨胀预测作用进行经验分析。利用 Newey–West 异方差自相关一致性（HAC）估计量方法，对各期限通货膨胀变动和利率期限结构的关系进行最小二乘回归。对于 $\beta_{m,n}=0$，进行 t 显著性检验，对于 $\beta_{m,n}=1$ 采用 Wald 系数检验法进行检验。具体结果如表 4–1 所示。

表 4–1　短期利率期限结构与通货膨胀变动检验结果（Newey–West HAC）

m，n（月份）	$\alpha_{m,n}$	$\beta_{m,n}$	R^2	S.E.	$1-\beta_{m,n}=0$ Wald 系数检验 χ^2 统计量
12，0	3.4837 (0.5591)***	−1.5705 (0.7695)**	0.1043	2.3208	11.16***
12，1	3.2374 (0.5815)***	−2.0735 (1.5389)	0.0544	2.2997	3.9889**
12，3	2.0225 (0.6902)***	0.5282 (3.8019)	0.0005	2.2551	0.0154
12，6	1.8014 (0.6113)***	−2.3215 (5.1152)	0.0053	1.9915	0.4216
12，9	0.9244 (0.3818)***	−2.3021 (5.6842)	0.0035	1.4215	0.3375
9，0	2.4204 (0.4877)***	−0.9607 (0.8489)	0.0404	2.2412	5.3346**
9，1	2.1502 (0.5296)***	−1.1506 (1.7517)	0.0158	2.1995	1.5073
9，3	0.8918 (0.6368)	3.9631 (4.3686)	0.0229	1.9576	0.4601
9，6	0.7893 (0.4773)	−0.1063 (7.8346)	0.0000	1.3942	0.0199
6，0	1.3552 (0.4099)***	−0.0657 (0.8202)	0.0002	2.0509	1.6881

续表

m, n（月份）	$\alpha_{m,n}$	$\beta_{m,n}$	R^2	S.E.	$1 - \beta_{m,n} = 0$ Wald 系数检验 χ^2 统计量
6, 1	1.0274 (0.4146)**	0.4614 (1.5989)	0.0030	1.8903	0.1135
6, 3	0.1987 (0.3088)	6.6706 (2.8609)**	0.0845	1.3616	3.9286**
3, 1	0.3446 (0.1867)*	0.7284 (1.0434)	0.0175	1.1008	0.0678
3, 0	0.5640 (0.2459)**	0.3689 (0.6531)***	0.0133	1.4104	0.9339
1, 0	0.1669 (0.0871)*	0.3628 (0.4658)	0.0184	0.6751	1.8713

注：括号内为标准差，***、**、* 分别代表 1%、5% 和 10% 的显著性水平。

从表 4-1 的结果来看，检验的效果似乎并不理想，只有 1 个长端（12，0）和 1 个中短端（6，3）方程的 $\beta_{m,n}$ 在 5% 水平以下显著，但其他方程回归效果均不显著。不过 Wald 系数检验显示，两个通过显著性检验的方程都显著拒绝了 $\beta_{m,n} = 1$，说明实际利率并不是稳定的。尽管方程中通过显著性检验的方程较少，但毕竟得到部分结果可以说长端和中短端的部分利率期限结构包含了未来通货膨胀变动的信息，而且名义利率变动包含了实际利率变动的信息。这样，进一步对 1 年到隔夜的各期限利率期限结构和未来通货膨胀变动的方程所组成的系统，通过 SUR 方法回归，得到结果如表 4-2 所示。

表 4-2　短期利率期限结构与通货膨胀变动检验结果（SUR）

m, n（月份）	$\alpha_{m,n}$	$\beta_{m,n}$	$\beta_{m,n} = 0$ Wald 系数检验 χ^2 统计量	$1 - \beta_{m,n} = 0$ Wald 系数检验 χ^2 统计量
12, 0	3.5178 (0.2276)***	0.2759 (0.2393)	1.3296	9.1585***
12, 1	3.3163 (0.2276)***	0.2617 (0.3118)	0.7041	5.6068**
12, 3	2.5488 (0.2374)***	1.3595 (0.5807)**	5.4813**	9.1585***
12, 6	1.5056 (0.2157)***	1.539 (0.9142)*	0.7041	0.3284
12, 9	0.5834 (0.1652)***	0.8302 (1.4508)	0.3275	0.0137

续表

m, n（月份）	$\alpha_{m,n}$	$\beta_{m,n}$	$\beta_{m,n}=0$ Wald 系数检验 χ^2 统计量	$1-\beta_{m,n}=0$ Wald 系数检验 χ^2 统计量
9, 0	2.9221 (0.1925)***	0.4113 (0.2229)*	3.4060*	6.9759***
9, 1	2.7120 (0.1874)***	0.4603 (0.2812)*	2.6794*	3.6824*
9, 3	1.9259 (0.1811)***	2.2127 (0.5412)***	16.729***	5.0289**
9, 6	0.9176 (0.1433)***	2.7589 (1.2316)**	5.0145**	2.0374
6, 0	1.9109 (0.1646)***	0.5923 (0.2094)***	8.0853***	3.7369*
6, 1	1.6745 (0.1560)***	0.7421 (0.2503)***	8.7907***	1.0616
6, 3	0.9818 (0.1111)***	2.3876 (0.5315)***	21.1808***	6.8163***
3, 1	0.7765 (0.1203)***	0.6546 (0.1989)***	10.8310***	3.0158*
3, 0	0.5523 (0.0873)***	0.7116 (0.2114)***	11.3299***	1.8611
1, 0	0.2204 (0.0543)***	0.6608 (0.1984)***	11.0987***	2.9238*

注：括号内为标准差，***、**、* 分别代表1%、5%和10%的显著性水平。

从上述结果可以看到，全部6个月以下的中短端的利率期限结构与通货膨胀变动方程的 $\beta_{m,n}$ 都在1%或5%水平下显著，中长端中则有三个方程不显著。从实际利率变动来看，在12个通过显著性检验的方程中，有8个方程的结果都表明，其回归系数 $\beta_{m,n}$ 至少在10%水平下显著不为1。因此，可以比较有把握地说，我国利率期限结构（主要是短端利率期限结构）包含了未来通货膨胀变动的信息，而且实际利率期限结构也并非稳定的，名义利率的变动包含了实际利率变动的信息。

从表4-1和表4-2中可以发现，名义利率期限结构确实包含了未来通货膨胀变动的信息，但结果表明，与 Mishkin （1990a）以及很多国家不一样的是，这些关系大多体现在短期利率的中短端，而尽管中长端也有部分结果显示包含了未来通货膨胀变动的信息，但毕竟显著的方程数量要比中短端的更少，而且稳定性也不如中短端的理想。当然，基本上可以判定，我国实际利率期限结构并非是稳定的，名义利率利差包含了实际利率期限结构的信息，这与 Mishkin（1990a）的结论一致。

二、对我国未来短期物价走势的初步判断

计量分析表明，我国的短期利率期限结构（特别是中短端）确实包含了未来通货膨胀变动的信息，利率期限结构对未来通货膨胀的预测效果是比较理想的。本书分别选择（12，0）、（6，1）以及（3，1）作为短期利率期限结构的长端、中端和短端的代表，观察其变化情况，可以看到不同时期各期限利率期限结构的变动基本上与我国宏观经济、特别是通货膨胀走势，基本上是吻合的。

首先来观察上一轮通货膨胀上行周期。在 2006 年之前，不同期限利差变动基点都比较小，（12，0）基本上都在 30 个基点以下，但在 2006 年 4 月开始逐渐上升并大多在 30 个基点以上，而从 2007 年 9 月开始一直到 2008 年末，利差始终在 100 个基点左右波动，并在 2007 年 12 月更是高达 222.24 个基点；类似的，（6，1）利差变动在 2006 年之前基本上是在 15 个基点以下，但 2006 年 4 月开始大多在 20 个基点以上，并在 2007 年逐步攀升，至 2007 年 12 月达到最高的 97.66 个基点；（3，1）在 2006 年之前利率变动基点大多都在 5 个基点以下，但 2006 年 4 月开始突破 10 个基点，并一度在 2007 年 12 月高达 93.66。与各期限利率期限结构的斜率变化相对应，我国从 2006 年下半年开始显现较强的通货膨胀压力，中国人民银行不得不在加大公开市场操作力度的同时，于 2006 年 7 月开始连续提高存款准备金率和存贷款基准利率。但由于外贸顺差的迅猛增长和国际石油、铁矿石等大宗商品价格攀升而导致的输入性通货膨胀的加剧，2007 年通货膨胀压力进一步严峻并一直持续到 2008 年上半年。

除公开市场操作、准备金和存贷款基准利率调整等传统政策外，2007 年下半年以来，中国人民银行还采取了加速人民币升值和信贷窗口指导等政策，抑制物价上涨。2008 年 2 月同比 CPI 达到 8.7% 的高点后，物价开始逐步回落，市场对通货膨胀的预期也出现了一定的缓解。从利率期限结构走势来看，2008 年上半年收益率曲线的斜率开始逐步下降，这表明市场对在紧缩性货币政策下未来通货膨胀压力的减轻已经有了一定的预期。然而，在 2008 年 9 月爆发的全球金融危机的影响下，我国通货膨胀预期

迅速逆转，甚至在一定程度上类似于 2002 年上半年之前的通货紧缩预期，2009 年上半年各期限利率结构比较类似于 2006 年之前的很长一段时期，说明市场对未来通货膨胀变化的预期并不是很大。

我国短期利率期限结构情况如图 4-1 所示。

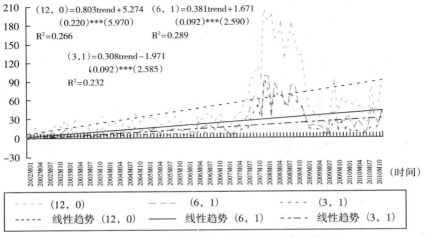

图 4-1 我国短期利率期限结构情况（利差基点）
注：括号内为 Newey-West 标准差，*** 代表 1%显著性水平。

为抑制全球金融危机的不利影响，2008 年第四季度我国货币政策基调由从紧转向适度宽松，国家又出台了大量扩大投资、出口等促进经济增长的政策。这些政策成功地抑制了我国经济下滑的势头，并使我国经济在 2009 年第一季度触底反弹，迅速复苏。随着我国经济的迅速复苏，尽管物价水平仍然保持稳定，但股票市场指数已经超过危机爆发以来历史最低点的一倍，房地产市场价格也已远远超过 2007 年的历史最高水平，市场对未来通货膨胀又开始新一轮的预期。特别是在 2009 年 7、8 月，中国人民银行开始重新发行 1 年期中央银行票据并在《中国人民银行 2009 年第二季度货币政策执行报告》中通过政策"动态微调"表达对通货膨胀问题的担忧，各期限国债利差基点在 2009 年 8 月出现大幅升高，市场对通货膨胀产生了一定的预期。为此，中国人民银行在 2010 年上半年连续三次提高存款准备金率。在当时的房地产宏观调控和欧洲主权债务危机的影响下，通货膨胀预期在 2010 年年中一度出现缓和，2010 年 6 月 (12，0)、(6，1) 和 (3，1) 的利差分别由 2009 年下半年的 88.17、37.89 和 29.71

的高点回落至 20.55、6.86 和 4.44。但是，随着欧洲主权债务危机的缓解和经济在 2010 年第三季度的强劲反弹，市场对通货膨胀又重新产生了强烈的预期。从 2009 年 8 月以来各期限利率期限结构的走势和水平来看，目前的情况与 2006 年到 2007 年上半年的情况比较类似，不同期限利差有上升的趋势，特别是 2010 年第四季度以来市场对通胀预期压力明显上升，（12，0）在 2010 年 12 月已突破 100 个基点，各期限利率利差也与 2007 年下半年类似。通过观察三组利率期限结构斜率的线性趋势，可以发现三者呈现出显著的上升趋势。这再次表明，未来 1 年内我国面临较大的通胀压力。因此，货币政策当局及有关宏观经济管理部门应该未雨绸缪，对未来通货膨胀压力予以高度的重视，除适时加快利率、汇率等金融要素市场化改革进程外，还应采取加息、加大公开市场操作力度等措施积极应对，有效地管理通货膨胀预期，防止 2007 年到 2008 年上半年通货膨胀压力过大、转型和调整困难、经济大起大落等情形的重演。

第四节　我国中期通货膨胀压力预测

一、中期利率期限结构检验结果

由于数据方面的原因，目前国内有关利率期限结构和通胀关系的研究仅限于短期分析。由于在 Mishkin（1990a）框架下实际上只需对收益率曲线斜率与通胀关系进行简单最小二乘回归，因而随着时间序列的增加，我们可以通过利率期限结构，对更长期限的通货膨胀压力进行分析。Mishkin（1990b）对较长期限的收益率曲线与通胀关系的分析中，仅考察了长期收益率与 1 年期利率利差与通胀的关系，这实际上是考察未来 1 年到若干年后的通胀压力。为更全面考察中期收益率曲线对未来通胀预测能力，考察 3~5 年中期利率与 1 年期及以下隔夜、1 个月、3 个月、6 个月和 9 个月的短期利率的关系，将中期利率与短期利率之差作为收益率曲线的斜率。首先利用 Newey-West 异方差自相关一致性（HAC）估计量方法，对各期限通货膨胀变动和利率期限结构的关系进行最小二乘回归，检验结果如表 4-3 所示。

表 4-3　中期利率期限结构与通货膨胀变动检验结果（Newey-West HAC）

m，n（月份）	$\alpha_{m,n}$	$\beta_{m,n}$	R^2	S.E.	$1-\beta_{m,n}=0$ Wald 系数检验 χ^2 统计量
60，0	16.9751 (2.5955)***	-1.4231 (2.1747)	0.0305	2.9102	1.2416
60，1	17.0747 (2.4607)***	-1.7349 (2.1016)	0.0445	2.8567	1.6934
60，3	17.0222 (2.1066)***	-2.0643 (1.8556)	0.0619	2.7406	2.7271*
60，6	16.0681 (1.6478)***	-1.4870 (1.6317)	0.0310	2.6619	2.3230
60，9	14.3705 (1.6162)***	-0.1186 (1.6788)	0.0002	2.4452	0.4439
60，12	14.0241 (1.4628)***	-0.5634 (1.6104)	0.0066	1.9277	0.9425
48，0	10.1822 (1.7619)***	2.9131 (1.8465)	0.0984	2.4654	1.0734
48，1	10.1573 (1.5588)***	2.7827 (1.6731)*	0.0938	2.3549	1.1353
48，3	10.0628 (1.1123)***	2.6181 (1.3186)***	0.0812	2.2670	1.5058
48，6	9.0562 (0.8451)***	3.4750 (1.0960)***	0.1301	2.1227	5.0996**
48，9	7.2865 (0.9063)***	5.4737 (1.3074)***	0.3013	1.8110	11.7093***
48，12	6.6089 (0.7713)***	5.5808 (1.3642)***	0.2535	1.9340	11.2757***
36，0	7.0739 (0.9862)***	3.1937 (1.5639)**	0.1432	2.1478	1.9676
36，1	7.0701 (1.0163)***	2.9844 (1.6928)*	0.1046	2.2739	1.3741
36，3	6.6519 (1.0762)***	3.4007 (1.9947)*	0.0861	2.4726	2.4485*
36，6	6.4150 (1.4053)***	2.0412 (3.0815)	0.0171	2.9592	0.1142
36，9	5.3619 (1.7419)***	2.8677 (4.5839)	0.0239	3.0817	0.1660
36，12	4.2823 (1.4364)***	4.1122 (4.5236)	0.0387	3.0555	0.4733

注：括号内为 Newey-West 标准差，***、**、*分别代表显著性水平 1%、5%和 10%。

从表 4-3 的结果中可见，尽管与 Mishkin（1990b）以及 Jorion 和 Mishkin（1991）的结果不同的是，笔者发现 5 年收益率与短期利率利差与同期限通货膨胀的关系并不显著，但 4 年和 3 年收益率与短期利率利差与同期限通货膨胀关系较为明显，共有 8 个方程通过了显著性检验（其中 4 个方程通过了 1% 的显著性检验），而且 R^2 也比短期利率期限结构的结果明显要高，这与 Mishkin（1990b）的发现相一致，说明与短期利率期限结构相比，长期利率期限结构包含了更多未来通货膨胀变化的信息。Wald 系数检验显示，在 8 个显著的方程中，至少有 4 个方程在 10% 显著性水平下实际利率并非是稳定的，说明名义利率变动包含了实际利率变动的信息。

为进一步检验表 1 结果的可靠性，笔者对各期限利率期限结构和未来通货膨胀变动的方程所组成的系统，通过 SUR 方法回归，结果如表 4-4 所示。

表 4-4　中期利率期限结构与通货膨胀变动检验结果（SUR）

m, n（月份）	$\alpha_{m,n}$	$\beta_{m,n}$	$\beta_{m,n}=0$ Wald 系数检验 χ^2 统计量	$1-\beta_{m,n}=0$ Wald 系数检验 χ^2 统计量
60, 0	17.6324 (1.0425)***	-1.5704 (1.0690)	2.1581	5.7816**
60, 1	17.3065 (1.0271)***	-1.4358 (1.0738)	1.7879	5.1456**
60, 3	16.7478 (0.9882)***	-1.2382 (1.0779)	1.3193	4.3111**
60, 6	16.1971 (0.9462)***	-1.2728 (1.0984)	1.3449	4.2854**
60, 9	15.1813 (0.8678)***	-0.8953 (1.0733)	06958	3.1182*
60, 12	14.4469 (0.7032)***	-0.8193 (0.9337)	0.7700	3.7968*
48, 0	9.9556 (0.7777)***	3.5423 (0.9260)***	14.6335***	7.5375***
48, 1	9.5301 (0.7564)***	3.9304 (0.9249)***	18.0585***	10.0383***
48, 3	8.8644 (0.7238)***	4.5387 (0.9422)***	23.2052***	14.1062***
48, 6	8.3435 (0.6824)***	4.7146 (0.9783)***	23.2223***	14.4159***

m，n（月份）	$\alpha_{m,n}$	$\beta_{m,n}$	$\beta_{m,n}=0$ Wald 系数检验 χ^2 统计量	$1-\beta_{m,n}=0$ Wald 系数检验 χ^2 统计量
48，9	7.3907 (0.5981)***	5.3736 (0.9391)***	32.7387***	21.6874***
48，12	6.5098 (0.6318)***	5.9442 (1.0766)***	30.4826***	21.0891***
36，0	8.0624 (0.3159)***	1.2141 (0.2392)***	25.7648***	0.8012
36，1	7.5983 (0.3597)***	1.6354 (0.3483)***	22.0414***	3.3272*
36，3	6.8770 (0.4911)***	2.2295 (0.6698)***	11.0782***	3.3691*
36，6	6.8211 (0.6448)***	1.0687 (1.0678)	1.0016	0.0041
36，9	6.5347 (0.7197)***	0.0021 (1.3867)	0.0000	0.5179
36，12	5.5719 (0.7070)***	0.6228 (1.5731)	0.1567	0.0575

注：括号内为标准差，***、**、*分别代表显著性水平1%、5%和10%。

表4-4的结果非常理想，除5年期利率期限结构方程不显著外，大部分3年期和4年期方程都通过了显著性检验，再次说明较长期利率期限结构包含了更多的未来通胀变化的信息。根据 Mishkin（1990b）的解释和其他经验研究（Fama，1984；Fama 和 Bliss，1987），这主要是由于较长期限的利率（及期限结构斜率）所包含的预期通胀变化的信息要较实际利率的信息更多，而短期利率（及期限结构斜率）则主要包含的是实际利率变化的信息。尽管从通过显著性检验的方程个数、显著性水平以及 R^2 值的大小，我们的结果与 Mishkin（1990b）的结论相类似，可以认为与短期相比，较长期限利率期限结构包含了更多未来通货膨胀变化的信息。但是，在实际利率变化方面，本书的结果却与 Mishkin（1990b）、Jorion 和 Mishkin（1991）的发现并不一致，特别是表4-4绝大多数显著的方程都拒绝了 $\beta_{m,n}=1$ 的原假设，说明实际利率变化并不是稳定的，名义利率变化包含了实际利率变化的信息，而这也与 Mishkin（1990a）及上一部分对短期利率期限结构的分析相一致。之所以这样，很可能是由于 Mishkin（1990b）、Jorion 和 Mishkin（1991）的研究对象均为成熟发达市场经济国家，而中国正处于经

济起飞的发展中阶段，由于生产率的变化，即使是较长期限内实际利率也是不稳定的。Elshareif 和 Tan（2009）也发现，马来西亚长期实际利率也是不稳定的，而且实际利率变化与货币政策立场有着密切的关系。

二、对我国未来中期通货膨胀压力的判断

对我国较长期限利率期限结构与通货膨胀关系的经验研究表明，3 年期和 4 年期利率期限结构包含了大量未来通货膨胀变化的信息，因而可以作为判断我国中期通货膨胀压力并进行货币政策决策的依据。出于分析方便的考虑，这里仅考察 2002 年以来（48，1）、（36，1）两组利率期限结构变化情况，这两组利率期限结构在两种方法的检验中都是显著的，而且（48，1）可以视为未来 1~4 年通货膨胀变化的指示器，（36，1）可以反映未来 3 年通货膨胀预期变化情况。我们将历年各月利差进行平均并取最大、最小值，如表 4-5 所示。

表 4-5 2002~2010 年中期利率期限结构统计描述（利差基点）

		2002 年	2003 年	2004 年	2005 年	2006 年	2007 年	2008 年	2009 年	2010 年
（48，1）	Average	52.98	51.62	90.28	94.63	81.60	119.91	125.01	143.74	116.23
	Max.	104.56	102.50	129.79	116.65	101.32	161.62	167.07	185.83	182.26
	Min.	26.33	10.90	62.55	71.85	63.14	67.38	76.27	78.07	44.97
（36，1）	Average	40.40	39.47	69.10	72.53	65.65	104.62	114.46	104.77	101.27
	Max.	80.36	78.33	100.66	89.52	85.44	146.66	154.70	145.42	142.67
	Min.	19.97	8.04	47.42	54.87	48.08	56.25	67.35	53.83	44.97

2004~2005 年，我国利率期限结构斜率较之前的 2002~2003 年出现明显的上升，与之相对应，在 2004 年之后的 3~4 年（即 2007 年和 2008 年），正是最近一轮我国通货膨胀压力最大的时期，而此轮通货膨胀周期的上行压力实际上自 2006 年就开始显现。为了应对流动性过剩和通货膨胀压力，中国人民银行自 2006 年开始至 2008 年，先后 8 次上调人民币存贷款基准利率，18 次上调法定存款准备金率。（48，1）和（36，1）在 2006 年出现一定的下降，表明市场对未来 3~4 年通货膨胀预期有所下降。与之相对应，在紧缩性货币政策和全球金融危机的双重作用下，2008 年上半年和 2009 年我国通货膨胀压力有所缓解。但是，2007 年以来的利差

并未随着全球金融危机的爆发而显著下降，而且 2008 年还有所提高，而这正好预示着其未来的 3~4 年（即 2011 年和 2012 年）通货膨胀将明显上升，这也进一步印证了我们短期利率期限结构的分析。尽管 2010 年利差均值有所下降，但下降幅度不大，说明未来三四年的时期里，我国仍将面临较大的通货膨胀压力。

进一步观察各月利率期限结构的具体变化情况，由图 4-2 可见，2003年下半年至 2004 年（48，1）和（36，1）都较之前有着较明显的上升，这同样解释了未来 3~4 年（即 2007 年至 2008 年上半年）我国最近一轮通货膨胀上升周期。通过观察两组利率期限结构斜率的线性趋势，可以发现两者都呈现出显著的上升趋势，这再次表明未来 3~4 年我国面临较大的通货膨胀压力。

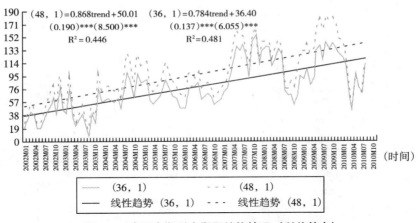

图 4-2　我国中期利率期限结构情况（利差基点）

注：括号内为 Newey-West 标准差，*** 代表 1%显著性水平。

第五节　本章小结

通过对我国利率期限结构和通货膨胀的研究，笔者发现我国短期和中期利率期限结构都包含了未来通货膨胀变动的信息，因而可以作为判断未

来通货膨胀走势的预测变量。笔者的研究为 Fama（1990）和 Mishkin
（1990a）基于费雪效应和理性预期假设下，利率期限结构对通货膨胀预测
作用的研究提供了新的证据。但是，与 Mishkin（1990a，b）及很多研究不
同的是，在短期利率期限结构方面，我国利率期限结构的预测能力大多集
中在中短端利率，这很可能与当前我国特定的货币政策框架以及并非十分
成熟的金融市场结构有关[①]（Estrella，1997，2005）；在中期利率期限结构
方面，我国利率期限结构的预测能力在 3 年期和 4 年期效果最好。无论
是短期还是中期利率期限结构，实际利率并非是稳定，名义利率期限结
构变化包含了实际利率期限结构变化的信息，这很可能与我国经济仍然
处于起飞阶段，以及当前特定的货币政策框架和并非十分成熟的金融市
场结构有关。[②]

　　利率期限结构可以作为我国货币政策当局判断未来通货膨胀走势进行
决策的重要参考依据，这对我国逐步转向以利率价格型工具为操作手段和
目标的货币政策框架具有十分重要的意义。通过对我国实际情况的考察，
发现利率期限结构与通货膨胀变动的关系比较符合我国最近一轮通货膨胀
周期的实际经历。在扩张性财政政策和货币政策的共同作用下，我国经济
已于 2009 年迅速复苏，资本市场和房地产市场已经存在一定的泡沫风险，
市场对未来短期和中期通货膨胀都产生了较强的预期。因此，有关方面应
该对未来通货膨胀压力予以高度重视，采取积极措施管理通货膨胀预期，
有效防范和化解通货膨胀风险。

---

① 这与我国债券市场发展阶段有关。目前，我国债券市场仍然存在很多问题亟须改进。例如，在市
　场组织结构上，大型国有银行和投资机构是市场的主体。以 2010 年为例，工、农、中、建、交五
　大国有商业银行和招商、光大、国开等银行及中金、中信公司在内的市场前十位主承销商市场份
　额高达 58.8%，而当年市场各类债券承销机构多达 74 家。而且，与股票市场相比，我国债券市场
　（特别是中长期债券）流动性还是比较差的。债券市场换手率较低，特别是大型机构持有中长期债
　券的换手率更低，很多国有商业银行中长期债券都是持有到期，并不进行二级市场交易（仍以
　2010 年为例，我国债券市场二级市场交易额与一级市场发行规模之比仅为 16.86，而股票市场则
　高达 55.02）（数据来源：Wind 资讯）。
② Estrella（1997，2005）在理性预期框加下构建了一个统一的理论模型，用以说明利率和利率期限
　结构对未来通胀的预测作用及其对货币政策含义，并说明了不同货币政策框架对利率期限结构预
　测能力的影响。Estrella 和 Mishkin（1997）也发现在不同国家期限利差在反映货币政策态势方面
　的能力存在一定差别，货币政策的可信度对期限利差的预测能力有重要影响。最近的文献还将利
　率期限结构问题引入货币政策规则方面的研究，如 Ang、Dong 和 Piazzesi（2007），Rudebusch 和
　Wu（2008），Ang、Boivin、Dong 和 Loo-Kung（2009）等。

第五章　仿射利率期限结构模型与宏观经济预期

第一节　研究的背景

　　利率是宏观经济中非常重要的变量，（实际）利率的高低直接决定经济主体的消费和投资决策，而投资决策主要取决于长期而非短期利率水平，因而收益率曲线的斜率可以很好地预测经济增长、消费、投资及经济周期。有关利率期限结构对宏观经济预测作用的最早研究可以上溯至Harvey（1988）的研究，他基于消费的资本资产定价模型（CCAPM）从理论上说明了实际利率利差对消费等实体经济活动的预测作用，并运用广义矩法进行了检验。Estrella 和 Hardouvelis（1991）从实际利率与经济增长的理论关系出发，对名义利差对实体经济运行的累积变化和边际变化的预测能力进行了经验分析，结果表明利率期限结构可以作为经济活动很好的预测变量。很多学者利用类似的研究方法（Plosser 和 Rouwenhorst，1994；Haubrich 和 Dombrosky，1996；Dueker，1997；Chapman，1997；Estrella 和 Mishkin，1997）进一步表明了长短期利率差为预测未来的经济增长提供了有价值的信息，正的长短期利率差意味着随后的实体经济有增长的趋势，负的长短期利率差则意味着未来的经济呈现衰退的趋势。Lint 和 Stolin（2003）则在传统的 IS/LM 模型的框架下考察了利率期限结构和未来 GDP 之间的联系。随着计量经济学方法和现代利率期限结构理论的发展，很多研究利用 VAR 模型（Davis 和 Henry，1994；Smets 和 Tsatsaronis，1997）、因子分析和状态空间方法（Litterman 和 Scheinkman，1991；Diebold、

Rudebusch 和 Aruoba，2006)、无套利仿射模型（Ang、Piazzesi 和 Wei，2006)、体制转换模型（Bansal、Tauchen 和 Zhou，2004；Chauvet 和 Senyuz，2009) 等等，对美国及英国、法国、德国等欧洲国家的经验研究表明，利率期限结构对 GDP、消费、投资、失业等实体经济情况及经济周期（衰退）具有非常理想的预测作用。

近年来，国内学者逐步认识到利率期限结构的宏观经济指示器的重要作用。例如，惠恩才（2007）利用因子模型分析了国债收益率曲线与各主要宏观经济指标之间的关系，但作为收益率预期作用的研究，其使用到期收益率曲线仍然会存在一定的偏差；于鑫（2008）利用 Estrella 和 Hardouvelis（1991）的方法，对利率期限结构与宏观经济的累积变化和边际变化的预测能力进行了经验分析，表明收益率曲线斜率对未来经济变化的整体预测能力要高于边际预测能力，利率期限结构包含了比滞后期经济变化、先行指数变化及货币政策更多的预测信息，但其宏观经济变量选用的是中经网公布的具有合成指数性质的"一致指数"，而非传统的 GDP、工业增加值等直观的经济增长变量，而且其检验结果也与理论所揭示的含义相反；石柱鲜、孙皓和邓创（2008）根据 Ang 和 Piazzesi（2003）的方法，对我国利率期限结构和经济增长、通货膨胀关系进行了分析，发现较长期利差的预测能力较弱，而中长期预测能力较强。但是，他们使用的 GDP 的月度数据是利用线性插值的方法由季度数据分解而得，数据准确性上并不可靠，而且其采用的是银行间同业市场拆借利率，这实际上仅是考察短期利率的短端数据，并不是严格意义上的无风险利率（即国债收益率），因而严重影响了其结论的可靠性。

利率期限结构含大量宏观经济运行的信息，其背后主要是理性预期和有效市场理论。理性预期认为经济个体在做经济决策之前，会努力搜集有关未来经济前景的信息，这些信息提供了关于未来资产收益的详尽资料，一旦经济个体利用这些信息做出投资决策，这些信息必将反映在其投资行为上，而所有具有这些信息的投资者在市场上相互作用，均衡的结果则使这些信息反映在均衡价格中。如果经济系统确实是理性预期的，那么就完全有可能从均衡价格中过滤出关于未来经济前景的信息，当然也包括经济增长的信息。就这个意义上讲，市场就是 Fama 所说的信息有效的，价格已经反映了所有关于未来的相关信息，观测价格和观测基本信息实际上是等价的。

基于理性预期和有效市场理论，并延续 Harvey（1988），Hamilton 和 Kim（2002），Andrea 和 Torous（2005），Ang、Piazzesi 和 Wei（2006）等的研究思路，本书使用无套利分析方法证明了主要命题和待检验结果，而没有利用消费者偏好等均衡假设，这增强了结论的适用性；本书证明的基本结论在任何仿射模型中都成立，这扩展了已有文献在 CIR 模型和双因子模型方面所取得的成果；更重要的是，鉴于中国债券市场历史短、不够发达以及局部分割等现实，在选择因子时，没有采用隐含因子，也没有使用 Ang 等（2006）中的可观测变量，而是直接选择了收益率曲线的前三个主成分作为因子，这使得本书可以更充分利用利率期限结构中的信息，从而显著提高了已有方法对中国经济的预测能力。

第二节　基础理论模型

采用无套利定价技术，无套利条件对债券市场施加了最低程度的限制，是有效率金融市场的基本特征。无套利条件在各种金融工具的当前价格之间建立起了相对关系，而这种关系包含了关于各种金融工具未来支付的信息。基本模型是多因子仿射形式的连续时间利率期限结构模型，可参见 Duffie 和 Singleton（1997，1999）。我们采用状态变量的分析框架，给定一个概率空间及其上的滤波（W，F_t，P），基本经济由该滤波上的 N 个状态变量 $X = (X_{1t}, X_{2t}, \cdots, X_{nt})$ 来驱动。跟随 Duffie 和 Singleton（1997，1999），我们假设状态变量服从扩散随机过程，这里 dz 是 N 维标准的 Wiener 过程：

$dX = \mu(X)dt + \sigma^2(X)dz$

这里 X 是状态变量组成的向量，选择 $\mu(X)$，$\sigma^2(X)$ 都是 X 的仿射形式，也就是：

$\mu = a_0 + aX$，$\sigma = \sqrt{b_0 + bX}$

瞬时无风险利率用 r 表示，可以写成状态变量的仿射函数形式：

$r = c_0 + c_1X$

这里，a 和 b 是常数向量。

由此，可以导出任何一种长期债券的价格可以表示成当期状态变量的函数，也就是：

P(t, T, 1) = P(X_t, t)

上式左边表示在 T 时刻支付单位为 1 的金融工具在 t(t ≤ T) 时刻的价格。该方程成立的基本逻辑就是前面介绍过的理性预期假说，由于投资者努力搜寻信息，结果是任何金融工具的价格都隐含了当期可以获得的所有信息，也就是 F_t 也是由 P(t, T, 1) 生成的最小 σ 域，那么根据概率论的一个基本事实，既然 F_t 是由 X_t 生成的最小 σ 域，必然在 X_t 和 P(t,T,1) 之间有一个函数关系，参见钟开莱（1989）。利用利率和状态变量之间的仿射关系，我们有：

P(t, T, 1) = P(X_t, t)

根据 Duffie 和 Singleton（1997，1999），在仿射模型中，该函数具有如下形式：

$$P(t, T, 1) = P(X_t, t) = A(t)e^{B(t) - C(t)X_t}$$

设零息债券的到期收益率为 R(t, T, 1)，得到了零息债券到期收益率（长期利率）和短期利率之间的关系：

$$R(t, T, 1) = \frac{-\ln A(t) - B(t) + C(t)X_t}{t}$$

更进一步，重排各项，并记截距项为 $A_0(t)$，记斜率项分别为 A_{it}，可以得到：

$$R(t, T, 1) = A_0(t) + \sum_{i=1}^{N} A_{it}X_{it} \tag{5-1}$$

接下来，利用来自实体经济的信息，假设实体经济的产出由如下随机过程驱动：

$$\frac{dy}{y} = \left(B_0(\tau) + \sum_{i=1}^{N} B_{i\tau}X_{it} - \delta \right)dt + \rho dz$$

由此方程可知，经济的期望增长率是状态变量的仿射函数：

$$E\frac{y(t + \tau) - y(t)}{y(t)} = B_0(\tau) + \sum_{i=1}^{N} B_{i\tau}X_{it} \tag{5-2}$$

从式（5-1）和式（5-2），可以在基本债券的收益率数据和期望经济增长之间建立起紧密的关系。选取 N 种基本的零息债券收益率，得到如下基本关系：

$$E\frac{y(t+\tau)-y(t)}{y(t)}=k_0(\tau)+\sum_{i=1}^{N}k_{ir}R_{it} \qquad (5-3)$$

这就是基本方程。为了对照，这个方程可以写成利差的形式。不妨选取第一个债券为短期债券 S，其余 N-1 个为较长期的债券。

$$E\frac{y(t+\tau)-y(t)}{y(t)}=k_0(\tau)+k_1'Rs+\sum_{i=1}^{N}k_{ir}(R_{iL}-R_S) \qquad (5-4)$$

结合式（5-3）和式（5-4）可以得到如下定理：

定理：在仿射因子模型中，未来的经济增长可以分解成 N 种基本零息债券收益率的线性组合。

由于有多种不同期限的债券在市场上交易，债券市场基本上是一个完备的市场，也就是说，所有的基本风险都存在相应的债券工具来对冲。这意味着所有的状态变量都完全可以通过这些债券的价格，也就是通过利率期限结构反解出来。这样，就解决了 Ross（1976）因子定价模型中确定因子的难题，从而可以直接观测利率期限结构来对未来进行预测。

第三节　利率期限结构的因子模型

一、因子模型

由于收益率曲线是由不同期限利率对应期限所组成的曲线，这样直接表示收益率曲线变动将会非常复杂。因此，Litterman 和 Scheinkman（1991）提出了因子模型，将收益率曲线的变动归结为水平（Level）、斜率（Steepness）和曲度（Curvature）三个因子，并认为这三个因子基本可以解释收益率曲线的变化，这实际上也就是把基本模型式（5-3）限制在更小的状态空间上，即：

$$(y_1,\ \cdots,\ y_n)=(\lambda_{1,1},\ \cdots,\ \lambda_{1,n})f_1+(\lambda_{2,1},\ \cdots,\ \lambda_{2,n})f_2+(\lambda_{3,1},\ \cdots,\ \lambda_{3,n})f_3$$
$$(5-5)$$

其中，f_1 是水平因子，f_2 是斜率因子，f_3 是曲度因子。

根据 Litterman 和 Scheinkman（1991），水平因子影响所有期限债券收益率平行移动，反映平行移动因素在收益率曲线变动中的作用；斜率因子对利率期限的影响因不同期限而异，反映了引起短期收益率和长期收益率不同程度变动的影响因素；曲度因子表示除水平因子和斜率因子以外的影响因素。如果这三个因子能够解释收益率曲线的绝大部分变动，那么就可以通过这个方法实现数据的降维，从而简化分析。

在利用因子模型研究收益率曲线变动的影响因素时，Litterman 和 Scheinkman（1991）指出水平因素应该与债券的期限无关，而斜率因素则应该是利率期限的线性函数，这样实际上可以通过如下关系检验因子模型是否合适：

$$\lambda_{i,t} = \alpha + \beta t \tag{5-6}$$

其中，$\lambda_{i,t}$ 为期限为 t 的叶子 i 的因子载荷，t 是期限。如果因子 1 确实是水平因子，那么式（5-6）的 α 应该具有较高的解释能力，而期限 t 对因子载荷（即特征向量）的解释能力较低（即 β 不显著），且式（5-6）回归方程的拟合优度也较小；如果因子 2 确实是斜率因子，那么式（5-6）的 β 应该具有较高的解释能力，且式（5-6）回归方程的拟合优度也应该比较大。

二、数据选取和因子分解

选取 2002 年 1 月至 2010 年 12 月的中债银行间固定利率国债收益率期限月度数据，期限分别为隔夜、1 月、3 月、6 月、9 月、1 年、2 年、3 年、4 年、5 年、6 年、7 年、8 年、9 年、10 年、15 年和 20 年。通过主成分分析的方法提取因子。由表 5-1 可知，三因子模型对收益率方差的贡献率分别高达 83.78%、11.99% 和 3.36%，三个因子对总体方差的累积解释能力高达 99.13%，说明这三个主要成分已经基本上解释了收益率曲线的变动特征，使用三因子模型基本上可以刻画我国利率期限结构的动态变化机制，而且我国利率期限结构的主成分解释比例也与美国等国相类似。Phoa（1998）对美国利率期限结构的主成分分析结果也表明，美国国债收益率曲线的水平因子（第一主成分）的解释比例也高达 90% 以上，说明我国利率期限结构的变动与发达国家基本上是一致的。

接下来，通过式（5-6）进一步考察因子模型的合理性，对水平因子及斜率因子与期限分别进行回归，结果如表 5-2 所示。

表 5–1　特征值和因子载荷

	特征值	方差贡献率	累积贡献率		f_1	f_2	f_3
f_1	14.242310	83.78%	83.78%	隔夜	0.174139	0.324834	0.771147
f_2	2.037808	11.99%	95.77%	1 月	0.225226	0.335813	0.269698
f_3	0.571132	3.36%	99.13%	3 月	0.239271	0.289325	−0.089847
				6 月	0.242442	0.269818	−0.120264
				9 月	0.244571	0.254310	−0.139643
				1 年	0.246506	0.238855	−0.157622
				2 年	0.253727	0.163968	−0.196565
				3 年	0.259965	0.054652	−0.194611
				4 年	0.260862	−0.014233	−0.157827
				5 年	0.259393	−0.100517	−0.153297
				6 年	0.257294	−0.148224	−0.101829
				7 年	0.254545	−0.186639	−0.043920
				8 年	0.251898	−0.213667	0.009220
				9 年	0.249272	−0.232771	0.058694
				10 年	0.245731	−0.253229	0.098853
				15 年	0.222459	−0.352967	0.229257
				20 年	0.220435	−0.343436	0.250271

表 5–2　水平因子和斜率因子的合理性检验

	f_1	f_2
α	0.2425 (0.0115)***	0.2191 (0.0525)***
β	−1.37E−05 (0.0001)	−0.0033 (0.0007)***
R^2	0.0019	0.8173
S.E.	0.0223	0.1103

注：括号内为 Newey–West 标准差，*** 代表显著性水平 1%。

　　表 5–2 的结果非常理想，可以看到 f_1 与期限无关，且 R^2 仅为 0.0019，而 f_2 则与各期限显著相关，且 R^2 高达 0.8173，说明我们的利率期限结构的三因子模型是合理的。进一步观察图 5–1 可见，水平因子的因子载荷都大于 0 且基本上呈现一条水平的直线，这主要解释了收益率曲线的同向水平移动；斜率因子的因子载荷向下倾斜，说明短期利率与长期利率是呈相反方向变动的，这体现了收益率曲线斜率（一阶导数）的变化；曲度因子

的因子载荷则表现出类似 U 形的形状，说明短期利率与长期利率是同方向变动的，而中期利率则向相反方向变化，这解释了利率期限结构弯曲曲度（二阶导数）的变化。这样，三因子模型实际上也就解释了收益率期限的基本形状及其变化，如图 5-1 所示。

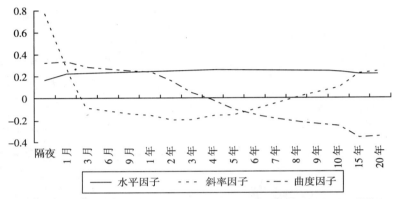

图 5-1　我国收益率曲线水平因子、斜率因子和曲度因子的因子载荷

第四节　利率期限结构对宏观经济的预测作用

一、对经济增长的预测作用

通过因子模型笔者对利率期限结构进行了降维简化处理，并从基本方程式（5-3）出发，可以通过如下回归对利率期限结构的经济增长的预测作用进行检验：

$$\frac{y(t+\tau)-y(t)}{y(t)}=\alpha_0+\alpha_1 f_1+\alpha_2 f_2+\alpha_3 f_3+\xi \qquad (5-7)$$

传统的 Harvey 方法，单独采用利差来预测未来经济增长，其基本方程是如下的单变量回归：

$$\frac{y(t+\tau)-y(t)}{y(t)}=k_2(R_L-R_S)+k_0+\xi \qquad (5-8)$$

Harvey 的方法在利率过程是单因子驱动时是有效的，但中国的债券市场发达程度不如美国等发达国家，单独采用利差可能不足以萃取出实体经济的全部信息，因此因子模型检验是一个理想的选择。本书首先选取当季GDP 增长率作为被解释变量。由于 GDP 增长率是季度数据，因此这里是对季度数据进行分析，季度收益率曲线数据为各月利率的平均，而对季度收益率曲线进行因子分解效果与月度数据相同，三因子累积方差贡献率高达 99.27%，并且水平因子的因子载荷与时间没有关系，而斜率因子则与时间存在显著的相关关系（限于篇幅，具体的检验结果请参见附录）。通过平稳性检验可以发现，GDP 增长率及各因子都是 I(1) 序列，并且Johansen 协整检验表明这四个序列存在着确定性的协整关系，结果如表5-3 和表 5-4 所示。

表 5-3 GDP 增长率与三因子的平稳性检验结果

变量	PP 统计量	变量	PP 统计量
GDP	−2.2099	D(GDP)	−6.3619***
f_1	−2.0234	D(f_1)	−3.8485***
f_2	−2.4941	D(f_2)	−5.8329***
f_3	−1.2602	D(f_3)	−4.2455***

注：D 代表差分变量，根据检验方程的 AIC 和 SC 准则，水平变量检验形式加入常数项，差分变量为既无常数项也无时间趋势项，*** 代表显著性水平 1%。

表 5-4 GDP 增长率与三因子的 Johansen 协整检验结果

假设协整方程个数	特征值	特征根迹检验	P 值	最大特征值	P 值
没有	0.6042	47.856130	0.0231	27.584340	0.0200
1 个	0.3004	29.797070	0.3782	21.131620	0.5685
2 个	0.1726	15.494710	0.3761	14.264600	0.5811
3 个	0.0767	3.841466	0.1047	3.841466	0.1047

注：检验形式为序列有线性趋势而协整方程只有截距项。

直接对式（5-7）进行回归，结果如表 5-5 所示。

从表 5-5 中的结果可见，利率期限结构的三因子对 GDP 增长率具有较好的预测作用。虽然对半年以内的经济增长预测效果并不理想，但之后各期限的预测效果都较好，特别是对于未来第三年和第四年的经济增长预测效果非常好。三个因子都通过了显著性检验，而且 R^2 高达 0.5 以上，

表 5-5　利率期限结构的三因子模型对 GDP 的预测作用

	α_0	f_1	f_2	f_3	R^2	S.E.
GDP_{t+1}	10.78 $(0.5715)^{***}$	−0.0034 (0.0931)	0.0088 (0.1897)	0.1659 (0.4678)	0.0044	2.0161
GDP_{t+2}	10.83 $(0.5469)^{***}$	−0.1139 (0.0813)	0.1027 (0.2232)	0.6404 (0.4133)	0.1257	1.8924
GDP_{t+3}	10.86 $(0.4953)^{***}$	−0.1702 $(0.0746)^{**}$	0.0718 (0.2006)	1.0218 $(0.2947)^{***}$	0.2943	1.7213
GDP_{t+4}	10.93 $(0.4585)^{***}$	−0.1658 $(0.0805)^{**}$	0.1416 (0.2690)	1.962 $(0.2831)^{***}$	0.3699	1.6484
GDP_{t+8}	11.13 $(0.6945)^{***}$	0.0706 (0.1037)	0.3811 (0.4545)	0.8548 $(0.3323)^{**}$	0.2382	1.8667
GDP_{t+12}	10.04 $(0.5148)^{***}$	0.2447 $(0.1194)^{*}$	−0.9533 $(0.3045)^{***}$	2.1410 $(0.3043)^{***}$	0.5785	1.4659
GDP_{t+16}	7.8848 $(1.0395)^{***}$	−0.8297 $(0.2899)^{**}$	−1.1419 $(0.2167)^{***}$	4.9138 $(1.9978)^{**}$	0.7139	1.3459
GDP_{t+20}	18.18 $(3.5504)^{***}$	1.3009 (0.8759)	0.0950 (0.6753)	−12.33 $(5.9926)^{*}$	0.2480	2.3589

注：括号内为 Newey-West 标准差，***、**、* 分别代表显著性水平 1%、5% 和 10%。

对第四年的经济增长预测的 R^2 甚至高达 0.7139。不过，因子模型对 5 年之后经济增长的预测能力下降，仅曲度因子是显著的，而且只能解释未来变化的 24.8%。

二、对消费和物价的预测作用

为进一步验证模型对宏观经济的预测作用，本书选取了当月工业增加值同比增长率（Value Added）和当月社会商品零售总额同比增长率（Sale），这两个指标都剔除了价格因素，因此可以作为宏观经济实际增长的替代指标，还选取了当月 CPI，这些指标均为月度数据。通过平稳性检验发现，工业增加值是一阶平稳数据，而 Sale 和 CPI 则是 I（1）序列，通过协整检验可以发现它们与三因子变量都存在确定性的协整关系，如表 5-6 所示（限于篇幅，不报告具体检验结果），因此考察模型对消费和物价的预测作用。

表 5-6 工业增加值、消费和物价的平稳性检验结果

变量	PP 统计量	变量	PP 统计量
Value Added	−6.2771***	D（Value Added）	−21.5655***
Sales	−2.2017	D（Sales）	−17.6260***
CPI	−2.1860	D（CPI）	−9.0490***

注：D 代表差分变量，根据检验方程的 AIC 和 SC 准则，水平变量检验形式加入常数项，差分变量为既无常数项也无时间趋势项，*** 代表显著性水平 1%。

从表 5-7 中可见，检验结构显示模型对两年以内的消费具有良好的预测效果，3 个因子变量都通过了显著性检验，而且预测精度较高，特别是对于未来 1 个月的社会商品零售总额的增长的预测方程的 R^2 高达 0.6705。对于未来 3~4 年消费增长情况同样有着较好的预测效果，R^2 最低也在 0.15 以上，而且还一度高达 0.64。

表 5-7 利率期限结构的三因子模型对消费的预测作用

	C	f_1	f_2	f_3	R^2	S.E.
$Sales_{t+1}$	14.54 (0.2349)***	0.4918 (0.0622)***	−0.8790 (0.1654)***	−3.3602 (0.3094)***	0.6705	2.4295
$Sales_{t+3}$	14.72 (0.2403)***	0.4900 (0.0631)***	−0.8800 (0.1675)***	−3.2626 (0.3171)***	0.6552	2.4619
$Sales_{t+6}$	14.90 (0.2647)***	0.3876 (0.0688)***	−0.9430 (0.1820)***	−3.0395 (0.3452)***	0.5801	2.6718
$Sales_{t+9}$	15.08 (0.3144)***	0.2522 (0.0808)***	−0.8464 (0.2149)***	−2.5494 (0.4050)***	0.4037	3.1243
$Sales_{t+12}$	15.34 (0.3511)***	0.1019 (0.0889)	−0.9237 (0.2442)***	−1.8736 (0.4474)***	0.2582	3.4220
$Sales_{t+18}$	15.9658 (0.3617)***	−0.1603 (0.3617)*	−0.6468 (0.2710)**	−1.6070 (0.4473)***	0.1751	3.3129
$Sales_{t+24}$	16.83 (0.6682)***	−0.2351 (0.1236)*	−0.9805 (0.3043)***	−2.1028 (0.3653)***	0.2544	2.9601
$Sales_{t+30}$	17.45 (0.7929)***	−0.1753 (0.1760)	−1.6784 (0.4342)***	−1.7834 (0.3039)***	0.3318	2.7340
$Sales_{t+36}$	17.25 (0.7762)***	0.1459 (0.1838)	−1.3782 (0.5710)**	−0.5663 (0.4326)	0.3253	2.8219
$Sales_{t+42}$	18.27 (0.8770)***	0.9682 (0.2169)***	−0.3405 (0.1726)*	−2.3132 (1.6038)	0.6424	2.0221
$Sales_{t+48}$	18.92 (1.6675)***	0.8708 (0.4146)**	−0.0045 (0.2725)	−2.9122 (3.2262)	0.3120	2.7020

注：括号内为 Newey-West 标准差，***、**、* 分别代表显著性水平 1%、5% 和 10%。

从表5-8中可见，检验结构显示模型对两年以内的消费具有良好的预测效果，3个因子变量都通过了显著性检验，而且预测精度较高，特别是对于未来1个月的社会商品零售总额的增长的预测方程的 R^2 高达0.6705。对于未来3~4年消费增长情况同样有着较好的预测效果，R^2 最低也在0.15以上，而且还一度高达0.64。

表5-8　利率期限结构的三因子模型对物价的预测作用

	C	f_1	f_2	f_3	R^2	S.E.
CPI_{t+1}	2.3739 (0.2451)***	0.5229 (0.0598)***	0.1374 (0.1648)	−1.0290 (0.2921)***	0.7198	1.3535
CPI_{t+3}	2.4382 (0.3364)***	0.4524 (0.0828)***	0.1178 (0.1786)	−0.9070 (0.4241)**	0.5506	1.7106
CPI_{t+6}	2.5126 (0.4682)***	0.2700 (0.1213)**	0.0378 (0.2187)	−0.4003 (0.5641)	0.1931	2.2600
CPI_{t+9}	2.6022 (0.4767)***	0.0470 (0.1165)	−0.0247 (0.2371)	0.0520 (0.5206)	0.0062	2.4785
CPI_{t+12}	2.7056 (0.4514)***	−0.1650 (0.0910)*	0.0397 (0.2443)	0.4634 (0.4112)	0.0972	2.3329
CPI_{t+18}	2.9179 (0.3449)***	−0.3693 (0.0687)*	0.0267 (0.1838)	0.3493 (0.2677)	0.4569	1.8212
CPI_{t+24}	3.5848 (0.5422)***	−0.4144 (0.0956)***	−0.7139 (0.2935)**	−0.5768 (0.3046)*	0.3558	2.0287
CPI_{t+30}	3.4588 (0.6792)***	−0.1004 (0.1347)	−1.0561 (0.4422)**	−0.2205 (0.3754)	0.1649	2.3822
CPI_{t+36}	2.5619 (0.4996)***	0.3618 (0.1066)***	−0.3757 (0.3082)	0.9989 (0.4869)**	0.5475	1.7921
CPI_{t+42}	3.1414 (0.3020)***	0.8943 (0.1194)***	0.5943 (0.2002)***	−0.6846 (0.7356)	0.8382	1.1161
CPI_{t+48}	3.0230 (1.4535)**	0.5485 (0.3828)	1.2496 (0.2496)***	−0.9806 (3.3202)	0.2816	2.4362

注：括号内为 Newey-West 标准差，***、**、* 分别代表显著性水平1%、5%和10%。

尽管对CPI的预测方程中仅对未来两年的CPI变化方程的3个因子都通过了显著性检验，但大部分方程都表明不同因子对未来CPI都有着较好的预测效果，而且实际上3个因子变量对未来25个月和26个月物价变化也都通过了显著性检验。虽然对未来9个月和1年的预测方程精度较低，但大多数方程预测效果良好，甚至有方程的 R^2 高达0.84，这个效果是比较理想的。

三、收益率曲线斜率对宏观经济的预测作用

虽然基于仿射利率期限结构模型和因子经验分析可以表明，利率期限结构对宏观经济变量具有良好的预测效果，但由于因子分析实际上是对不同期限利率的降维简化处理，因此这种预测在经验上来说并不直观，它无法通过收益率曲线的斜率直接对宏观经济变量进行预测。Harvey（1988），Estrella 和 Hardouvelis（1991）等都是单独采用利差来预测未来经济增长。一般来说，收益率曲线的斜率与未来经济增长、物价变化等变量呈正相关关系，当市场预期未来经济扩张时，长期收益率将升高，短期收益率将下降，从而利差变大。下面对这一关系进行检验，采用式（5-8）的形式。笔者以 20 年期的长期利率与 1 年期的短期利率之差作为收益率曲线的斜率变量，[①] 采用 Harvey（1988）的方法，分别对未来不同时期的 GDP 增长率、消费及物价变化的预测能力进行检验（附录还报告了 Estrella 和 Hardouvelis（1991）的方法对收益率曲线斜率对宏观经济的预测作用的检验结果），如表 5-9 所示。

表 5-9 收益率曲线斜率对 GDP 的预测作用

	C	Rate20y–Rate1y	R^2	S.E.
GDP$_{t+7}$	8.4835 (1.2854)***	1.3992 (0.7703)*	0.136	1.8898
GDP$_{t+8}$	7.3786 (1.4521)***	2.0797 (0.7323)***	0.2519	1.7773
GDP$_{t+9}$	7.1496 (1.6249)***	2.2191 (0.8028)**	0.2877	1.7647
GDP$_{t+10}$	7.5914 (1.9656)***	1.9424 (1.0277)*	0.2126	1.8929

注：括号内为 Newey–West 标准差，***、**、* 分别代表显著性水平 1%、5% 和 10%。

---

① 不得不承认，与第四章基于严格的费雪方程式和理性预期假设下得到的利率期限结构与通胀预期的方程对收益率曲线的斜率有着严格的理论上的含义不同，对宏观经济增长的利差选取都比较主观，如 Estrella 和 Hardouvelis（1991）主要采用 10 年期与 3 月期收益率之差。笔者尝试采用不同的斜率分别计算，发现虽然具体结果会存在一定的差异，但总体上结论大致类似，并不影响最终的结果。

本书对收益率曲线斜率与未来 1 期直至 4 年的变量的预测能力进行了检验，发现收益率曲线斜率对未来 7 个季度至 10 个季度的 GDP 增长率具有较好的预测效果，对未来 32 个月至 48 个月的消费具有较好的预测效果，对未来 29 个月至 41 个月的物价变化情况具有较好的预测效果。限于篇幅，这里仅报告部分通过显著性检验的方程结果。由表 5-9~表 5-11 中可以看到，收益率曲线斜率的系数都是正的，这与理论所揭示的方向相同，说明我们检验估计的结果是可靠的。

表 5-10　收益率曲线斜率对消费的预测作用

	C	Rate20y–Rate1y	R^2	S.E.
$Sales_{t+32}$	13.05 (1.7646)***	1.8159 (1.0117)*	0.0807	3.1750
$Sales_{t+36}$	10.94 (1.568)***	2.9888 (0.8833)***	0.2037	2.9994
$Sales_{t+40}$	9.9816 (1.7066)***	3.5536 (0.8810)***	0.2896	2.8198
$Sales_{t+44}$	10.48 (2.1574)***	3.4202 (1.1580)***	0.2938	2.7690
$Sales_{t+48}$	13.18 (2.0386)***	2.1081 (1.1230)*	0.1221	2.9991

注：括号内为 Newey-West 标准差，***、**、* 分别代表显著性水平 1%、5% 和 10%。

表 5-11　收益率曲线斜率对物价的预测作用

	C	Rate20y–Rate1y	R^2	S.E.
CPI_{t+29}	0.1583 (1.3868)	1.5308 (1.7848)*	0.0956	2.4411
CPI_{t+32}	−1.0202 (1.3687)	2.1136 (0.7581)***	0.1808	2.3311
CPI_{t+36}	−1.9072 (1.2698)	2.5257 (0.7309)***	0.2384	2.2914
CPI_{t+40}	−1.7745 (1.8005)	2.4250 (1.0836)**	0.2077	2.3995
CPI_{t+41}	−1.2148 (1.8877)	2.1321 (1.1558)*	0.1607	2.4861

注：括号内为 Newey-West 标准差，***、**、* 分别代表显著性水平 1%、5% 和 10%。

第五节　本章小结

通过仿射利率期限结构模型，本书从理论上说明了利率期限结构包含了对未来宏观经济的预期，并通过因子模型对此进行了检验，取得了理想的效果。与发达国家的研究相类似，Litterman 和 Scheinkman（1991）开创的利率期限结构三因子模型能够解释绝大部分收益率曲线变化的信息，而且因子模型是合理可靠的，说明我国利率期限结构是合理的，金融市场（特别是银行间债券市场）是符合有效市场假说的。市场参与者的预期对市场运行和宏观经济具有非常重要的作用，货币政策当局和宏观经济当局必须重视市场预期，采用具有前瞻性的、可靠且可信的政策规则，才能够取得满意的政策效果。

值得注意的是，与因子模型的检验结果相比较，收益率曲线斜率对宏观经济变量的预测效果要相对较差，主要是回归方程的 R^2 都比较低，大多不超过 0.3，这主要是由于收益率曲线斜率的度量仅由两个长短期利率之差决定，无法涵盖整体利率期限结构的全部信息，因而其对宏观经济的预测效果也就相对较差。因子模型则是萃取了大部分利率期限结构的全部信息（三因子的解释能力至少在 99% 以上），因此其对宏观经济的预测效果也就相对较好。这一点在笔者利用收益率曲线的斜率对利率期限结构的预期假说的研究及通货膨胀预测能力的检验中是一样的。不过，虽然预测精度（R^2）较低，但毕竟变量通过了显著性检验，也就说明变量显著包含了相关的信息，尽管市场参与者无法通过收益率曲线的斜率准确预测未来利率、通货膨胀及 GDP 等宏观经济变化的具体值，但大致的方向是正确的。本书可以从理性预期和大数定律的角度来理解，利率期限结构确实有效反映了市场参与者的预期，这也是这几章的经验分析所要说明的最主要问题。

第六章 第二次世界大战后发达国家货币政策的变迁及其启示

从历史上看，中央银行是脱胎于商业银行而逐渐形成的，如最早于 1656 年建立的瑞典里克斯银行（Riksbanken）[1] 和 1694 年建立的被公认为现代中央银行鼻祖的英格兰银行（Bank of England）。最初，它们都与普通的商业银行没什么区别，只是通过长期的市场竞争和国家立法支持，最终垄断了货币发行的权力并在分离钞票发行与银行业务以后，[2] 才逐渐演化为现代意义上的中央银行。19 世纪 70 年代至 20 世纪 20 年代工业化国家纷纷建立中央银行的背景，主要是出于保证金融系统的流动性、维护金融健康发展和发挥最后贷款人的考虑（Bagehot，1873）。例如，尽管由于对任何形式的中央集权体制安排一直抱有怀疑和敌对态度，19 世纪后半叶美国始终未能建立类似于当时已在欧洲出现的中央银行，[3] 但在周期性金融恐慌（特别是 1907 年银行危机）的困扰下，成立中央银行成为 20 世纪初美国民众的共识。在金属货币和金本位时代，所谓的货币政策也仅限于铸造货币并根据贵金属储备印刷纸币，货币政策的最主要内容就是维护金本位制，确保信用货币（银行发行的纸币）钉住黄金，并与其他金本位制国家货币在一定幅度内保持币值稳定。为此，中央银行主要通过再贴现方式向银行系统提供流动性，并通过利率政策保持币值稳定，并不是现代意

---

[1] 当时是由私人出资创建的发行银行券的银行，1668 年由瑞典政府出资将其改组为瑞典的国家银行（The State Bank of Sweden）。当时，该银行并不具备现代中央银行的各种功能，只是在 17 世纪末以后才逐渐发展成为瑞典的中央银行（李崇淮、黄宪，1992）。

[2] 1833 年英格兰银行发行的纸币获得了全国唯一法偿货币的地位。1844 年英格兰银行机构分为发行部和业务部两大部分，从而奠定了现代中央银行的组织模式（饶余庆，1983）。

[3] 在美国建国之初，曾有过两段中央银行的经历，即 1791~1811 年的美国第一国民银行和 1816~1836 年的美国第二国民银行。有关美联储建立的背景及建立过程等历史资料，参见 Primm（1989）。

义上的货币政策。事实上，直到"一战"后随着金本位制的日渐瓦解，美联储及各国中央银行才逐渐具备了货币政策的职能，而 1936 年凯恩斯《通论》的发表和宏观经济学的建立，也为各国中央银行的货币政策提供了新的理论指导。本章将主要以美国为例，对第二次世界大战后主要发达国家的货币政策转型过程进行考察，① 以进一步理解预期的重要作用，并得到有关我国间接货币政策转型的有益启示。

第一节　20 世纪 70 年代之前以传统凯恩斯理论为指导的货币政策

根据凯恩斯的流动性偏好理论，利率并不是由储蓄和投资的关系，而是由货币量的供求关系决定的。作为流动性最好的资产，利率可以作为衡量人们获得流动性需求所愿支付的代价。因此，利率是人们愿意以货币形式持有的财富量（即货币需求）与货币存量（即货币供给）共同决定的。同时，货币供给是外生的，中央银行可以控制货币的增长，因而可以通过调整货币供应量来改变利率水平，从而影响投资、消费和经济增长。这样，传统的凯恩斯理论除强调采用财政政策来影响社会总需求外，利率在逆经济风向的相机性货币政策中占据了非常重要的地位。

在第二次世界大战期间，为筹集战争经费，美联储将利率长期保持在较低水平下。直到 1951 年，美联储与美国财政部之间达成协议，美联储才获得了利率决定权，但承诺不让利率急剧上升。在具体的操作中，美联储主要以联邦基金利率（即货币市场短期利率）和自由储备（即商业银行的超额储备减去贴现贷款数量）作为货币政策的主要中介目标。超额储备是商业银行在联储账户中滞留的资金，一般是用于日常的支付清算及归还贴现贷款，因此只有那些不是从联储借入的储备才可以被商业银行用于发放贷款并进行货币创造，也即"自由储备"。为此，自由储备是反映市场流动性和货币创造能力非常重要的指标。自由储备上升表明市场流动性宽松，联储应吸收市场过多的流动性；反之，自由储备下降表明市场流动性

---

① 这部分主要（但不完全是）参考了米什金（1998）对美联储决策程序的历史考察。

紧张，联储应向市场提供必要的流动性。在具体的操作上，主要是通过调整再贴现利率、公开市场操作等手段，并辅之以调整法定存款准备金率。但是，在这种政策框架下，以熨平经济周期为目的的货币政策实际上却是顺周期的。因为，在经济扩张时期，市场对资金需求上升，市场利率也随着上升。由于储备是不付利息的，因此银行持有超额储备的机会成本将上升，这将导致超额储备下降。同时，由于市场利率上升，银行将更多地进行再贴现以获得资金，从而使贴现贷款数量增加。这样，超额储备的下降和贴现贷款的上升使自由储备下降，联储必须通过公开市场操作买进债券释放流动性，但这事实上又增加了基础货币的供给，如图6-1所示。

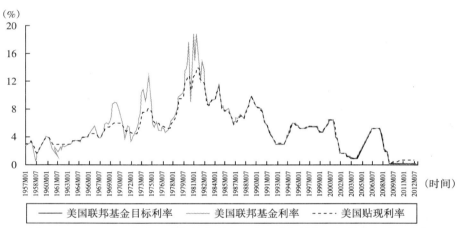

图6-1　1957~2012年美国联邦基金利率、美国联邦基金目标利率和贴现利率

资料来源：Wind。

在短期利率方面，主要通过再贴现利率和公开市场操作引导货币市场利率。当货币市场利率高于目标利率时，商业银行可以通过再贴现获得资金，从而降低市场资金需求，联储还可以通过公开市场操作购买债券释放流动性，从而使市场利率与目标利率相接近；反之，当货币市场利率低于目标贴现率时，联储可以通过公开市场操作卖出债券回收流动性，从而促使市场利率上升。但是，再贴现政策主要是联储通过贴现窗口为联储成员银行提供应急贷款或弥补法定存款准备金不足，调整再贴现利率主要是为影响商业银行向美联储借款的成本，从而影响经济中的信贷总量，贴现政策的着眼点仍然是自由储备这一数量目标，这本身就具有顺周期效应。而

且，受凯恩斯主义的影响，货币政策在很大程度上是服务于经济增长，货币市场利率稳定且保持较低水平成为当时政策考虑的主要目标，利率政策的调整往往反应得比较滞后。利率调整的幅度和节奏与实际需要存在差距，而且由于以经济增长为主要目标，货币政策的不一致性问题更为突出，因此利率政策也无法熨平经济波动。从具体政策效果来看，货币市场利率与贴现率在很多情况下都存在很大的偏差，说明 20 世纪 70 年代以前利率政策目标并未得到很好的实现。

第二节　20 世纪 70 年代至 80 年代中期钉住货币供应量的货币政策

20 世纪 50 年代至 60 年代，以 Friedman 为代表的货币学派对凯恩斯主义的利率政策提出了挑战，认为货币供给的变动并不能够直接影响利率，而是直接影响名义收入和支出水平，进而影响投资、产出及物价水平；基于货币数量论的经验分析也表明，货币供应量的变化将引起名义收入的同方向变化，并且货币需求函数是稳定的，货币的变化是导致经济波动的主要原因，而且产出和价格调整相对于货币供应量变动存在时滞，货币不稳定将危害经济稳定。因此，中央银行应放弃相机抉择的货币政策，采用单一货币规则，保持固定不变的货币供应增长率，货币政策也应以货币供应量作为中介目标。

随着"滞涨"的出现和货币学派的兴起，美联储逐步放弃了传统的凯恩斯理论，并于 20 世纪 70 年代初开始引入货币供应量作为货币政策的中介目标。然而，由于联储决策程序并没有发生任何变化，仍然以逆经济风向的相机抉择为主导思想。同时，尽管在 1975 年出于国会的压力，联储向公众宣布了其货币供应目标，但在实践中货币供应量并非其决策优先考虑的目标，更多地仍是考虑就业和货币市场利率的稳定（Mishkin，2002），[1]因此 20 世纪 70 年代的货币政策实际上仍然是顺周期的，从而加剧了经济

---

[1] 美联储的货币供应目标范围过于宽松且经常变化，而利率目标则比较确定，这也损害了货币供应目标的实现（Bernanke 和 Mishkin，1992；Mishkin，2002）。

的波动。直到 1979 年沃尔克出任联储主席后，美联储才正式强调不再将以联邦基金利率作为操作目标，而是允许其在更大区间内波动，货币政策最主要的目的是控制货币供应。

然而，事实上，沃尔克时代的货币政策也未能有效控制货币供应量。即使是作为货币学派旗帜的 Friedman 也不得不承认，货币供应目标制并不如他希望的那样成功（Nelson，2007），具体情况参见表 6-1。一方面，客观上，随着 20 世纪 70 年代以来金融创新的发展，涌现出大量新型金融工具和金融产品，各种类型的金融产品之间的替代性大大提高，交易账户和投资账户之间、广义货币与狭义货币之间的界限越来越模糊，中央银行控制货币供应越来越困难，货币总量与总产出和价格变化的关系越来越不稳定。为此，中央银行在不断修改货币供应目标的同时，也不得不多次修改货币统计口径，例如 1971~1986 年美联储曾 6 次对货币层次的划分进行调整，1970~1984 年英国对货币的定义修改达 9 次之多。另一方面，最主要的是，在主观的政策战略上，控制货币供应量从来都不是沃尔克货币政策的真正目的，他没有公开承诺实现这些目标，而是更关心利用利率手段来消除通货膨胀。事实上，为控制通货膨胀而必须将利率提高到非常高的水平，宣布钉住货币供应量只是沃尔克释放的"烟幕弹"，以不至于引来各方面的责难（Mishkin，2002）。当 1982 年 10 月通货膨胀得到有效控制之后，美联储开始有意不再强调货币供应量的重要性，并在 1987 年 2 月宣布不再设定 M1 目标而是重点转向更为宽泛的 M2。然而，1993 年，Greenspan 在国会作证时说，美联储不再以任何货币总量作为实施货币政策的目标，包括 M2 在内。2006 年 3 月，由于统计困难及其与经济关系稳定性下降，美联储停止了对 M3 的统计。Estrella 和 Mishkin（1997）对 1979 年以后美国货币政策的经验分析表明，货币总量在经济信息变量、货币政策的指示器和货币规则工具这三方面的作用并不令人满意，对德国 M3 的经验分析也得到了类似的结果；而且，利率政策在平滑收入波动方面发挥了重要作用，但货币总量并不存在这样的作用。

货币学派所主张的以货币供应量作为中介目标的政策实践在大部分发达国家中都未取得成功。英国于 1973 年引入 M3 作为中介目标，但金融创新使 M3 与收入之间的关系日益不稳定，并更加倾向于更窄的 M1 和 M0 基础货币指标。1985 年，英国曾暂停使用 M3 目标，并在 1986 年正式放弃 M3 目标。加拿大于 1975 年实行"货币渐进主义"，采用钉住 M1 的货

表 6-1　1975~1991 年美联储货币供应增长率目标及实际值

单位：%

年份	货币总量	目标值	实际值	实际值与目标值之差	时期	货币总量	目标值	实际值	实际值与目标值之差
1975	M1	5.0~7.5	5.3	−1.0	1983	M1	4.0~8.0	10.0	+4.0
	M2	8.5~10.5	9.7	+0.2		M2	7.0~10.0	8.3	−0.2
	M3	10.0~12.0	12.3	+1.3		M3	6.5~9.5	9.7	+1.7
1976	M1	4.5~7.5	5.8	−0.2	1984	M1	4.0~8.0	5.2	−0.8
	M2	7.5~10.5	10.9	+1.9		M2	6.0~9.0	7.7	+0.2
	M3	9.0~12.0	12.7	+2.2		M3	6.0~9.0	10.5	+3.0
1977	M1	4.5~6.5	7.9	+2.4	1985	M1	4.0~7.0	11.9	+6.4
	M2	7.0~10.0	3.8	−4.7		M2	6.0~9.0	8.6	+1.1
	M3	8.5~11.5	11.7	+1.7		M3	6.0~9.5	7.4	−0.4
1978	M1	4.0~6.5	7.2	+2.0	1986	M1	3.0~8.0	15.2	+9.7
	M2	6.5~9.0	8.7	+1.0		M2	6.0~9.0	8.9	+1.4
	M3	7.5~10.0	9.5	+0.8		M3	6.0~9.0	8.8	+1.3
1979	M1	3.0~6.0	5.5	+1.0	1987	M2	5.5~8.5	4.3	−2.7
	M2	5.0~8.0	8.3	+1.8		M3	5.5~8.5	5.6	−1.4
	M3	6.0~9.0	8.1	+0.6	1988	M2	4.0~8.0	5.2	−0.8
1980	M1	4.0~6.5	7.3	+2.1		M3	4.0~8.0	6.1	+0.1
	M2	6.0~9.0	9.6	+2.1	1989	M2	3.0~7.0	4.7	−0.3
	M3	6.5~9.5	10.2	+2.2		M3	3.5~7.5	3.3	−2.2
1981	M1	3.5~6.0	2.3	−3.0	1990	M2	3.0~7.0	3.8	−1.2
	M2	6.0~9.0	9.5	+2.0		M3	2.5~6.5	1.5	−3.0
	M3	6.5~9.5	11.4	+3.4	1991	M2	2.5~6.5	2.7	−1.8
1982	M1	2.5~5.5	8.5	+4.5		M3	1.0~5.0	1.5	−1.5
	M2	6.0~9.0	9.2	+1.7					
	M3	6.5~9.5	10.1	+2.1					

注：增长率（%）为季度同比数据，实际值与目标值之差为实际值与目标值中位数之差。每年年初公布目标区间（1979 年、1983 年、1985 年、1990 年曾在年中进行修正）。

资料来源：Bernanke 和 Mishkin（1992）。

币政策，但仅在该模式实行三年后，加拿大银行出于汇率考虑开始脱离这一模式，并于 1982 年 11 月正式取消 M1 目标。虽然德国和瑞士被认为是实行货币供应量中介目标最成功的国家，但从最终的政策效果上看，两国货币供应量仍经常与其目标值不符。而且，随着货币供应与经济关系的日益不稳定，瑞士也于 2000 年宣布放弃货币中介目标。随着德国联邦银行加入欧洲中央银行体系，德国也逐步淡化货币供应量在决策中的重要性。

当然，需要指出的是，尽管货币供应量已被普遍认为并不适宜作为货币政策的中介目标，但 Svensson 和 Woodford（2003）的分析表明，在钉住通货膨胀的货币政策模式下，货币供应量仍然是货币政策的一个非常重要的监测变量，因为货币供应量对价格仍然具有重要的影响。目前，货币供应量仍然是各国中央银行进行货币决策的重要参考变量。

第三节　20 世纪 90 年代以来以货币市场短期利率为目标的货币政策

由于中央银行在钉住货币供应目标的政策模式下无法有效控制货币，货币目标与实际结果总是存在差异，从而损害了货币政策的信誉；再加上货币外延的扩大及其与经济关系的不稳定趋势，20 世纪 90 年代以来，很多国家中央银行将政策重点重新集中货币市场短期利率。但与 70 年代之前的操作模式不同，各国中央银行都放弃了相机抉择的凯恩斯主义模式，更加关注市场参与者的预期和政策操作的前瞻性、透明性和可靠性，著名的泰勒规则就是对利率操作规则很好的经验描述。随着理性预期学派和货币政策的动态不一致性理论的发展，各国中央银行意识到货币政策的规则操作是非常重要的。90 年代以来，各国中央银行通常根据货币政策的最终目标（通货膨胀和产出）来设定货币市场短期利率目标，在政策实施中密切观察市场参与者预期的变化，完善货币决策程序，及时披露货币政策信息，加强与市场的沟通，通过告示效应使公众能够更好地理解中央银行决策意图，有效引导市场预期，更好地实现货币政策最终目标。[1] 为了实现中央银行基准利率，中央银行主要通过公开市场操作或利率走廊模式，[2] 使货币市场利率与中央银行目标利率水平相接近。下面，分别以美联储和欧洲中央银行为例，进行介绍。[3]

一、以公开市场操作为主的利率调控模式

20世纪80年代中期，美联储开始放弃货币供应目标后，逐步将政策重点转向货币市场利率，并于1994年正式确立以联邦基金市场利率为目标的货币政策框架。在美联储的货币决策框架中，联邦公开市场委员会是美联储的货币政策决策机构，担负着制定货币政策、指导和监督公开市场操作的重要职责。该委员会由12名成员组成，包括7位美联储理事会成员和5位联邦储备银行行长。理事会理事及纽约储备银行行长共8人为常任委员，剩下的4个席位每年在其余的11位行长中轮换。公开市场委员会每六周开一次例会，一般在2月和7月的会议上，重点分析货币信贷总量的增长情况，预测实际国民生产总值、通货膨胀、就业率等指标的变化区间。其他6次会议主要对长期的货币信贷目标进行回顾。每次会后联邦公开市场委员会都要对是否进行联邦基金利率调整做出决定，并发表一个简短的声明。美联储还会在公开市场委员会会议上公布下一次例会的利率倾向，提前向市场揭示当前经济的运行状况，预示美联储的货币政策走向；联储主席还定期向国会进行听证，联储官员利用各种场合发表讲话，向市场传达联储对经济的判断和决策的理由，使市场充分理解美联储的决策意图。

在具体的操作方面，如图6-2所示，美联储作为同业拆借市场的最大的参加者，在政策操作中以其政策利率作为操作目标，如果其利率水平低于商业银行间市场利率水平，商业银行之间的拆借就会转向商业银行与美联储之间。因为向美联储拆借的成本低，整个市场的拆借利率就将随之下降。反之，如果美联储提高拆借利率，在市场资金比较短缺的情况下，联

---

[1] Woodford（2001）、Demiralp 和 Jorda（2001）等对中央银行加强信息披露和沟通的告诉效应进行了理论上的分析。

[2] Whitesell（2006）对这两种模式进行了理论上的概述。

[3] 有关各国中央银行货币政策框架和市场操作的详细情况，可参见国际清算银行市场委员会提供的有关资料，http://www.bis.org/about/factmktc.htm。

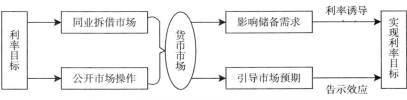

图 6-2 美联储公开市场操作的利率调控模式

邦基金利率本身就承受上升的压力，所以它必然随着美联储的拆借利率一起上升；在市场资金比较宽松的情况下，美联储提高拆借利率，向美联储拆借的商业银行就会转向其他商业银行，但美联储可以在公开市场上抛出国债，吸纳商业银行过剩的超额准备，造成各银行头寸紧张，迫使联邦基金利率与美联储的拆借利率同步上升。美联储有这样干预市场利率的能力，其反复多次的操作，就会形成合理的市场预期。只要美联储提高其拆借利率，整个市场就会闻风而动，进而美联储能够直接宣布联邦基金利率的变动。这样，联邦基金市场利率便成为美联储货币政策与宏观经济联系的桥梁。通过公开市场操作，联储完全可以使联邦基金利率与联邦基金目标利率相一致，从而实现货币政策目标。由图 6-1 可以看到，联邦基金利率与联邦基金目标利率走势几乎完全一致，说明美联储通过公开市场操作引导货币市场利率是成功的。

二、以利率走廊为主的利率调控模式

欧洲中央银行管理委员会是欧洲中央银行的最高决策机构，负责制定欧元区的货币政策。该管理委员会由两部分成员组成：一是欧央行执行理事会的 6 名成员；二是加入欧元区成员国的 16 名央行行长。欧洲中央银行管理委员会每两周召开一次会议，隔一次讨论利率。在做出货币政策决策时，管理委员会的每名成员各拥有一票投票权，遵循简单多数的原则。如果支持与反对双方的票数相等，则欧洲中央银行行长一票具有决定意义。为了使公众能够更好地了解货币政策，欧洲中央银行通过多种渠道向公众传递货币政策信息：管理委员会主席在欧洲中央银行管理委员会会后立即召开新闻发布会，解释管理委员会决策的缘由；每月发布《月度公报》，向公众公布所有统计信息和货币政策决策所依据的数据，同时还提供专家对货币政策的分析文章；欧央行的行长、副行长以及货币政策委员会的其他成员，充分利用各种机会与公众交流，阐述欧洲中央银行的货币政策策略和分析框架。

与美国不同的是，欧洲中央银行并没有正式的利率操作目标，而是通过再融资操作来释放货币政策信号，并由中央银行管理委员会每月讨论一次再融资利率水平，因而再融资利率也起到了欧洲中央银行基准利率的作用。在具体操作中，如图6-3所示，主要以短期再融资操作作为公开市场的主要业务。但是，在利率目标方面，欧洲中央银行的存贷款便利以及由此形成的利率走廊对于引导货币市场利率发挥了更重要的作用。欧洲中央银行对辖内所有信用机构都有统一的准备金要求，而且欧元体系在日终提供备用贷款便利机制。一旦存款准备金低于央行要求、日终清算资金不足时，信用机构可以自动获得成本较高的资金（该利率提供了一个隔夜利率的上限）；另一方面，对于日终前清算账户仍有余额的机构，则提供存款便利机制，存款机构可以将其多余的头寸存入欧洲中央银行并获得相应的利息收益（但该利率一般低于市场隔夜拆借利率，实际上提供了一个隔夜利率的下限）。这样便建立了一个利率走廊，隔夜拆借利率被设定在利率走廊之间。商业银行在每个交易日结束时必须保持账户平衡，如果商业银行在日末清算时有透支，就必须向欧洲中央银行申请贷款以进行弥补；相反，如果商业银行在日末清算时有结余，则自动存入欧洲中央银行账户并支付利息。在这样的制度设定下，欧洲中央银行主要通过调控商业银行的流动性供求来实现其政策利率目标。因为，如果商业银行能够以既定利率向欧洲中央银行申请任意数量的贷款，那么也就没有银行会在市场上以高出利率上限拆入资金；与此类似，当商业银行的超额储备能以利率下限存入欧洲中央银行，就不会有银行在低于利率下限的水平拆出资金，而在同业市场上出现套利的机会几乎为零。这样，市场的隔夜拆借利率只能是在欧洲中央银行设定的利率走廊之内，而利率市场的上下限实际上就是市场

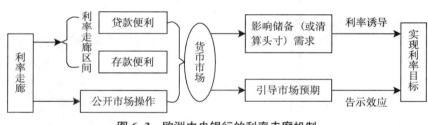

图6-3 欧洲中央银行的利率走廊机制

利率的有效界限。由此可见，在以利率走廊调控为核心的货币政策操作框架中，中央银行可以不再频繁动用公开市场操作这一政策工具来调节市场流动性，从而与美联储的操作达到异曲同工的效果，如表6-2所示。①

　　20世纪80年代末期以来，英国、加拿大、澳大利亚和新西兰等许多西方国家的中央银行都先后取消了对商业银行的法定准备金要求，并实行通货膨胀目标制，但在具体的货币政策操作时也主要是以货币市场利率为操作目标。尽管各国实行了零准备金政策，但各国中央银行都要求商业银行参加统一的实时支付系统并开设清算账户，其作用也就类似于准备金。在支付系统进行日常结算的基础上，中央银行通过给商业银行提供存贷款便利而设定利率操作区间，结合公开市场操作，从而实现政策设定的利率目标。从操作层面上看，零准备金国家的货币政策操作更加类似于欧元区的利率走廊式模式，如图6-4所示。

　　另外，利率走廊区间的大小对引导货币市场利率具有不同的效果。一般来说，利率走廊区间越小，利率引导效果越明显。如在全球金融危机爆发后，欧洲中央银行在2009年5月将利率走廊区间缩小至150个基点，但在此之前很长一段时期欧洲中央银行的利率走廊区间高达200个基点，由此形成的利差也比较大。在市场存贷款利率机会成本较大情况下，商业银行一般不会使用欧洲中央银行的存贷款便利，而且由于在准备金持有期的不同阶段，商业银行储备需求变动较大，再加上较宽的利率走廊区间，欧元区的货币市场利率容易偏离欧央行目标利率，货币市场利率的波动幅度也比较大。由图6-4可见，货币市场利率曾偏离欧洲中央银行的目标利率近100个基点（1999年10月高于当时2.5%的目标利率87.6个基点，2009年2月低于当时2%目标利率94.5个基点）。与欧洲中央银行相比，图6-5表明，澳大利亚等利率走廊区间较窄国家，货币市场利率虽然也可能偏离中央银行目标利率，但在大部分时期里市场利率与目标利率几乎是一致的。1999年以来，货币市场利率与澳大利亚银行目标利率最大偏离不过4个基点（1999年1月）。

　　需要指出的是，公开市场操作模式与利率走廊模式实际上是相辅相成的，二者并不存在严格的划分。例如，美联储实际上也存在一个利率走廊

---

① 如2002年新西兰储备银行的公开市场操作规模仅为1999年采用利率走廊调控模式之初的十分之一，目前新西兰储备银行已经很少进行市场干预，参见www.rbnz.govt.nz/statistics/govfin/d3/data.html。

表6-2 主要发达国家中央银行基准利率、利率操作目标及公开市场操作情况

国家	中央银行基准利率	利率操作目标	利率走廊区间	准备金要求	主要公开市场操作手段	主要操作期限	公开市场操作频率
澳大利亚	资金目标利率	同业市场无担保隔夜拆借利率	±25BP	无	回购	隔夜至1年	每天操作
巴西	基准利率	同业市场有担保隔夜拆借利率	±80BP	有，4%~42%	回购	短期：1~30个工作日；长期：5个月和7个月	短期每天操作；长期每周1次
加拿大	隔夜利率目标	同业市场有担保的隔夜利率	±25BP	无	与做市商的资金交易及对清算系统LVTS的日终头寸管理	1个工作日	偶尔；通过拍卖分配政府存款，管理清算头寸
欧元区	主要再融资目标利率MRO	无正式目标	±75BP，目前存款利率为零	有，小外币2%	回购或担保信贷	1周	每周1次
印度	回购利率	2011年5月将市场回购利率确定为政策操作目标	(仅有贷款机制)	有，本币6%	LAF（回购）；现券买卖、特定期限回购STRF	STRF一般为14天	每天操作
日本	无担保隔夜拆借利率	同业市场无担保隔夜拆借利率	+20BP -0BP	有，本币0.05%~13%，外币0.15%~0.25%	回购交易和现券买卖、直接购买国债	隔夜至1年（直接购买国债不受期限限制）	每天操作；购买国债1月4次
韩国	基准利率	同业市场无担保隔夜拆借利率	±100BP	有，0~7%	回购	7天	每周1次
瑞典	回购利率	银行间市场隔夜利率	是 ±75BP	否	回购	1周	每周1次
瑞士	三月期瑞士法郎LIBOR利率	三月期瑞士法郎LIBOR利率区间	(仅有贷款机制)	是	回购、固定期限拍卖、外汇掉期	通常1周	每天操作
英国	官方利率	根据自愿协议储备所支付的利率	±25BP	无，2006年5月建立自愿储备	回购	短期：1周；长期：3~12个月	短期每周1次；长期1月1次
美国	联邦基金目标利率	无担保的联邦基金市场隔夜利率	+50BP -0BP	有，0~10%	与做市商回购、购买国债	隔夜至14天	每天操作

注：各国中央银行在不同时期会进行政策调整，本表尽可能反映各国中央银行最近的操作情况。

资料来源：国际清算银行市场委员会，http://www.bis.org/about/factmktc.htm；各国中央银行网站。

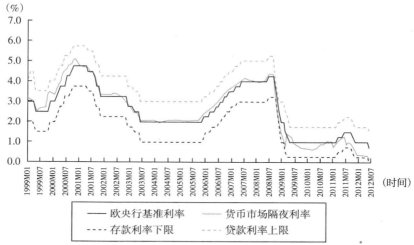

图 6-4　1999~2012 年欧洲中央银行基准利率、货币市场利率和利率走廊区间
资料来源：CEIC 及欧洲中央银行网站，www.ecb.int。

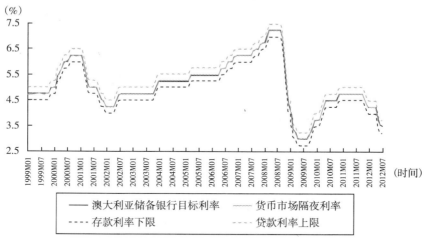

图 6-5　1999~2012 年澳大利亚储备银行基准利率、货币市场利率和利率走廊区间
资料来源：CEIC。

机制。20 世纪 80 年代以来，贴现窗口作用逐步下降，目前仅为央行对银行的紧急融资手段。2003 年，美联储将贴现利率设定高于联邦隔夜拆借利率（即联邦基金利率），由此形成货币市场利率上限，目前该利率为 0.75%。2008 年底，美联储开始向存款类机构的法定和超额准备金付息，目前美联储对超额准备金支付联邦基金目标利率区间上限（即 0.25%），这实际上为商业银行货币市场资金提供了一个利率下限。所以，尽管目前联邦基金目标利率为 0~0.25%，但零利率的可能性不大，美联储的利率走廊为 50 个基点。不过，由于贴现业务较少，利率走廊机制在使用频率和引导利率功能上并不是非常重要。

第四节　全球金融危机以来发达国家货币政策的新变化及其方向

通过基准利率引导货币市场利率，进而影响实体经济利率水平，实现物价稳定及经济增长等货币政策最终目标，需要有一个前提，即中央银行目标利率不能降至零，更不能是负的名义利率，否则利率工具将没有任何下降操作的空间。不过，在经济受到危机冲击陷入萧条时，经济事实上面临着通货紧缩的压力，政策的主要任务是稳定金融市场并刺激经济复苏。基于对 20 世纪 30 年代"大萧条"的经验认识（Friedman 和 Schwartz，1963；Bernanke，1995），尽管名义利率水平可能已经非常低，但实际利率仍然是非常高的，即使是零利率对于萧条时期的经济增长可能也是无能为力的。为此，只能是通过中央银行资产负债表的变化，购买债券膨胀中央银行资产规模，向经济注入大量资金，以此促进经济的稳定和恢复。

为应对 2008 年 9 月爆发的全球金融危机的不利影响，各国中央银行除采取了大幅降低基准利率、加大公开市场投放流动性的力度，缩小贴现窗口贷款利率与基准利率的利差等传统政策手段外，纷纷采取非常规货币措施和创新性手段，促进金融市场和实体经济的复苏。危机爆发后，美联储、英格兰银行迅速将基准利率降至接近零利率水平（0~0.25% 和 0.5%），欧央行也将基准利率降至有史以来的 1% 低点。各国中央银行还通过公开市场操作开展量化宽松政策，美联储、英格兰银行和欧央行先后推出购买中长期债券计划并多次提高购买总量，并引入很多创新工具扩大中央银行购买资产的范围（如美联储引入了短期拍卖工具、商业票据工具、抵押贷款支持债券、定期资产支持证券贷款工具，等等），中央银行资产负债表急剧膨胀。例如，2008 年末联储资产总额已是年初的两倍多，而 2008 年初联储的资产总规模仅比 2007 年初增加了 0.47 亿美元。

应该看到，金融危机后各国货币政策主要以应对金融危机为主要目标，并不是常态政策模式，一旦形势好转就将退出并回归正常机制。特别是，日本在 20 世纪 90 年代末期开始长期实行零利率政策但经济仍然未走出"失去十年"泥潭的经验，即使日本中央银行购买了规模庞大的政府债券，也无法改变经济停滞的局面。因此，各国对危机救助时期的非常规货币政策的退出问题都保持着比较清醒的认识，而随着经济的好转和通胀压力的逐步显现，各国也开启了向正常时期货币政策回归的实际步伐。具体而言，可以分为三个阶段：自动退出阶段、主动退出阶段和全面退出阶段。

当货币市场形势逐步稳定，融资功能恢复后，部分非常规货币政策工具使用频率将不断下降并终止，实现自动退出。例如，金融危机全面爆发后，美联储为稳定金融市场和刺激复苏而创新的短期拍卖贷款、商业票据计划、向危机机构的贷款支持、中央银行货币互换以及其他贷款资产迅速增加，2008 年末其规模高达 1 万多亿美元，但随着这类资产期限的到期，其规模自然而然地下降，2009 年末其余额较 2008 年末缩减了 7500 多亿美元，而到 2010 年末余额则几乎为零。随着经济的好转和金融市场向实体经济融资功能的恢复，通胀压力开始显现出来，各国中央银行开始主动采取退出策略。例如，作为规模较大的发达国家澳大利亚早在 2009 年 10 月率先加息后，挪威、加拿大等国纷纷加入升息队伍，甚至饱受主权债务危机困扰的欧央行也于 2011 年 4 月和 7 月分别将基准利率提高了 25 个基点，只是由于欧债危机在 2011 年 4 季度出现恶化，才不得不将基准利率重新下调。随着经济及就业情况完全恢复，各国中央银行货币政策将全面恢复到正常时期，完全停止各种创新性非常规操作工具，缩减资产规模，并根据通胀形势将基准利率提高到正常水平，从而实现各项危机救助政策的全面退出和货币政策的全面正常化。

第五节　发达国家货币政策操作转型对我国的启示

通过对发达国家货币政策转型过程的简要回顾可以发现，尽管货币政策操作工具并没有任何实质性的新变化，但不同的操作方式取得了不同的政策效果。显然，规则操作要优于相机抉择的逆周期货币政策。货币政策制定必须考虑市场预期的因素，采取前瞻性的政策操作，只有这样才能够更好地引导市场预期，顺利实现货币政策的最终目标。通过以上分析，至少可以得到以下两点启示：

一、在既定的最终目标下，货币政策操作必须遵循一定的规则

在决策时充分考虑市场预期的因素，积极与公众进行沟通协调，加强政策的前瞻性、透明性与可靠性，从而更好地实现货币政策最终目标。[①]在 20 世纪 70 年代初，虽然通过公开市场操作，美联储同样能够引导货币市场利率，但由于采取相机抉择的政策方式，决策往往具有滞后性。很多情况下联储为了经济增长更偏好于市场利率稳定，利率调整跟不上市场的步伐，利率政策实际上是顺周期的。当经济扩张时，市场利率升高超过了目标水平，美联储通过公开市场操作购买债券引导市场利率下降，但是这反而使基础货币增加，从而进一步加大物价上涨压力。在泰勒规则下，通过利率期限结构的变化，中央银行及时了解市场有关利率、通货膨胀和经济增长的预期，并根据市场的通货膨胀预期的变化及潜在产出的关系进行利率决策，从而很好地引导市场预期，顺利实现政策目标。

事实上，规则操作不仅仅是在利率政策操作上非常重要，而且在以钉住货币供应量的操作模式中也同样非常重要。以德国和瑞士为例，作为钉住货币供应量最为成功的两个国家，之所以能够取得成功，主要得益于两国货币政策都主要关注长期经济问题和控制通货膨胀，采用钉住货币的策略主要是作为货币政策与公众进行沟通的重要策略手段（Mishkin，2002），货币目标决策过程中的透明度、清晰性、一致性与目标实现本身同等重要（Bernanke 和 Mishkin，1992）。尽管从历史上看，德国货币供应量偏离目标的情况占 40%左右，但在这些偏离的年份货币政策的最终目标（通货膨胀）得到了很好的实现，这实际上隐含着德国中央银行在采用直接钉住最终目标的货币政策规则方式。

---

① 尽管所有国家的中央银行都明确将通货膨胀作为货币政策最主要的目标，但事实上经济增长也是很多中央银行考虑的主要目标（如美联储），这一点在最近的全球金融危机中表现得非常明显。

二、价格型目标和工具往往要优于数量型目标和工具

　　尽管 Poole（1970）在其经典文献中，通过标准的 IS–LM 分析对以货币数量为目标还是以利率为目标的优劣进行了分析，认为利率或货币供应量哪个更适合作为中介目标实际上取决于一国经济波动的特定结构以及经济波动的具体来源。如果冲击主要来自于货币需求，那么钉住利率可以更好地稳定产出；如果冲击主要来自商品市场等实体经济，那么钉住货币更为可取。但是，当货币供给波动幅度超出历史水平时，Poole 的分析就明显不适用了（Fischer，1992），20 世纪 70 年代以来发达国家钉住货币供应量的实践恰恰表明了这一点。由于金融创新，货币的定义日趋模糊，货币存量与经济增长的关系越来越不稳定，中央银行也越来越难以有效控制货币，因此从可测性、相关性及可控性这三个评判货币政策中介目标的标准来说（米什金，1998），货币供应量都难以满足实际政策操作的需要。以美国为例，无论是 20 世纪 70 年代之前的"自由储备"，还是其后的钉住货币供应量，都属于数量型目标，但政策效果都并不理想。20 世纪 90 年代以来，以利率作为目标则取得了良好的效果。

　　就货币政策工具而言，可根据其影响经济运行的方式分为数量型工具和价格型工具两大类。数量型工具主要包括调控数量（基础货币）的存款准备金率、公开市场操作、再贷款和再贴现等；价格型工具主要包括调控价格的利率、汇率等。数量型工具主要以基础货币作为着眼点，通过调节货币供应总量对经济产生影响。数量型工具调控要求经济变量之间的关系是稳定的，即避免出现"卢卡斯批判"的情况，但数量调整不可避免地影响到价格，容易引发价格扭曲，不利于经济的平稳运行。价格型工具主要通过影响经济主体的财务成本和收入预期，根据宏观经济信号来调整自身行为，这样有利于将宏观调控的负面影响降到最低。同时，由市场决定的利率本身包含反映结构性问题的风险溢价，从而有利于建立优胜劣汰的竞争机制，优化资源配置，促进结构调整，实现经济均衡发展。

　　市场经济的核心是价格机制，只有价格充分发挥作用才能实现资源的有效配置。从这个意义上说，价格型工具要优于数量型工具。从发达国家货币政策的演变来看，随着金融市场容量的扩大、市场主体的扩充以及市场均衡的相对稳定，货币政策工具的选用都出现从侧重数量型向侧重价格

型工具转变，由以数量调控为主逐渐转向以价格调控为主。以存款准备金政策为例，即使是在 20 世纪 80 年代之前，与贴现率相比，美联储调整存款准备金要求的次数相对较少，[①] 而且为了减轻商业银行的负担，还实行了允许商业银行以库存现金作为准备金等方面的改革。如今很多国家都取消了存款准备金要求，虽然欧美等国还没有最终放弃法定存款准备金制度，但基本上不把它当作一项政策工具来使用。

第六节　本章小结

本章首先考察第二次世界大战以来发达国家货币政策演进过程，特别是对以利率为中介目标到 20 世纪 70 年代以货币供应量为中介目标再到 20 世纪 90 年代重新以利率为中介目标的货币政策变迁过程，进行了详细的分析，并总结了当前发达国家以短期货币市场利率为目标的货币政策调控模式（以美联储为代表的公开市场操作为主的模式和以欧央行为代表的利率走廊模式）。通过对发达国家货币政策转型过程的分析可以发现，规则操作要优于相机抉择的逆周期货币政策，价格型目标和工具往往要优于数量型目标和工具。货币政策制定必须考虑市场预期的因素，采取前瞻性的政策操作，充分发挥价格工具的作用，只有这样才能够更好地引导市场预期，顺利实现货币政策的最终目标，这对完善我国货币政策操作具有非常重要的启示性作用。

---

① 美联储的准备金政策比较复杂，"20 世纪 70 年代之前是按照城市和乡村的地理区域来分别征收准备金的；之后仅按照存款的不同性质和金额来征收准备金。但随着货币政策转型以及 20 世纪 80 年代以来对商业银行资本充足度的监管要求加强了商业银行的审慎经营并限制了其扩张能力，准备金政策已经不作为主要的货币政策工具了"。有关美联储准备金政策的情况，参见 http: //www.federalreserve.gov/monetarypolicy/reservereq.htm。

第七章 走向间接调控的中国货币政策及其挑战

在改革开放前的很长一段时期，计划和财政是我国资源分配和经济调控的主要手段，金融资源的配置和资金价格都被人为给定，金融部门资金融通和资源配置等基本功能完全丧失，银行只是作为社会的现金出纳部门而存在。这样的安排非常方便对国有企业间的转账行为进行控制，因此计划经济时代的金融部门实际上更多地起到了为工业化提供节约监督成本的功能（易纲，2003；张杰，1998）。可以说，在计划经济时期我国并不存在真正意义上的金融部门和货币调控。1984年1月，中国人民银行正式履行中央银行职能，金融和货币政策调控被提到了议事日程。随着经济金融的发展和市场经济制度的逐步完善，对中央银行在货币政策最终目标、中介目标及操作手段等方面的认识逐步深入。

在货币政策最终目标上，我国在20世纪80年代中期提出"发展经济、稳定货币，提高社会经济效益"的双重目标，并在20世纪90年代向更加注重价格稳定的单一目标转变。1993年，我国首次提出"保持货币的稳定，并以此促进经济增长"，并于1995年颁布了《中国人民银行法》，在法律上予以确认（张晓慧，2008）。我国货币政策最终目标的表述基本上与发达国家中央银行是一致的，说明宏观决策当局和中央银行对于货币政策在市场经济中应当且能够发挥什么样的作用，有着明确的认识。货币政策对经济发展的贡献主要在于创造一个良好的货币环境，金融宏观调控需在维护价格稳定的前提下，促进经济发展和就业增长。在货币政策中介目标上，受长期计划经济的影响，20世纪90年代中期之前我国货币政策主要采用直接调控模式，实行现金发行和信贷规模管理制度，并以此作为货币政策的中介目标。随着经济金融的发展，我国逐步缩小了信贷控制的规模，着手开展货币供应量的统计分析和研究。1994年，中国人民银行开始对外发布货币供应量，并于 1996 年正式将其作为货币政策中介目标，[①]现金发行不再作为货币信贷计划中的控制指标，仅作为监测货币信贷形势的一个辅助性指标。在 1998 年取消信贷规模管理制度后，商业银行信贷实行存贷比例管理，并按年（季）下达指导性计划。通常情况下，信贷总量指标仅作为日常监测的指标。但随着经济形势的变化，2007 年第四季度以来，人民币新增信贷规模一度重新成为货币政策重要的操作目标和中介目标。[②] 在货币政策操作目标和手段上，在直接调控为主时期，信贷规模和现金发行是主要的操作目标，而信贷资金计划、再贷款和再贴现则是主要的操作手段。1998 年我国正式取消信贷规模管理制度并重新开启人民币公开市场操作，货币政策由直接调控为主向间接调控为主转变，商业银行的超额准备金率和货币市场利率成为主要的操作目标。随着金融风险意识的提高、金融监管的加强和金融体系流动性过剩问题日益突出，再贷款和再贴现的作用下降，公开市场操作、准备金率及存贷款基准利率调整成为主要的货币政策调控手段。

总的来说，我国货币政策调控经历了从无到有逐步完善的过程。在调控方式上，正由直接调控为主向完全间接调控方式过渡；在操作手段上，由以数量型工具为主向进一步发挥价格型工具作用的方向转变。货币政策为确保我国币值稳定和经济平稳健康发展发挥了应有的积极作用。但客观地看，当前的货币调控正面临着日益严峻的挑战，这与我国经济金融的发展和货币调控模式的演进过程密不可分。

第一节　1984 年以前"大一统"银行体制下我国货币调控模式

在 1984 年中国人民银行正式履行中央银行职能之前，与计划经济体制相配套，我国实行的是"大一统"的银行体制。在那个时期，没有中央银行和商业银行的区别，甚至在很长一段时期内社会上只有人民银行一家

① 《货币供应量和货币流动性的比例》，《中国人民银行 2002 年第三季度货币政策执行报告》。
② 盛松成：《社会融资总量的内涵及实践意义》，中国人民银行，www.pbc.gov.cn，2011 年 2 月 17 日。

金融机构，即使有其他的金融机构，也可以视为人民银行的分支。中国人民银行一方面要经营商业银行业务，吸收存款、发放贷款；同时还担负着货币发行和信贷管理的任务。根据资产负债表：资产＝负债＋所有者权益，负债包括存款和现金发行，资产主要为贷款和储备资产。从这样一个简单的关系式来看，贷款减存款应该大致等于现金发行。从整个社会的角度来看，银行的资金运用主要表现为"贷款"，而资金来源则为"存款"和"现金发行"。在完整的社会信贷收支平衡表上可以得到这样的公式，资金运用＝资金来源，即

各项贷款 + 财政借款 + 储备资产（黄金、外汇占款和在国际金融机构资产）＝各项存款+流通中货币 + 债券 + 对国际金融机构负债 + 银行自有资金+其他

1984 年以前，债券资金来源一直为零；在改革开放之前，我国在国际金融机构的资产和对其负债一直为零（直至 1980 年随着参与国际金融机构，才开始增加，两者大致相当且相对极小，最多仅占资金来源与运用的 1.5%）；在 1979 年以前，财政借款也一直为零（与当时事实上没有金融的高度计划体制有关），而其后规模在资金运用最多也仅为 6.5%（1980 年）；黄金占款除新中国成立初期占比较大外（1950 年的 4.04%），其后规模非常之小，甚至在很多年份不足 1%；外汇占款的情况也是如此（占比最高的 1952 年仅为 5.05%），只是改革开放以后略有增加，但最高在资金运用中也不到 6.5%（1982 年）；"其他"项作为调整科目可以忽略不计。[1] 因此，在分析中都可以将这些项目略去，由此得到：

贷款 – 存款 ≈ 流通中的货币 + 银行自有资金

在银行自有资金一定的情况下，新增贷款大于新增存款，公式右边表现为现金净投放；当新增存款大于新增贷款时，公式右边表现为现金净回笼。一般来说，在经济比较繁荣时期，贷款规模增长比较迅速，而要使流通中的货币增加，只有减少银行自有资金，即进行现金净投放；在经济运行比较差的时期，贷款的投放往往不畅，则银行增加自有资金进行现金回笼。这样通过现金发行管理，就可以直接调控现金供应和贷款规模。与之相配套，"存贷款差额"成为监测信贷和资金投放的重要指标，并在 1979~1983年成为中国人民银行信贷管理制度的重要内容（李德、陈颖玫，2004）。因

① 数据来源：《中国金融统计 1952~1996》，中国财政经济出版社，1997 年 12 月。

此，在 1984 年之前，我国并不存在现代意义上的货币政策。

第二节 1984~1997 年以信贷规模管理为主的
直接货币调控阶段

早在 1984 年中国人民银行正式履行中央银行职能之时，我国就着手建立了国际通行的存款准备金制度，使中央银行有效集中了全国的信贷资金，并将其作为信贷控制和结构性调整的一个重要手段。但是，存款准备金制度的建立并不是为了健全货币政策操作工具，而是与当时的中央银行信贷控制的体制特征有着直接联系。这种体制特征从根本上说，就是由中央银行集中专业银行的资金，通过直接贷款或调整再贷款结构等计划分配手段，实现以结构调整为目的的信贷控制，这是与西方国家法定存款准备金制度的最大不同之处。中国人民银行前副行长周正庆（1993）就曾指出："中国的存款准备从一开始设立就着眼于资金结构调整功能……由于准备金率长期不动和存在中央银行再贷款机制，准备金率本身对调控货币供应量的功能并不明显。在准备金率较高的前提下中央银行利用再贷款手段运用这块资金，既有吞吐基础货币的总量功能，又有调剂地区间、部门间资金余缺的结构调整功能，这是我国中央银行职能所决定的，是与西方中央银行所不同的。特别是中国的非银行金融机构存款较多，这些机构不承担政策性贷款任务，并且各家专业银行承担的政策性业务数量也不同。因此，中央银行通过存款准备金集中一部分资金，支持重点建设，调节行际之间存贷款结构不平衡。"可见，存款准备金制度的着眼点是让中国人民银行掌握相当数量的信贷资金并进行结构调整，因此 1984 年规定的准备金率比较高。例如，一般储蓄存款的准备金率高达 40%，农村存款为25%，企业存款为 20%，其他一般存款为零，而财政性存款（机关团体、部队和财政金库的存款）则 100%划缴中国人民银行。这样，中国人民银行大约控制了全国信贷资金的 40%~50%，极大地限制了专业银行的信用创造能力（谢平，1996）。但是，过高的存款准备金率迫使中国人民银行不得不通过再贷款形式把资金返还给专业银行。为了缓解专业银行的资金压力，1985 年中国人民银行将各银行存款准备金统一调整为 10%。不过，应当看到，存款准备金制度建立的着眼点是让中国人民银行掌握相当数量的信贷资金并进行结构调整。虽然为集中资金支持国家重点产业和项目以及抑制当时的经济过热，中国人民银行于 1987 年和 1988 年两次上调存款准备金率，①但由于当时主要采用信贷规模计划管理手段进行直接调控，存款准备金这一间接调控方式并不是货币政策当局主要考虑的手段。存款准备金制度主要是为了更好地实行信贷规模管理，存款准备金率在 1988 年上调至 13% 以后，直至 1998 年都未调整（尽管期间 1993 年前后的经济过热要更甚于 20 世纪 80 年代末期）。

在专门行使中央银行职能后，中国人民银行于 1984 年发布了《信贷资金管理试行办法》，在全国银行实行"统一计划，划分资金，实贷实存，相互融通"的信贷资金管理体制，将各专业银行的信贷资金全部纳入国家综合信贷计划。信贷规模管理制度是源自于"大一统"银行体制下的现金管理思想。在实行存款准备金制度以后，其制度设想是在存款大于当地贷款的资金充足地区，银行会将富余资金以超额准备金的方式回存至中央银行并使其得以进行地区调剂，这对信贷总量还不会产生扩张的压力。这样，信贷规模管理既起到了控制总量的作用，又发挥了调整结构的作用。但是，在实行存款准备制度的初期，由于存款准备金率过高，专业银行为弥补信贷资金不足产生了很大的再贷款倒逼压力。而且，信贷规模管理制度设想需要一个前提，即充裕的资金只能流向中央银行，这在 20 世纪 80 年代还比较符合当时的实际情况，但随着金融市场的发展和金融工具的多样化，②加之地区经济发展不平衡造成的资金收益率差距的扩大，不仅存款多的地区资金没有流出，而且内地资金大量流向沿海发达地区。③结果，存款多的地区（特别是在地方政府的压力下）要求中央银行增加贷款计划规模。对于突破贷款指标的银行，为了保证其正常运行，中央银行也只能相应地追加资金；存款少的地区，由于其仍然拥有贷款计划额度，即使没有存款也照样发放贷款，而中央银行也不得不为其追加再贷款。在这个时期，中央银行的再贷款和再贴现是基础货币投放的主要渠道，如图 7-1 所

---

① 《存款准备金政策》，《中国人民银行 2003 年第三季度货币政策执行报告》。
② 20 世纪 90 年代初期以前，我国金融当局事实上并没有现代意义上的金融监管这一概念，再加上当时对股票等金融产品的认识不足，银行甚至可以直接向股市参与者发放贷款，进一步加大了贷款的压力。
③ 这一点在 20 世纪 90 年代初的开发热中表现得十分明显。

示。由于中央银行无法抑制银行和政府的信贷冲动，信贷规模计划经常被突破，基础货币也不得不被动增长，这给宏观经济稳定埋下了隐患，在一定程度上加剧了1993年前后的经济过热。

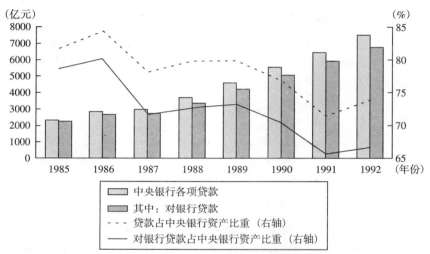

图 7-1　1985~1992 年中国人民银行贷款及其占总资产比重

资料来源：《中国金融年鉴》各期。

第三节　20 世纪 90 年代中期以来走向
间接货币调控阶段

　　由于信贷规模管理制度无法有效控制银行信贷，中国人民银行从20世纪 90 年代初开始尝试由直接调控向间接调控模式转变。在 20 世纪 80年代数次调整之后，1994 年中国人民银行逐步缩小了信贷规模的控制范围，并结合当时的宏观经济整顿，进一步加强了金融调控和金融监管的力度，① 商业银行对中央银行再贷款的压力骤然下降。随着宏观调控各项措

---

① 1993 年 7 月，国家开始对过热的经济进行宏观调控，对混乱的金融秩序进行了严厉的整治，其中一项重要的内容就是清查金融机构的贷款情况。

施效力的逐渐显现，我国经济自 1995 年起开始进入下行轨道，特别是 1997 年东亚金融危机以来，宏观经济形势发生了根本的变化，社会对贷款的需求下降，商业银行对用于放贷的再贷款需求得到了有效抑制；金融管理当局对金融风险的意识明显加强，对金融机构实行了更为严格的监管措施，商业银行的风险意识也有所提高，贷款的冲动也有所下降，因此也降低了对再贷款的需求。[①] 如图 7-2 所示，中央银行对其他存款货币银行债权占其总资产的比重自 20 世纪 90 年代以来迅速下降。目前，再贷款以回收为主，除政策性再贷款（如对资产管理公司、中国农业发展银行发放的再贷款）及金融稳定再贷款（如处置证券类高风险金融机构）外，流动性再贷款数量大大下降。

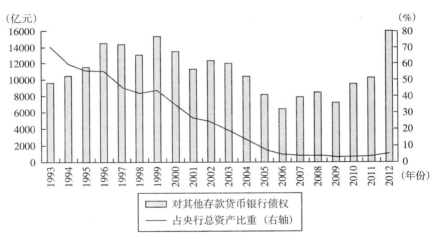

图 7-2　1993~2012 年中国人民银行对其他存款货币银行债权及其占总资产比重
资料来源：《中国人民银行统计季报》各期。

特别是，在当前我国流动性过剩的大背景下，中国人民银行对其他存款性公司债权占总资产的比重迅速下降，2006 年以来这一数据始终在 4% 左右，再贷款用来调节基础货币数量，进行货币政策调控的作用已经大大

[①] 这期间我国金融管理体制发生了根本的改变发挥了非常重要的作用。1995 年，我国颁布了《中国人民银行法》和《商业银行法》，规定中央银行不得直接"对政府财政进行透支，不得直接认购、包销国债和其他政府债券"、"不得向地方政府、各级政府部门提供贷款"，贷存比不得超过 75%，按照巴塞尔协议的要求，商业银行资本充足度应达到 8%。应该说，当前我国的金融业主要框架就是在 20 世纪 90 年代中期建立的，并随着 2003 年国有商业银行股份制改造而不断完善。

下降。目前，新增再贷款主要用于促进信贷结构调整，引导扩大县域和"三农"信贷投放。例如，近两年再贷款主要用于加强地区间再贷款调剂，扩大对西部地区、粮食主产区以及地震灾区等的再贷款限额，至 2010 年末已累计对全国农村信用社发放支农再贷款超过 1.4 万亿元；[1] 2011 年 3 月 31 日，对同时达到新增存款一定比例用于当地贷款、政策考核标准和专项票据兑付后续监测考核标准的 425 个县（市）农村信用社安排增加支农再贷款额度 195.4 亿元。[2]

与再贷款类似，再贴现作为货币政策工具的作用也日益下降。如图 7-3 所示，除受货币市场流动性相对偏紧及加大信贷结构引导等政策性因素的影响 2010 年再贴现规模出现较大增长外，2002 年以来再贴现业务总体上呈现下降趋势，无论是发生额还是年末余额，占央行总资产的比重均不到 1%。目前，再贴现政策主要是用于引导信贷资金投向，促进信贷结构调整。2008 年中国人民银行通过加大再贴现额度方式为雨雪冰冻灾害和地震灾害地区提供了必要的流动性支持，并于当年下发《关于完善再贴现业务管理，支持扩大"三农"和中小企业融资的通知》，要求中国人民银行分支机构适当增加再贴现窗口，扩大再贴现的对象和机构范围，改进完善再贴现管理方式，优先为涉农票据、县域企业及中小金融机构签发、承兑、持有的票据办理再贴现，对促进扩大涉农行业和中小企业融资发挥了积极的引导作用。以 2010 年为例，从投向上看，再贴现总量中涉农票据占 32%，由中小企业签发、持有的票据占 87%。[3]

在金融体制转轨和商业银行再贷款（再贴现）需求下降这一大背景下，中国人民银行于 1998 年初取消了信贷规模管理的直接调控手段，开始实行"计划指导、比例管理、自求平衡、间接调控"的信贷资金管理体制，不再对商业银行进行信贷总量直接控制，而是运用公开市场操作、准备金等多种货币政策工具，调节基础货币，保持信贷规模的合理增长。

1998 年以来，中国人民银行对货币政策工具进行了一系列改革，其中最重要的是充分发挥公开市场操作调整基础货币的作用。1996 年 4 月，中国人民银行启动买卖国债的公开市场业务，但受当时债券市场不发达的

---

① 张晓慧：《国际收支顺差条件下货币政策工具的选择、使用和创新》，www.pbc.gov.cn，2011 年 3 月 24 日。

② 《货币政策执行报告》2011 年第四季度。

③ 《中国人民银行 2010 年第四季度货币政策执行报告》。

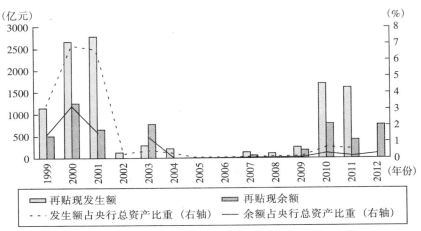

图 7-3　1999~2012 年中国人民银行再贴现发生额及余额

资料来源：《中国人民银行货币政策执行报告》各期；其中，2002 年数据缺失，发生额数据根据 Wind 及《中国人民银行 2003 年第四季度货币政策执行报告》数据估算而得。

影响，1997 年完全停止了公开市场操作。通过大力发展银行间债券市场、推进货币市场和债券市场利率市场化等措施，我国银行间债券市场得到了迅速发展，为中央银行公开市场操作提供了必要的场所。在取消贷款规模控制以后，正式公开市场操作的开展，标志着我国货币政策由直接调控向间接调控方式转变。①

　　与发达国家公开市场操作以引导货币市场利率为目标不同，我国公开市场操作仍然是以数量目标为主，根据金融运行态势和银行体系流动性情况，灵活开展操作，调节商业银行的流动性水平和基础货币供应总量，并相应改变货币市场利率的运行趋势。同时，根据金融机构流动性的变化（主要是根据超额准备金率的变化）及时采取必要的"对冲"操作，确保金融机构的流动性和货币市场利率稳定。公开市场操作已成为中国人民银行货币政策日常操作的重要工具，对于调控货币供应量、调节商业银行流动性水平、引导货币市场利率走势发挥了积极的作用。在 1998~1999 年通货紧缩最为严重的时期，公开市场操作主要以增加基础货币为目标，主要通过逆回购方式增加基础货币共 2600 余亿元，占这两年基础货币增加总

---

① 有关我国公开市场操作的详细情况，可参见《中国的公开市场操作》，《中国人民银行 2011 年第四季度货币政策执行报告》及戴根有（2003）、孙国峰（2003a，b）。

量的 85%。在此之后，虽然部分时期（如 2001 年下半年和 2008 年末至 2009 年上半年）由于经济增长放缓、银行信贷增长缓慢，公开市场操作方向主要是给商业银行合理的流动性支持，但在大部分时期内，由于金融稳定和清理不良资产等需要投放的再贷款增加以及外汇占款的迅速增长，公开市场操作主要以对冲新增基础货币为主。从公开市场操作的工具来看，在 2002 年之前，主要是现券买卖和债券回购业务（包括正回购，货币回笼；逆回购，货币投放）。2002 年下半年以来，随着我国经济逐步走出通货紧缩，经济进入新一轮上升周期，外汇储备和基础货币迅速增长，金融机构流动性问题日益突出。由于中国人民银行持有的政府债券数量相对较少，现券卖断和正回购受央行持有债券资产的限制，因此传统的公开市场操作已无法满足回收市场流动性的需求。为此，中国人民银行于 2003 年 4 月正式推出中央银行票据，作为回收流动性的重要工具。发行央行票据是在保持中央银行资产不变的情况下，通过对央行负债结构的调整以对冲基础货币和商业银行可自由支配用于发放贷款的资金，从而间接控制商业银行的信贷规模和货币增长。央票发行一度成为公开市场操作回收市场流动性的主要手段，并在一定时期内取得了良好的效果。

但是，由于我国外汇体制改革进程相对缓慢，经常项目顺差和 FDI 持续增长，市场长期存在着人民币升值预期，外汇储备增长迅速，使得基础货币被动增长加速，再加上央票滚动到期等因素，通过发行中央银行票据和正回购来对冲流动性的效果越来越差，仅仅依靠公开市场操作已经难以完全保证我国货币政策的独立性。为此，2006 年以来，我国不得不更为频繁地通过存款准备金率和存贷款基准利率调整等其他货币政策工具开展调控。特别是在 2009~2010 年，受市场利率攀升以及到期票据规模巨大的影响，公开市场操作对冲流动性的能力下降，存款准备金的对冲作用甚至超过了公开市场操作。2000 年以来，我国流动性变化情况参见图 7-4。

然而，由于流动性泛滥及为应对 2008 年全球金融危机而采取的扩张性经济政策等原因，我国信贷需求始终呈现旺盛增长的态势，这进一步加剧了资金周转速度，提高了货币乘数，货币供应和人民币贷款增速进一步加快。如图 7-5 所示，2006~2007 年，我国货币乘数月均高达 4.75，2006 年 5 月一度达到最高的 5.18；在各项紧缩性货币政策及全球金融危机的影响下，2008 年货币乘数虽然下降至月均 3.89（这基本上与 2001 年前后水平比较接近），但在各项扩张性政策的作用下，2009 年和 2010 年月均货币

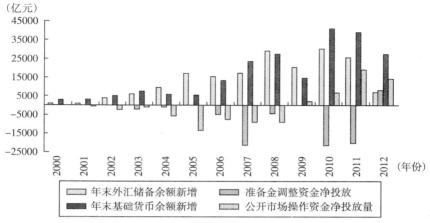

图 7-4 2000~2012 年我国宏观流动性变化情况

资料来源：Wind、《中国人民银行统计季报》各期；正数表示资金净投放，负数表示资金净回笼；准备金调整资金净投放量通过期末存款余额与准备金率变化估算而得。

乘数又重新上升至 4.3 以上，人民币贷款和 M2 同比增速一度分别高达近 35% 和 30%，这是最近十多年来前所未有的。传统的公开市场操作、准备金和利率等间接货币政策工具的调控效果越来越不明显，我国不得不重新启用信贷规模控制手段。早在 2007 年 4 季度，货币政策当局和金融监管部门就强调信贷规模控制的重要性，在 2008 年 1 月召开的中国人民银行年度工作会议上，将严格控制货币信贷增长放在首位，[1] 明确 2008 年年新增贷款规模不应超过上一年（即新增贷款的总量在 3.6 万亿元左右），并要严格把握信贷投放节奏，按季均衡控制信贷投放比例。在各项传统紧缩性货币政策和信贷规模控制的非常规政策的作用下，2008 年我国信贷和货币增长逐步合理回落。但是，2008 年 9 月全球金融危机的爆发打乱了我国经济金融自发调整的进程，宏观经济和货币政策在 2008 年第四季度进行了 180° 的大调整，包括产业振兴、区域经济战略规划、财政投入、货币信贷扩张等各项前所未有的大规模刺激政策替代了原有的紧缩性政策。我国经济在 2009 年年中迅速反弹复苏。2009 年人民币新增贷款高达 9.5 万亿元，比前两年的总和还要多 1 万亿元，股票和房地产价格迅速上涨，资产泡沫风险加剧，物价重新持续上升，市场通货膨胀预期强烈。为此，

---

① 《信贷"从紧"》，《财经》，2008 年第 1 期。

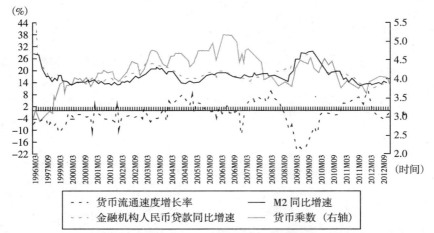

图 7-5 1999~2012 年我国货币乘数、货币流通速度增长率和人民币贷款余额同比增速

    注：货币流通速度根据交易方程式计算而得，以工业增加值当月同比增速替代经济增速，2007
年以后 1 月、2 月当月增速为 1~2 月同比增速。
    资料来源：Wind、《中国人民银行统计季报》各期。

2010 年对人民币新增贷款规模开展了新一轮的直接控制，明确当年新增
人民币贷款规模 7.5 万亿元左右。[①]

第四节　当前间接货币调控的典型性特征

    在取消信贷规模控制并以公开市场操作、准备金和基准利率调整为主
要手段开展间接货币政策调控整整 10 年之后，货币政策又重回信贷规模
直接控制的老路，这不能不说是我国货币政策和市场经济宏观管理的一次
倒退。之所以出现这一局面，主要是传统的间接货币政策手段无法有效实
现货币政策目标（无论是中间目标，还是最终目标），因此不得不求助于
有悖市场经济原则的具有强烈计划经济特征的信贷规模直接控制手段，这
与构建完善的市场经济制度的要求相去甚远。虽然从人均角度来说我国仍
属于中低收入国家，仍处于各项制度不断完善过程中的特定转轨阶段，但

---

① 《2010 年政府工作报告》，www.gov.cn。

作为经济活动总量已经是全球第二的超大规模经济体，在改革开放 30 多年和明确建立市场经济 20 年的当下，有必要对货币政策出现的这种转向进行必要的反思。结合对发达国家货币政策变迁的分析，可以发现当前我国间接货币调控具有以下三方面的典型性特征。

一、货币政策并未根据物价稳定的最终目标开展规则性操作，对市场预期重视不够，缺乏必要的透明性和前瞻性

虽然《中国人民银行法》明确规定货币政策的最终目标是"保持币值稳定，并以此促进经济增长"，但从政策的实际效果来看，我国似乎更加偏好于经济增长目标。以利率政策周期为例，2002 年下半年我国开始步入新一轮经济上升周期后，直到 2004 年 10 月才首次加息，2006 年才真正步入加息通道，但 2008 年全球金融危机冲击下为了保增长迅速将人民币存贷款基准利率降至 2004 年的水平。再如，尽管我国经济率先于全球其他国家复苏，并在 2010 年初面临较强的通货膨胀预期压力，货币政策在 2009 年第三季度开始通过公开市场操作进行"动态微调"，并在 2010 年上半年连续 3 次提高存款准备金率，但 2009 年底爆发并于 2010 年第二季度达到高峰的欧洲主权债务危机以及 2010 年 4 月的房地产调控打断了货币政策向稳健方向调整的步伐。直到 2010 年下半年通货膨胀形势日益严峻、居民消费价格指数持续上升并达到 28 个月以来的最高点时（2010 年 11 月的 5.1%），控制通货膨胀才成为各方面的基本共识。

应该说，近年来我国货币政策当局和各宏观调控部门逐渐意识到了市场预期和预期引导的重要性。早在《中国人民银行 2007 年第二季度货币政策执行报告》就明确提出"保持必要的调控力度，努力维护稳定的货币金融环境，控制通货膨胀预期，保持物价基本稳定"，这是货币政策当局首度提出将通货膨胀预期管理作为实现保持通胀稳定的重要政策目标和手段。2009 年 10 月下旬召开的国务院常务会议指出近期宏观调控的主要任务是保增长、调结构与管理好通货膨胀预期，这是中央层面第一次首次提出"管理好通货膨胀预期"问题。在此之后，12 月初中央经济工作会议再次将处理好保持经济平稳较快发展、调整经济结构与管理好通胀预期的关系，并将其纳入到 2010 年经济工作的主要任务。但是，在具体的政策

操作中，对市场预期重视不够，引导预期不力。一个最明显的例子是，在2009 年第二季度我国经济强劲反弹并在 2010 年初得到确立而一年期存款实际利率已经持续为负的时候，尽管金融市场对通货膨胀和紧缩性货币政策（如加息和提高准备金率）已经产生了较强的预期，但货币政策基调在2010 年三季度之前仍然是"适度宽松"，除公开市场操作外并未采取任何其他紧缩性政策，这给市场预期带来了不必要的困扰。

另外，虽然最近两年中央银行在货币政策操作的透明度和前瞻性方面已经取得了一定的进展（如定期通过货币政策执行报告传递货币政策意图，发布货币政策委员会会议消息，不定期发表领导讲话及观点文章等），但在操作上仍未形成与市场预期相符的操作规则。迄今为止，除公开市场操作外（每周二、周四两次操作），我国仍未形成有规则性的货币决策和操作，市场总是在不断预期政策调整中与中央银行进行博弈，而货币政策当局似乎也更加乐于出乎市场预期的政策调整。[1] 例如，在市场传闻年内不会加息的情况下，[2] 2010 年 10 月的突然加息和之后短短两周之内连续两次提高存款准备金率。但是，显然这种带有强烈机会主义色彩的政策操作在长期来看难以取得理想的效果 [Barro 和 Gordon（1983）就已经证明这是一个次优的选择]。例如，在 2010 年春节假期前一天突然提高存款准备金率以后，2011 年春节假期最后一天的加息政策就被很多市场参与者预期到了。[3]

二、货币政策仍以数量目标为主，更加重视使用数量型货币政策工具

虽然当前货币政策的操作目标考虑到了货币市场利率，但利率操作目标主要是为了保持货币市场利率稳定，并更好地实现货币供应量或信贷规

---

[1] 《货币政策：既要"透明"又要"出其不意"》，《上海证券报》，2007 年 8 月 22 日。

[2] 2010 年 10 月中旬，有媒体报告中国人民银行行长周小川在华盛顿参加国际货币基金组织（IMF）和世界银行年会时表示，年内中国不会加息（《周小川：中国年内不加息》，《国际金融报》2010 年10 月 12 日，http: //paper.people.com.cn/gjjrb/html/2010-10/12/content_641731.htm?div=-1)，但这一消息始终未得到中国人民银行或其他有关部门的任何澄清。

[3] 参见《实施稳健货币政策的必要步骤》，中信证券宏观分析报告，2011 年 1 月 17 日（http: //www.microbell.com/UpFile/2011_1/2011117141014771.pdf）；《中信证券诸建芳：春节前后可能加息》，21世纪网 2011 年 1 月 20 日（http: //www.21cbh.com/HTML/2011-1-20/zMMDAwMDIxNzUzMw.html)；《战通胀》，《经济观察报》2011 年 2 月 14 日。

模等货币政策中介目标。当前货币政策仍然主要以数量目标为主，在实际操作中也更多地依赖以基础货币和金融机构超额准备金率为目标的公开市场操作、存款准备金率等数量型政策工具。应该看到，数量型工具和价格型工具之间也有一个相互作用的过程，当数量没有处于合理区间时，价格传导机制就会出现问题；同样，不考虑价格因素，就会影响数量型工具的效率。因此，中国人民银行在实行间接货币政策调控之初，在充分发挥数量型工具作用的同时，十分重视价格型工具的作用，通过加快利率市场化步伐等举措逐步增加价格型工具的运用，减少对数量型工具的依赖（周小川，2006）。

但是，从近年来我国政策操作的实践来看，货币政策当局更加偏好（重视，或者是不得不）使用数量型工具实现政策目标。如图 7-6 所示，从政策调整的频率来看，在 2006~2010 年，我国共调整存款准备金率 29 次（其中 25 次为上调），而仅 13 次调整人民币存款基准利率（其中 9 次为上调），15 次调整人民币贷款基准利率（其中 10 次为上调）。2011 年，为应对严峻的物价上涨压力，央行先后 6 次上调存款准备金率，仅 3 次上调基准利率。但在此之前的 21 年间（1985~2005 年），我国仅对存款准备金率和存贷款基准利率进行了 7 次和 17 次调整。从政策调整的顺序来看，当宏观经济出现过热苗头，需要采取紧缩性政策时，我国一般首先通过公

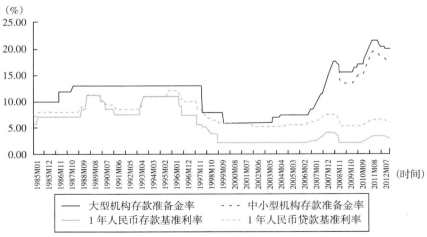

图 7-6 1985~2012 年我国金融机构人民币存款准备金率和存贷款基准利率
资料来源：Wind。

开市场操作对冲市场过多的流动性，再提高准备金；只有在数量型工具操作没有收到预期效果时，才采用提高利率的政策。以最近两轮政策调整周期为例，2002年下半年我国逐步走出通货紧缩的阴影步入新一轮经济上升周期时，中国人民银行首先扩大公开市场操作力度，2002年公开市场操作货币净回笼规模较上一年扩大了一倍多，于当年9月将当时公开市场操作未到期的19只总量为1937.5亿元的正回购转换为中央银行票据，并在2003年4月正式发行中央银行票据对冲市场流动性。① 在摆脱"非典"冲击后，为应对经济过热和通货膨胀，2003年9月和2004年4月两次提高存款准备金率150个基点，但直到2004年10月才上调存贷款基准利率。2009年二季度我国经济开始走出全球金融危机阴影并强劲复苏后，中国人民银行也于当年7月开始通过公开市场操作进行"动态微调"，并在2010年上半年3次上调存款准备金率150个基点后，于当年10月上调存贷款基准利率。从政策调整的幅度来看，数量型工具的调整幅度要明显大于价格型工具，我国存款准备金率由2003年前最低的6%上升至最高时的21.5%，而一年期存贷款利率的调整幅度则仅为216个基点。

三、与发达国家相比，我国并未充分发挥利率、汇率等价格型工具在货币政策操作中应发挥的重要作用

这一点可以从2000~2010年各国宏观经济变化与政策调整的比较中看出。虽然2008年全球金融危机爆发以来，美、英等国不得不采用"量化宽松"的货币政策，但这仅是作为"准零利率"条件下为应对危机而采取的临时性政策。在经济正常时期，各国主要以短期利率调整为主。从基准利率调整幅度来看，美联储联邦基金目标利率最高达到6.5%，最低是最近的0~0.25%目标区间，最高基准利率和最低基准利率之间的变动幅度达到6.25%；欧元区和英国的最高和最低基准利率之间的变动幅度也分别达到3.75%和5.5%；而我国仅为2.16%。

从同时期的CPI、GDP等主要宏观经济指标的变动情况来看，如图7-7所示，美国CPI数据最高值为5.6%（2008年7月），最低值为-2.1%（2009年7月），极值均为危机时期数据，波动幅度达到7.7%，波动方差

---

① 《中央银行票据》，《中国人民银行2003年第二季度货币政策执行报告》。

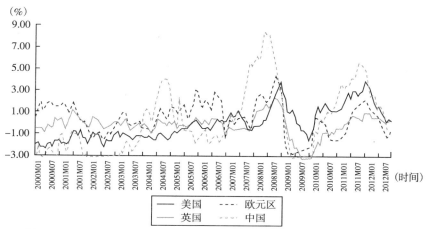

图 7-7　2000~2012 年中国和美国、欧元区、英国当月同比 CPI 变动情况
资料来源：Wind。

为 1.77，若只考虑金融危机前的数据（2008 年 9 月之前），波动方差仅为
0.95；欧元区 CPI 数据最高值为 4%（2008 年 6 月、7 月），最低值为-0.6%
（2009 年 7 月），波动幅度达到 4.6%，波动方差为 0.56，危机前波动方差
为 0.26；英国 CPI 数据最高值为 5.2%（2008 年 9 月），最低值为-2.1%
（2000 年 4 月、5 月、8 月），波动幅度达到 7.3%，波动方差为 1.27，危机
前波动方差为 0.72；中国同期 CPI 最大值为 8.7%（2008 年 2 月），最小值
为-1.8%（2009 年 7 月），波动幅度为 10.5%，波动方差为 5.83，危机前
波动方差达到 5.94。无论是金融危机前还是整个考察时间段里，CPI 波动
幅度和波动方差均远高于欧美发达国家水平。在经济增长方面，如图 7-8
所示，2000 年第一季度至全球金融危机爆发前的 2008 年第三季度期间，
美国、欧元区和英国的当季 GDP 同比增长最高分别为 5.38%、5% 和
4.55%，最低分别为-0.34%、0.1% 和-0.4%，其方差分别为 1.52、1.23 和
1.83；同期我国 GDP 季度同比增长最高和最低值则分别为 15% 和 6.9%，
方差则高达 4.11。显然，我国宏观经济波动较发达国家更大，但无论是基
准利率的操作频率还是调整力度都较发达国家更低。

　　从名义基准利率水平来看，长期以来我国利率水平较低，实际负利率
情况较多。欧美国家央行的基准利率实际上是针对货币市场的具有批发性
质的隔夜利率，通过货币市场利率传导至商业银行信贷利率水平要更高。
与之相比，2000 年以来，我国一年期贷款基准利率最高仅为 7.47%，如果

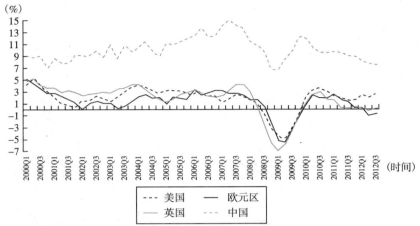

图 7-8　2000~2012 年中国和美国、欧元区、英国当季同比 GDP 变动情况

资料来源：Wind。

下浮 10%仅为 6.72%，这仅比 2000 年 5 月至 12 月的美国联邦基金利率和英国 2000 年 2 月至 2001 年 2 月的短期回购利率高 22 个基点和 72 个基点。存款基准利率也长期处于低位。考察 2000 年以来按时间加权的月度实际存款基准利率（一年期），如图 7-9 所示，在很大一部分时间里，一年期存款的实际利率都是负的。

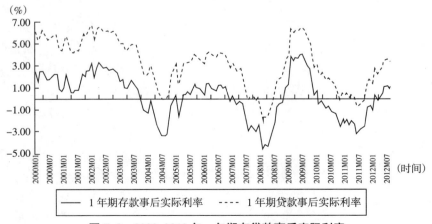

图 7-9　2000~2012 年一年期存贷款事后实际利率

注：2004 年 10 月以后贷款利率按基准利率下浮 0.9 倍计算。

资料来源：Wind。

在汇率变化方面，欧美等国早已实行汇率自由浮动，是由市场自由决定的，汇率的变化能够灵活充分发挥价格杠杆的作用。以美元与欧元为例，自欧元诞生以来，美元兑欧元汇率最高时达 1.173EUR/USD，最低则为 0.6346EUR/USD，而人民币汇率形成机制自 2005 年 7 月开始改革以来，人民币兑美元仅由 8.2765RMB/USD 逐步升值至 6.3RMB/USD 附近。目前，我国仍未完全实现资本账户可兑换。虽然人民币汇率弹性有所增加，但在汇率机制方面仍延续了小幅缓慢升值的策略，这不利于消除人民币升值预期和市场均衡汇率水平的形成，汇率作为货币对外价格的作用被严重扭曲。还有一个非常有意思的现象是，虽然美元/欧元汇率由市场决定，汇率上下幅度较大，但汇率波动水平却反而更低。1999 年以来，美元兑欧元汇率波动的方差仅为 0.021，但人民币兑美元汇率的方差则高达 0.572；即使是 2005 年 7 月以来，美元兑欧元汇率波动的方差其至仅为 0.0027，但人民币兑美元汇率的方差仍然高达 0.379。从汇率稳定性角度来讲，由市场决定的自由浮动汇率似乎也要优于人为干预决定的汇率。汇率变化情况如图 7-10 所示。

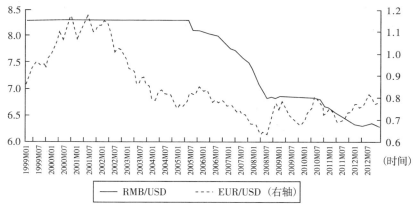

图 7-16　1999~2012 年美元与欧元、美元与人民币月均汇率水平

资料来源：CEIC。

第五节　当前货币调控面临的挑战

　　应当看到，由于我国市场经济，特别是金融市场的发育程度不高，金

融要素价格市场化（利率及汇率）进程相对缓慢，大量经验研究表明，我国货币政策仍主要以信贷传导渠道为主，利率传导渠道并不顺畅（蒋瑛琨、刘艳武、赵振全，2005，等等），因此我国货币政策以数量型目标和工具为主是有其合理性的。但是，在具体的政策实践中，一味强调数量目标容易引发对微观经济主体行为的干预（如中央银行票据的定向增发、惩罚性的差额准备金政策），带来行政干预的"一刀切"和急刹车等副作用，造成宏观经济的大起大落。以数量为目标并依赖数量型工具的货币政策调控，不可避免地面临着日益严峻的挑战。

一、数量型中介目标的可控性并不理想

判断货币政策中介目标的标准主要是可控性、与最终目标的相关性及可测性（米什金，1998）。本书第六章的国际经验分析及我国的实践都表明，货币供应量作为货币政策中介目标的效果并不尽如人意。货币供应量作为中介目标需要一个前提，即货币乘数及货币流通速度在长期内至少是稳定的。但是，由于金融创新的发展、经济结构的变化以及支付清算系统的改进等原因，传统的货币乘数理论面临巨大的挑战（周莉萍，2011），发达国家20世纪70年代以来的经验及我国的实践也都表明了这一点（从图7-5也可以发现，我国货币乘数并不是稳定的）。在当前我国特定的汇率制度安排及金融体制改革的大背景下，货币往往是内生的，中央银行无法有效控制基础货币的增长，难以实现既定的货币数量目标。无论是信贷规模管理为主的直接货币调控阶段，还是1998年以后以公开市场操作、准备金率等为主的间接货币调控阶段，都未能很好地实现货币供应量的中介目标。由表7-1可见，除1999年M2实际值落在政策目标区间外，其他年份均未实现预定政策目标，而且M1与目标值之差基本上都在1%以上，甚至与目标值相差5个百分点以上（1994年和1998年）；尽管有的年份M2增长率与目标值相差不到1%，但2009年以来货币供应量与目标值相差甚远，一度偏离10%以上。作为参考性指标的现金净投放实际值也往往偏离预定目标。虽然大部分年份内新增贷款仅作为指导性目标，但在完全进行信贷规模控制的2010年，在经济强劲增长带动下无法有效抑制信贷冲动，当年新增贷款仍超过目标值近5000亿元。

表 7-1　我国数量型货币政策中介目标及其实际情况

年份	现金（M0）净投放（亿元）		M1（%）		M2（%）		新增贷款（万元）	
	目标值	实际值	目标值	实际值	目标值	实际值	目标值	实际值
1994	n.a.	1423.9	21	26.2	24	34.5	n.a.	0.7
1995	n.a.	596.7	21~23	16.8	23~25	29.5	n.a.	1.06
1996	n.a.	916.7	18	18.9	25	25.3	n.a.	1.06
1997	n.a.	1375.61	18	16.5	23	17.3	n.a.	1.38
1998	n.a.	1026.59	17	11.9	16~18	15.3	n.a.	1.16
1999	n.a.	2251.80	14	17.7	14~15	14.7	n.a.	0.72
2000	n.a.	1196.65	14	16	14	12.3	n.a.	0.56
2001	1500 以内	1036	15~16	12.7	13~14	14.4	1.3	1.29
2002	1500 以内	1589.6	13	16.8	13	16.8	1.3	1.85
2003	1500	2467.8	16	18.7	16	19.6	1.8	2.77
2004	n.a.	1722.26	17	13.6	17	14.6	2.6	2.26
2005	n.a.	2564.33	15	11.8	15	17.6	2.5	2.35
2006	n.a.	3039.8	14	17.5	16	16.9	2.5	3.18
2007	n.a.	3261.7	n.a.	21	16	16.7	n.a.	3.63
2008	n.a.	3884.64	n.a.	9.1	16	17.8	3.6	4.91
2009	n.a.	4028.01	n.a.	32.4	17	27.6	5 以上	9.5
2010	n.a.	6381.2	n.a.	21.2	17	19.7	7.5	7.95
2011	n.a.	6071.83	n.a.	7.8	16	13.6	n.a.	7.47
2012	n.a.	3911.34	n.a.	6.5	14	13.8	n.a.	8.2

　　资料来源：2000 年之前目标值来自夏斌、廖强（2001），之后来自《中国人民银行货币政策执行报告》各期、历年政府工作报告；实际值来自 Wind。

二、数量型中介目标与 CPI、GDP 等货币政策最终目标的相关性并不稳定

　　货币供应量与通货膨胀和经济增长虽然具有密切的关系，但不同时期中介目标与最终目标的关系并不一致。根据交易方程式，在货币流通速度是稳定的情况下，大致可以确定经济增长率、物价上涨率和货币供给增长率的关系，在既定经济增长条件下，通过控制货币增长率就可以有效控制物价的变化。然而，货币流通速度是制度、技术和交易习惯等的函数，虽然在成熟经济体内长期是稳定的，但在我国经济金融制度迅速变革、金融

发展和支付系统的发展加快的情况下,①货币流通速度并不是稳定的。米什金(1998)也指出,即使是在短期内,货币流通速度的波动也是十分剧烈的。另外,货币流通速度还与经济运行本身(或货币需求)密切相关。从图7-5中可以看出,20世纪90年代中期以来,大部分时期内我国货币流通速度都是在下降的,但在经济高涨的部分时期,如2004~2007年这一轮的经济上升周期和最近一轮经济复苏期间,货币流通速度有了明显的提升。因此,货币供应量与GDP、CPI的关系并不稳定。

货币政策的中间目标与产出和物价的关系是考察其合理性的重要标准。目前的研究显示,虽然利率对宏观经济变量的影响逐渐显现以M2同比增长率、经季节调整的当月人民币新增贷款和社会融资规模(相关数据如图7-11所示)作为数量型货币中介指标,以隔夜银行间市场同业拆借利率、质押式回购利率和Shibor作为价格型货币中介指标,以工业增加值

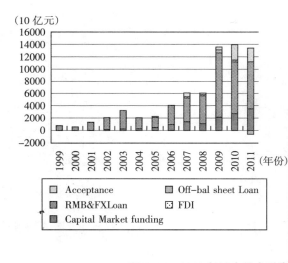

	RMB loan yoy	SSFS yoy
1999 年	8.3%	10.1%
2000 年	6.0%	7.9%
2001 年	13.0%	13.7%
2002 年	16.9%	16.6%
2003 年	21.1%	20.8%
2004 年	11.6%	12.4%
2005 年	9.8%	12.0%
2006 年	15.7%	17.3%
2007 年	16.2%	21.6%
2008 年	15.9%	18.1%
2009 年	31.7%	31.9%
2010 年	19.9%	25.0%
2011 年 (估计值)	14.8%	18.4%

图7-11 1999年以来社会融资规模及其构成

资料来源:马骏:《全球与中国的通胀、货币政策等问题》,Deutsch Bank,2011年3月。

---

① 2002年10月,中国人民银行在北京、武汉开始试点运行大额实时支付系统,并于2005年6月完成在全国的推广应用,从而取代了存续五十多年的手工联行和十多年的电子联行清算系统;2006年6月,中国人民银行在全国推广小额批量支付系统,进一步提高社会公共支付水平提供了新的重要平台;近年来,中国人民银行还开发建设了全国支票影像交换系统、境内外币支付系统、电子商业汇票系统等支付系统基础设施,极大提高了资金清算和会计核算质量和效率。

（Value）同比增速作为经济增长的替代指标。考察最近十余年来的情况，由表7-2可见，总体来看，M2增长率、新增贷款和社会融资规模在不同时期与经济增长和CPI的相关系数不同；很多情况下，相关系数的方向出现变化。不同时期利率指标与经济增长和物价的相关性也并非十分稳健，但至少不差于数量型指标；而且，凡是显著相关的利率指标，其相关关系并未发生相反变化，从这一点看，价格指标优于数量指标。

表7-2　不同时期货币数量指标和价格指标与产出、价格的相关系数

		1996.1~2012.12	1996.1~2000.12	2001.1~2006.9	2006.10~2012.12
M2 Growth	IVA	0.169**	0.415**	0.530***	0.062
	CPI	0.242***	0.926***	0.48	−0.557***
Loan，sea. adj.	IVA	0.034	0.090	0.501***	−0.615***
	CPI	0.089	0.274**	0.29	−0.585***
SFS，sea. adj.	IVA	−0.365***		0.385***	−0.409***
	CPI	0.107		0.071	−0.476***
Chibor	IVA	−0.268***	0.184	−0.406***	0.153
	CPI	0.240***	0.780***	−0.31	0.582***
Repo	IVA	0.025		−0.080	0.165
	CPI	0.566**		0.350**	0.572***
Shibor	IVA	0.049			0.049
	CPI	0.516***			0.516***

资料来源：CEIC。*** 和 ** 分别代表 Pearson 显著性水平为 1% 和 5%，其中人民币新增贷款和当月社会融资规模数据经 Tramo/Seats 季节调整后数据，Chibor、Repo、Shibor 和 SFS 起始日期分别为1996 年 7 月、2003 年 3 月、2006 年 10 月和 2002 年 1 月，其中 Chibor、Repo、Shibor 按日数据计算算术平均得到月度数据。2001 年以后，我国货币市场迅速发展，进入一个新的阶段，2006 年 10 月推出 Shibor 也是一个标志性事件，故分为三个子样本区间分别加以考察。

三、货币供应量的准确测量面临难题

与国外的情形类似，由于经常无法实现既定的货币供应目标，因此很多讨论转向了货币供应量统计口径，如对于居民活期储蓄存款、证券交易保证金和外币存款是否应在适当的货币供应量统口径中予以体现（夏斌、廖强，2001）。从 2001 年 6 月起，我国正式将证券公司存放在金融机构的客户保证金纳入到 M2 统计中；2002 年初，又将在中国的外资、合资金融

机构的人民币存款业务，分别计入到不同层次的货币供应量。随着近年来我国经济的快速发展，金融创新不断涌现，中国人民银行一直着手货币供应统计口径修订工作。2003 年 12 月，中国人民银行研究局对外发布《关于修订中国货币供应量统计方案的研究报告（征求意见稿）》，[①] 提出了四种备选的改革方案，其中有三种方案明确提出增加 M3 作为监测指标。随着 2003 年以来我国金融改革的深入和金融业的发展，货币统计的对象和机构范围也发生了相应的变化。中国人民银行在 2007 年的"其他存款性公司资产负债表"中，开始列明"纳入广义货币的存款"和"不纳入广义货币的存款"，并就货币统计口径调整开展研究测试工作。2011 年初，中国人民银行调查统计司向社会有关金融机构下发《关于货币供应量统计口径修订以及金融总量、流动性总量编制方案的简要说明（讨论稿）》，就有关情况征求意见，[②] 试图将货币统计口径扩大到包括股票、债券等融资方式的更为全面的"流动性总量"。但是，美、英等国的经验表明，流动性总量并不能很好地体现其与宏观经济和价格的关系，统计上也比较复杂。显然，以一把总是变动的尺子来衡量经济，对了解经济的实际情况及应当采取的政策措施，并没有任何有益的帮助。

另外，拟修订的货币供应在统计上也面临着一定的困难。这主要是数据来源方面，中国人民银行完全掌握现行的货币统计所需要的数据，但拟修订的 M2、金融总量和流动性总量 L 则还需要保监会、国债登记结实有限公司及一些商业数据库的信息，还有部分数据（如实体经济在其他金融性公司的存款以及凭证式国债、企业债、公司债、可转债、可分离可转债和权证、股票及股权）并没有存量和持有者结构的信息，证券投资基金没有分类和持有者结构的信息，保险技术资本金没有持有者结构的信息，在实际核算中只有根据统计方法粗略估算。而且，在统计的及时性方面，现行的货币统计一般在下月中旬初就可以公布，但修订后的统计部分指标数据要在下月中旬以后得到，还有一部分数据是季度数据或年度数据。这样，修订后的货币供应量统计不可避免地被推迟，反而降低了该指标在及时判断经济走势方面的价值；有关指标的发布频率大大降低，不利于全面考察其与经济增长、通货膨胀等主要宏观变量的关系。

---

① http://www.pbc.gov.cn/publish/bangongting/82/1669/16699/16699_.html.
② 参见《"货币供应量"思变》，《新世纪（周刊）》2011 年第 8 期。

四、以超额准备金率为操作目标容易导致顺周期性货币调控

在我国货币政策日常操作中，很重要的是关注金融机构（特别是大型金融机构）超额准备金率的变化情况，以此判断金融体系的流动性和货币政策调控效果，并为进一步决策提供重要参考。但是，一方面，由于支付系统的发展，特别是 2005 年大额支付系统的全面推广，我国金融机构超额准备金率显著下降，技术和制度的变化对超额准备金率影响比较大；另一方面，与第二次世界大战后美国以自由储备为操作目标的模式类似，以超额准备金率稳定为操作目标的货币调控也容易出现顺周期性。由于我国对超额准备金仅付很低的利息（目前为 0.72%），远低于市场利率水平，因此金融机构除保留必要的支付头寸外，将尽可能地避免保留过多的超额准备金。当经济扩张时，市场利率上升，超额准备金的机会成本上升，银行将从超额准备金账户转移更多的资金，从而使超额准备金率下降，而过低的超额准备金率使货币政策当局认为货币市场流动性偏紧，因此不愿意进一步采取紧缩性货币政策，从而贻误了稳定货币和经济的最佳时机。我国金融机构超额准备金率变化情况如图 7-12 所示。

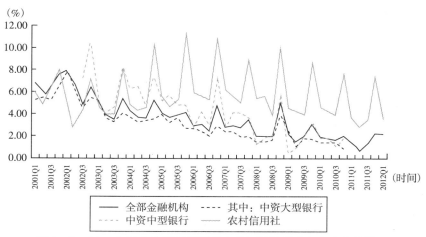

图 7-12　2001 年以来我国不同类型金融机构超额准备金率变化情况
资料来源：Wind。

五、数量型货币调控的成本日益上升，有效性逐渐下降，致使调控行为扭曲

由于汇率、利率市场化改革进程缓慢，中央银行为实现既定目标不得不更多地依赖数量型政策工具。但是，数量调控也不可能不对价格产生影响，价格机制最终将发挥作用。一味追求数量目标而忽视价格杠杆的作用是不现实的，因为数量调控总会面临成本问题，从而大大削弱了货币调控的有效性。以公开市场操作为例（如表7-3所示），虽然在最初阶段通过发行中央银行票据可以有效对冲过多的流动性，但央票到期后仍将向市场投放流动性。货币政策当局不得不发行更多的票据进行对冲，这样就不得不提高央票发行的成本，但这又与中央银行保持货币市场利率稳定的目标相违。随着票据发行规模的不断累积，中央银行票据所能够对冲的净流动性将大大缩小。例如，在2003年中央银行票据发行之初，仅发行不到8000亿元的票据就可以净对冲近4000亿元的流动性；但是在2009年以来，由于票据到期规模巨大，央票操作实际上反而向市场净投放资金，这背离了发行中央银行票据的初衷。再如，自2011年11月经过三次下调后，目前我国大型金融机构法定存款准备金率仍高达20%（2012年5月），而其贷存比超过64.4%（2012年3月），再加上为清算需要约1%的超额准备金和5%的运营资金，准备金率政策空间非常有限并对货币市场流动性带来不利影响。

中国人民银行之所以要对冲过多的流动性，主要是由于当前特定的外汇管理体制，汇率改革步伐缓慢，而利率水平偏低也刺激了信贷需求。根据王永中（2011）的测算，2006~2009年，如果考虑到发行中央银行票据及存款准备金等冲销成本后，以人民币计价的我国外汇储备净收益率分别为−0.39%、−0.87%、−4.95%和−0.33%，而且外汇储备还面临投资损失（如美国两房债券违约）、国外通货膨胀及汇率变动等风险。根据Wind有关数据推算，2003~2011年，中国人民银行通过公开市场操作发行中央银行票据累计规模高达26.5万亿元，正回购规模高达16.5万亿元，分别需支付利息累计分别高达7878.12亿元和346.4亿元；逆回购累计规模仅为4563亿元，仅能够回收利息4.88亿元；以年末金融机构准备金计算，2003~2010年，中央银行累计向金融机构存款准备金支付利息高达9010.3亿元；综合计算，在这9年间中国人民银行为对冲过多的市场流动性，累

表 7-3　我国公开市场操作情况

单位：亿元

年份	投放量					回笼量					净投放量	其中：票据净投放量
	票据到期	正回购到期	逆回购	买入债券	合计	票据发行	正回购	逆回购到期	卖出债券	合计		
2000		1670	1640		3310		2200	710		2910	400	
2001		3080	2300		5380		2550	3230		5780	-400	
2002		800	1540	400	2740		2480	1040	120	3640	-900	
2003	3750	3820	1700		9270	7638.2	2140	2200		11978.2	-2708.2	-3888.2
2004	9106.6	3180	400		12686.6	14960.5	3230	400		18590.5	-5903.9	-5853.9
2005	17162.1	4500	380		22042.1	27662	7380	380		35422	-13379.9	-10499.9
2006	26482	22230	1183		49895	36522.7	19900	1183		57605.7	-7710.7	-10040.7
2007	36102.7	6995	900		43997.7	40571	11555	900		53026	-9028.3	-4468.3
2008	31326	35790			67116	42960	33250			76210	-9094	-11634
2009	44060	38020			82080	38240	41710			79950	2130	5820
2010	45875	24590			70465	42350	21290			63640	6825	3525
2011	31750	26250			58000	14140	24790			38930	19070	17610
2012	7850	10990	60350		79190		9440	55400		64840	14350	7850

资料来源：Wind。

计支付的成本高达近 2 万亿元。正是由于冲销干预成本日益上升，数量调控屡屡未达到效果，货币政策当局才不得不寻求行政干预的力量。例如，在发行中央银行票据时，针对部分银行信贷增长过快，2006~2007 年不得不采取定向增发的方式，共 7 次累计定向发行 7050 亿元中央银行票据（其中 2 次 1 年期 1500 亿元定向票据，5 次 3 年期 5550 亿元定向票据）。在 2007 年第四季度和 2010 年不得不对金融机构的信贷行为采取直接的管制，甚至为了实现既定的信贷目标，有关部门还针对部分银行采取了按月投放贷款规模的监管方式。

六、人为压低利率和汇率的货币政策进一步加剧了我国经济失衡

利率作为资金的价格，对金融部门有效配置社会资源发挥着重要的作用，但人为扭曲的利率水平加剧了经济失衡。过低的贷款利率不利于抑制投资和信贷冲动。2003 年以来我国全社会固定资产投资实际增速至少都在 15% 以上，部分时期甚至超过 30%（2009 年）；由图 7-13 可见，三大需求中投资对经济增长的贡献率日益重要，2009 年投资对 GDP 的贡献率甚至高达 95.2%。过低的存款利率（特别是长期的负利率）不利于居民储

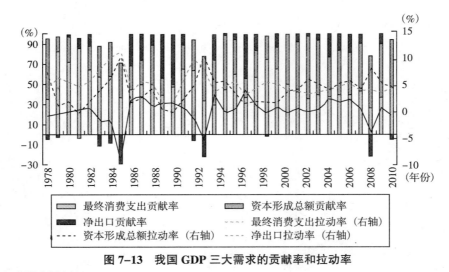

图 7-13　我国 GDP 三大需求的贡献率和拉动率

资料来源：Wind。

蓄，并刺激了其金融、房地产、商品投资等全方位的投机行为。2007 年 10 月上证综指一度攀升至有史以来的最高点（6124.04 点）；全国商品住宅平均销售价格已由 2003 年的 2212 元上升至 2010 年的 4724 元；2009 年底以来以大蒜、绿豆、苹果、生姜等普通商品为代表的农产品游资炒作行为层出不穷。

　　正是由于汇率体制改革步伐缓慢，人民币事实上被低估，致使贸易部门在 2001 年以后迅速增长，我国经济增长也越来越依赖于对外贸易。由图 7-14 可见，2006 年我国进出口总额占 GDP 的比重一度高达 65.2%，资本、劳动力等资源进一步向贸易部门倾斜，经济增长对外贸的依赖进一步加大，并影响国内消费水平的提高。2000 年以来，最终消费支出占 GDP 的比重持续下降，至 2010 年已降至 47.4% 的历史最低水平，其中私人部门消费支出占 GDP 的比重已降至 33.8%，这不仅低于美欧等发达国家，也远远低于印度、巴西等发展中国家。①

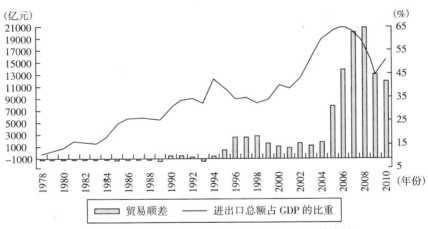

图 7-14　我国贸易顺差及进出口总额占 GDP 的比重

资料来源：Wind。

---

① 根据世界银行 WDI 数据库，在有数据的全球 130 余个经济体中，2010 年中国消费率（最终消费占 GDP 的比重）仅高于南苏丹、赤道几内亚等国，位列全球倒数第 8 位；中国的投资率（资本形成总额占 GDP 的比重）仅落后于土库曼斯坦，位列全球正数第 2 位。

第六节 由数量调控向价格调控

市场经济本质上说是价格机制在发挥作用，只有价格充分发挥作用，才能够避免市场扭曲，更好地实现资源的有效配置。特别是最近几年来，我国经济金融发展迅速，价格机制发挥了越来越重要的作用。当前货币调控之所以重回信贷控制的计划经济老路，就是未能及时有效发挥利率、汇率等价格杠杆的作用。随着我国中央银行间接调控体系和货币政策传导机制的不断完善，商业银行自主定价的能力和权力不断提高，微观主体对货币政策的敏感性不断加强，价格型工具应该在中央银行的货币政策调控中发挥更大的作用。

一、我国微观经济主体的利率敏感性和承受能力日益增强

1993 年，中国共产党十四届三中全会《关于建立社会主义市场经济体制若干问题的决定》和《国务院关于金融体制改革的决定》提出了利率市场化改革的基本设想。之后，以 1996 年银行同业拆借利率市场化为起点，遵循"先放开货币市场利率和债券市场利率，再逐步推进存、贷款利率的市场化"的改革思路，稳步推进利率市场化改革。目前，我国货币市场和债券市场利率已经顺利完成市场化改革，并积累了十多年的宝贵经验。存贷款利率市场化按照"先外币、后本币；先贷款、后存款；先长期、大额，后短期、小额"的顺序进行。放开了境内外币贷款和大额外币存款利率；试办人民币长期大额协议存款。2004 年 10 月，我国进一步放开存贷款利率管制，除城乡信用社外，取消金融机构人民币贷款利率上限要求，并可以在基准利率基础上下浮 0.9 倍；取消存款利率下浮限制，从而对存贷款利率实行利差管理。2007 年，作为利率市场化进程中的重要一步，我国正式推出货币市场基准利率——上海银行间同业拆放利率（Shibor），对于促进金融机构转变经营机制，提高自主定价能力，完善货币市场利率体系，发挥了重要作用。经过十多年的实践，我国微观经济主体对利率的

敏感性和承受能力显著提高，为以利率为目标开展价格型间接货币调控奠定了良好的基础。

在存款利率方面，按照"先大额，后小额"的顺序，1999 年 10 月，中国人民银行对中资商业银行法人对中资保险公司法人试办五年期以上（不含五年期）、3000 万元以上的长期大额协议存款业务放开利率管制。根据已有的数据可以发现，大额协议存款利率变化更为灵活。虽然大额协议存款利率与基准利率关系密切，但更多的情况下主要还是受市场资金状况和物价变动预期的影响。由图 7–15 可见，在持续加息期间，其加权平均利率明显低于基准利率，尽管很大程度是由于存款结构调整缓慢的原因，但也在一定程度上说明金融机构定价能力的提高。

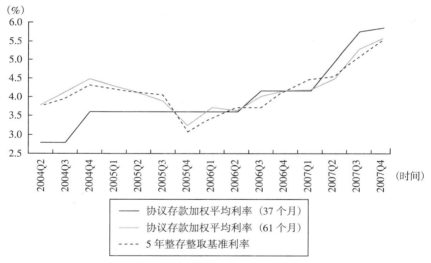

图 7–15　2004 年 2 季度至 2007 年 4 季度大额协议存款利率

在贷款利率方面，从图 7–16 和图 7–17 中可以看到，目前我国 2/3 左右的贷款定价已经根据基准利率水平浮动。一年期贷款市场平均利率明显高于基准利率水平，而且在 2008 年 9 月至当年年底的降息过程中，市场利率与基准利率的利差并未出现显著的下降。还有一个值得注意的现象是，在 2006 年下半年至 2007 年的密集加息周期，平均贷款利率上浮占比反而较之前的 2004~2005 年更低，而下浮 10% 以内的贷款占比则有小幅上升，而这应该是我国银行业竞争加剧的结果，也说明面对激烈的市场竞争，商业银行贷款定价和风险管理水平有了进一步的提高。

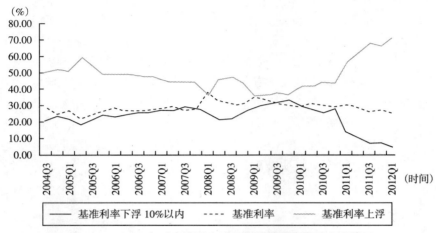

图7-16　2004年以来我国金融机构贷款利率浮动占比情况

资料来源：《中国人民银行货币政策执行报告》各期。

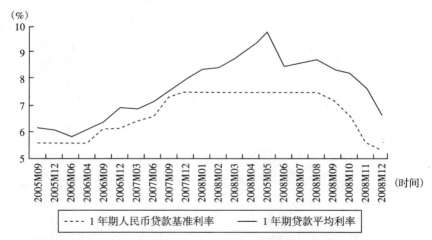

**图7-17　2005年3季度至2008年12月金融机构1年期人民币贷款
平均利率和基准利率**

资料来源：《中国人民银行货币政策执行报告》各期。

二、我国经济主体对汇率变动的适应能力显著增强

自 2005 年 7 月人民币汇率形成机制改革以来，虽然人民币已累计升值超过 20%，但贸易顺差反而大幅增长。事实上，如果依靠汇率低估来获得贸易顺差，并不能够真正体现产品的竞争力，德国在这方面为我们提供了一个优秀的榜样。[1] 从出口商品结构可以看出（见图 7–18），我国机械及运输设备出口额在 2001 年首次成为出口份额最大的产品类别，并在 2010 年占全部出口商品金额的近 50%（49.5%），而初级产品、化学品及有关产品则仅占 5% 左右，说明我国出口商品经济附加值有了较大提高，出口商品的国际竞争力有了明显增强，能够较好地消化货币升值的影响。

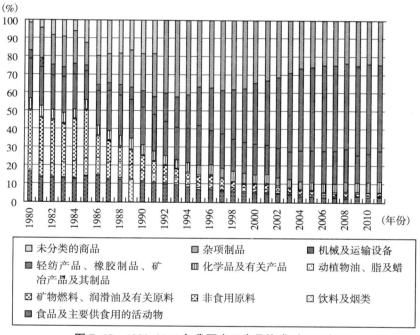

图 7–18　1980~2011 年我国出口商品构成（SITC）
资料来源：CEIC。

---

[1] 早在布雷顿森林体系时期的 1961 年，德国马克与美元汇率就进行过重新调整，而在 1969~1978 年的十年间，马克兑美元累计升值了 50.5%，但这十年间德国贸易顺差增长强劲，1978 年德国的贸易顺差规模是 1969 年的 5.21 倍（数据来源：CEIC）。

尽管我国经济对外依存度较高，但进出口总额占 GDP 的比重已由2006 年最高的 65.2% 逐步回落至 2010 年的 50.5%。一般来说，加工贸易受汇率变化的影响较小，主要是受国内劳动力成本及交易成本的影响。从贸易方式上来看，由图 7-19 可见，1993 年以来我国贸易方式结构一直比较稳定，加工贸易占全部贸易的比重在 2011 年仍高达 44%。因此，可以不必过度担忧汇率变化对贸易和国际收支的影响。

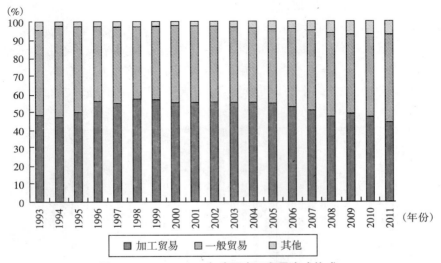

图 7-19　1993~2011 年我国出口贸易方式构成

资料来源：CEIC。

三、金融创新的迅猛发展在一定程度上突破了利率管制

为避免银行间的恶性竞争，确保金融体系稳定，"大萧条"后美国对银行存款利率进行管制，并通过了著名的"Q"条例。从 20 世纪 50 年代中期开始，通货膨胀逐渐上升并超过了管制利率水平，货币市场利率高涨，商业银行吸收存款资金的能力受到很大影响。为此，以 1961 年美国花旗银行发行"大额可转让存单"（CDs）为标志，金融机构纷纷通过金融创新来规避利率管制，并促使美国金融监管当局不断修改并最终于 1986年 3 月废止了"Q"条例，全面实现了利率市场化。

与美国的经历相类似，虽然我国于 2004 年取消了金融机构存款利率下浮的限制，但出于市场份额的需要和竞争的压力，在实践中几乎没有银行主动下调存款利率。相反，由于存款基准利率水平偏低，银行体系面临非常大的资金压力。最近几年来，随着保险、基金等其他行业的发展，金融脱媒日益明显。正是在这样的背景下，商业银行人民币理财产品逐步发展起来。2005 年 9 月，中国银监会颁布《商业银行个人理财业务暂行管理办法》和《商业银行个人理财业务风险管理指引》，商业银行理财业务取得了快速发展。商业银行一般设立一个资金门槛（如 5 万元及以上），利用稳健信誉和专门的服务吸引高端客户资金，并绕过了存款利率限制，一定程度上突破了利率上限管制。按风险类型分类，理财产品又分为保本固定型、保本浮动型、非保本固定型和非保本浮动型。商业银行通过设计不同类型产品满足不同类型客户的投资需求，并在理财业务的发展过程中促进了商业银行之间的竞争，提高了商业银行的利率管理水平和风险定价能力。居民也通过购买不同类型理财产品，增强了对不同金融产品的利率敏感度和风险意识，为全面利率市场化进行了必要的准备。银行理财产品收益情况参见表 7-4。

表 7-4　我国委托期为一年的银行理财产品实际收益情况

单位：%

年份	实际收益率	保本固定型	非保本固定型	保本浮动型	非保本浮动型
2005 (2.25)	平均	2.80	3.01	1.08	n.a.
	最高	3.80	3.03	2.37	n.a.
	最低	2.20	3.00	0.25	n.a.
2006 (2.36)	平均	2.67	2.80	2.49	3.15
	最高	4.75	3.60	5.00	4.00
	最低	2.22	2.20	0.50	2.50
2007 (3.29)	平均	3.61	4.33	4.76	4.92
	最高	11.00	6.50	12.50	15.00
	最低	2.50	2.55	3.00	−7.30
2008 (3.80)	平均	5.73	n.a.	4.45	6.71
	最高	8.00	n.a.	10.00	24.50
	最低	4.25	n.a.	0.72	3.00
2009 (2.25)	平均	3.79	n.a.	2.56	−2.07
	最高	5.00	n.a.	13.00	6.00
	最低	3.00	n.a.	0.36	−10.00

续表

年份	实际收益率	保本固定型	非保本固定型	保本浮动型	非保本浮动型
2010 (2.33)	平均	2.85	n.a.	3.17	4.43
	最高	4.50	n.a.	8.00	10.00
	最低	2.55	n.a.	0.36	3.30
2011 (3.29)	平均	4.06	n.a.	n.a.	n.a.
	最高	6.4	n.a.	n.a.	n.a.
	最低	3.30	n.a.	n.a.	n.a.

注：该表基于 Wind 对银行理财产品的不完全统计整理而得，包括委托期限为 360~365 天的理财产品，年份下面数字为该年一年期人民币存款平均基准利率。

资料来源：Wind。

四、中央银行基准利率体系已经具备了开展间接利率调控的基本条件

除金融机构存贷款基准利率外，中国人民银行的中央银行基准利率体系还包括法定存款准备金利率、超额存款准备金利率、再贷款利率和再贴现利率。尽管全球金融危机爆发前的美国及日本、俄罗斯、韩国等国对存款准备金并不付息，但由于准备金相当于对存款性金融机构征收的一种"准备金税"（张晓慧、纪志宏、崔永，2008），商业银行往往会将其成本转嫁给存款人和借款人，使存款人和借款人尽量避开存款体系，造成金融脱媒；金融机构会通过金融创新，拓展其他不需要交纳准备金的资产负债表外业务，以规避准备金的缴纳，因此很多国家仍对准备金直接付息（如欧元区国家及印度等）或对超额准备金付息（如中国香港、墨西哥等）。我国在存款准备金制度建立之初就一直对其进行付息。1998 年 3 月，中国人民银行将法定准备金和超额准备金两个账户合并为统一的准备金存款账户，并实行统一的准备金利率，其利率水平一直低于商业银行筹资成本水平（如再贷款利率或货币市场利率）；2003 年，中国人民银行对金融机构法定存款准备金存款和超额存款准备金存款采取"一个账户、两种利率"的方式分别计息，下调超额存款准备金利率。由于我国对存款准备金实行按旬末时点考核的方式，而出于支付清算和缴存法定存款准备金等方面的需要，即使是在大额支付系统全面推广之后，商业银行也要保留一定的超额准备金，且没有数量上的限制要求。这样，超额准备金利率成为我

国货币市场利率理论上的下限。

在 1998 年之前信贷规模直接调控时期，再贷款一直是我国货币投放的主要渠道。为控制商业银行信贷，中国人民银行实行了较高的再贷款利率。在 1986 年我国正式开展商业票据贴现和中央银行再贴现业务时，鉴于当时票据市场正处于起步阶段，市场规模较小，再贴现利率是在同期各档次银行贷款基准利率基础上下浮 5%~10%。1996 年 5 月起改为再贴现利率在相应档次的再贷款利率基础上下浮 5%~10%。在 1998 年取消信贷规模控制后，中国人民银行于当年 3 月改革再贴现利率和贴现利率的生成机制，规定再贴现利率作为独立的利率档次由中央银行确定，贴现利率在再贴现利率基础上加 0.9 个百分点，并于当年底规定贴现利率最高上限为同期银行贷款利率（含浮动）。这样，再贷款（再贴现）利率成为我国货币市场利率理论上的上限。

2004 年 3 月，中国人民银行实行了再贷款（再贴现）浮息制度，主要是出于为避免当时受上调准备金、新股发行等因素影响市场利率高于再贷款（再贴现）利率而出现的套利行为，但在客观上完善了中国人民银行的利率形成机制，是中国人民银行尝试利用中央银行基准利率调节货币市场利率水平、提高其引导货币市场利率能力、理顺中央银行与市场参与者之间的资金利率关系的有益尝试。尽管从最近几年的实践来看，由于市场流动性总体上宽松，再贷款（再贴现）并不是主要货币工具并很少调整其利率水平，但 2008 年以来我国连续 4 次调整再贷款（再贴现）利率（其间仅 1 次调整准备金利率），逐渐强化了再贷款（再贴现）利率在中央银行利率体系中的作用，表明中国人民银行开始重视通过中央银行基准利率的调整来引导货币市场利率，并进而影响存贷款利率开展间接货币调控。

自 1998 年我国恢复人民币公开市场操作以来，政策操作的一个重要目标就是货币市场利率稳定，通过中央银行票据发行和回购操作，中国人民银行能够有效引导货币市场利率水平。而且，从我国中央银行的基准利率体系来看，超额准备金率作为货币市场利率下限，再贷款（再贴现）作为货币市场利率上限，我国具备了通过"利率走廊"模式开展短期利率引导进行间接货币调控的基本条件。从最近几年的实践来看，除个别月份外，绝大部分时期内货币市场利率均在利率走廊区间，说明中央银行对货币市场利率具有较强的引导作用（见图 7-20）。事实上，中国人民银行通过公开市场操作也能够有效引导货币市场利率，这一点笔者将在后面进行专门的经验分析。

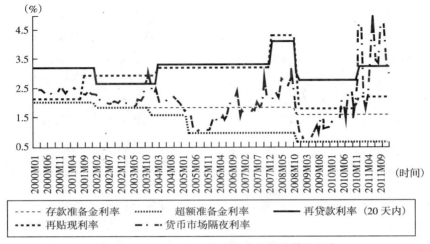

图7-20　1996~2011年中国中央银行基准利率

注：2003年3月前货币市场利率为银行间市场同业加权平均利率，2003年3月至2006年9月为银行间债券质押式回购加权利率，2006年10月之后为上海同业拆放利率（Shibor）。

资料来源：CEIC。

第七节　本章小结

　　货币数量调控要求经济变量间的关系是稳定的，也即避免出现"卢卡斯批判"的情况，但数量调整不可避免地影响到价格，容易引发价格扭曲，不利于经济的平稳运行。货币价格调控主要是微观经济主体根据宏观经济信号来调整自身的行为，这有利于将宏观调控的负面影响降到最低。由市场决定的利率本身包含反映结构性问题的风险溢价，这有利于建立优胜劣汰的竞争机制，优化资源配置，促进结构调整，实现经济均衡发展。价格机制是市场经济的核心，只有价格充分发挥作用才能实现资源的有效配置。从这个意义上说，价格引导优于数量调控。2003年以来，中国人民银行针对通货膨胀的两轮紧缩性货币政策实践充分说明了这一点。长期低（负）利率环境下的货币政策并非是激励相容的，过分依赖货币数量调控只能事倍功半，并很容易造成货币政策超调。如果说 2008 年末的政策大逆转还可以归咎于全球金融危机的冲击，那么最近一轮货币周期充分暴露了数量调控的局限性。虽然 21.5% 的准备金水平仍未达到理论上的"最优"（张晓慧、纪志宏、崔永，2008），但现实的政策后果却是严重干扰了金融市场秩序，货币市场利率期限长期倒挂和银行理财产品的迅速发展就是很好的例证。正是由于价格体系的混乱，致使 2011 年包括民间金融在内的影子体系秩序失衡。对数量手段的过分依赖，也使货币调控在复杂多变的经济环境下显得力不从心。受欧债危机恶化和国内周期调整因素的双重影响，外汇占款自 2011 年 9 月开始出现下降，信贷供求条件逐渐逆转，扩大统计口径后的 M2 增速一度降至 12.7% 的十年来最低水平（2011 年 11 月）。货币政策不得不在物价尚未实现年初政策目标的情况下开始转向"微调"。虽然经济增速回落已成为各方共识，但 2012 年以来持续走低的经济还是使"稳增长"被放在更重要的位置。尽管通过降低存款准备金率来维持稳定的货币政策是适当的，但蔬菜价格的"意外"飙升和仍然居高不下的物价，使货币政策当局不得不在增长和通胀之间"走钢丝"。由此，在停发央行票据的同时仍要开展正回购、市场"降准"预期频频落空等似乎矛盾的现象，也就可以理解了。因此，发挥价格机制作用，向价格型货币政策转型，应该成为当下货币政策改革的方向。

作为发展中的转轨经济国家，政策制定者往往倾向于数量调节而非价格引导，这既有传导机制的问题，也涉及政策偏好，在一定程度上反映了计划经济思维（周小川，2004）。计划经济强调数量调控，通过数量指标调整供求，在货币调控上体现为偏好数量工具。因此，要首先突破观念的束缚，认识到价格机制是市场经济的核心。只有价格充分发挥作用才能实现资源的有效配置，货币调控也应更多发挥价格引导的作用。即使抛开当前有关金融市场化改革次序的争议，[①] 作为资金的对内和对外价格，加快推进利率和汇率的市场化改革本身，对于构建符合现代市场经济内在要求

---

① 参见以盛松成为负责人的中国人民银行调查统计司最近发表的两份研究报告《加快资本账户开放条件基本成熟》（《财经》，2012 年第 6 期）和《协调推进利率汇率改革和资本账户开放》（《中国证券报》2012 年 4 月 17 日），及由此引发的广泛讨论（如余永定：《中国资本项目自由化之我见》，《财经》2012 年第 9 期；黄益平：《资本项目改革的逻辑与时机》，《新世纪》周刊 2012 年第 16 期）。

的货币调控模式至关重要。在今后的改革中，应进一步推进人民币汇率形成机制改革，完善货币市场基准利率体系和无风险收益率曲线建设，提高货币政策操作的独立性、可信度和可靠性，高度重视市场预期，完善公开市场操作和"利率走廊"模式，逐步明确利率操作规则，从而实现以物价稳定为最终目标并以货币市场短期利率引导为主的价格型货币政策转型。

第八章　对上海银行间同业拆放利率 (Shibor) 货币市场基准 利率作用的经验分析

第一节　研究的背景

货币市场是指融资期限在一年及以下的短期金融市场，其所容纳的金融工具主要是由政府、商业银行及工商企业发行的短期信用工具（如债券、票据等），具有期限短、流动性强以及风险低等特点。货币市场不仅满足各方面短期投融资需求，还使银行和企业能够根据安全性、流动性和营利性的原则通过货币市场灵活管理资金。一个具有足够广度和深度，交易活跃、高效、透明的货币市场，还为中央银行开展货币政策调控，有效传导货币政策提供了必要条件。中央银行通过准备金、再贷款（再贴现）和公开市场操作来调节基础货币和货币供应量，引导货币市场利率，从而实现宏观调控的政策目标。在这个过程中，货币市场发挥了重要的基础性作用。目前，发达国家中央银行普遍采用仅引导短期货币市场利率（一般是隔夜利率）进而影响存贷款利率，以实现货币政策最终目标的货币政策框架。经过 20 多年的发展，我国货币市场发展日益成熟，为开展利率间接货币政策提供了必要的保障。

所谓基准利率，是指在一国的利率体系中起基础性作用、作为金融市场其他产品定价参照系的利率体系。[①] 作为固定收益类金融产品和其他金融

[①]《货币市场基准利率》，《中国人民银行 2006 年第四季度货币政策执行报告》。

产品定价的基础以及货币政策操作重要的参考依据，基准利率体系建设对于深化利率市场化进程、畅通货币政策传导、健全金融产品定价机制、推动金融产品创新、完善金融机构资金内部转移定价、加快汇率体制改革和人民币国际化的步伐，乃至整个金融体系的健康、稳定、有序地发展，都具有非常重要的作用（易纲，2008）。货币市场基准利率与中长期国债收益率还将共同构成中国收益率曲线的短期基准和中长期基准，这也是我国实现资本自由流动这一长期目标的必要制度性建设。由于货币市场对于中央银行货币政策调控具有非常重要的作用，货币市场短期利率水平是各国中央银行利率间接调控的主要目标，因此货币市场基准利率的选择与确定是一个非常重要的问题。

从 1996 年 1 月我国建立全国银行间同业拆借市场，并于当年 6 月开放银行间市场拆借利率起，经过放开银行间债券回购利率和现券买卖利率，直至 1999 年完全放开政策性金融债和国债发行利率，我国货币市场利率市场化已顺利完成并积累了十多年的宝贵经验。[①] 银行间货币市场在交易方式、交易品种和交易规模等方面都取得了长足发展。但是，长期以来，我国并没有形成一个完整的货币市场基准利率体系。2006 年 10 月，我国货币市场基准利率——上海银行间同业拆放利率（Shanghai Interbank Offered Rate，Shibor）开始试运行并于 2007 年 1 月 4 日正式推出。如今，Shibor 已经成功运行 5 年多，其货币市场基准利率作用发挥得如何，这是我们关心的问题。

早在 Shibor 推出之前，就已经有很多学者对我国货币市场基准利率的选择和发展进行了大量的讨论。如黄晨、任若恩等（2002）比较了管制利率体系下各种利率承担基准利率的合理性，并认为银行间回购利率适合作为短期利率的基准；温彬（2004）从交易量和交易主体、与其他利率、货币供应量和国民经济的相关性、可测性和可控性及期限结构等角度出发，认为同业市场拆借利率和国债回购利率更适合市场化后的基准利率；戴国强、梁福涛（2006）在总结我国利率体系中各种利率属性及其关系的基础上，通过 Granger 因果检验认为，相较于银行间同业市场利率而言，银行

---

① 严格来说，2004 年随着贷款基准利率上限取消，票据贴现利率才完成市场化。但在实践中，票据贴现率一般都会低于贷款利率，以再贴现率作为下限的要求在执行过程中也不严格，因而票据利率在 1998 年已经事实上取消了管制。

间债券回购利率更适合作为基准利率。在 2007 年之后，国内学者大多从构建货币市场基准利率的必要性和意义的角度，对 Shibor 的运行和完善进行了非常充分的讨论，如郭建伟（2007）、詹向阳等（2008）等，但针对 Shibor 作为货币市场基准利率的作用和效果的经验研究还相对较少。蒋竞（2007）通过 EGARCH 模型对 Shibor 本身波动率的讨论，认为 Shibor 已经表现出较合理的期限结构和较强的波动性，但其货币市场基准利率的作用仍有待完善。但是，ARCH 系列模型本身只是考虑变量时间序列的某些性质，无法得到各利率之间的关系和效果的明确结论；张林、何广文（2009）、方先明、花旻（2009）的经验研究则认为，Shibor 已经初步发挥了货币市场基准利率的作用；但是张林、何广文（2009）只是对 Shibor 与货币市场主要利率进行了相关性检验，无法得到 Shibor 在金融市场中基础性地位的明确结论；方先明、花旻（2009）虽然基于向量自回归（VAR）模型得到的结论比较可靠，但其变量中考虑的汇率、股票指数等变量显然与货币市场基准利率的讨论并不相关，而且其 Granger 因果检验中对于模型的滞后期等问题也显然缺乏必要技术上的讨论，从而影响了其检验效果的严谨性。

第二节　我国货币市场利率体系及 Shibor 运行情况

一、我国的货币市场

我国的货币市场主要由银行间同业拆借市场、银行间债券市场和票据市场组成。1986 年我国明确规定允许专业银行相互拆借资金后，以各地各银行组建的融资中心等机构为依托的同业拆借市场迅速发展起来。1996 年 1 月，中国人民银行规定所有的同业拆借业务均通过全国统一的同业拆借市场网络办理，从而正式组建了银行间同业拆借市场，并形成银行间市场同业拆借利率（Chibor）。金融机构通过银行同业拆借市场开展以信用为基础的短期资金借贷，其最长借贷期限一般为 4 个月，2007 年银行同业拆借最长期限延长至 1 年。

1997 年 6 月，中国人民银行要求商业银行退出交易所债券市场，正式成立银行间债券市场。金融机构主要通过银行间债券市场进行现券买卖和回购交易。回购交易又分为质押式回购和买断式回购：前者需将交易方的债券在交易期内质押冻结；后者则很大程度上具有信用交易的特征。

1986 年我国正式开展商业票据业务以来，票据市场主要依托中心城市专门经营机构的柜台交易。2003 年由中国外汇交易中心暨全国银行间同业拆借中心承建的中国票据网正式开通，2009 年由中国人民银行开发的电子商业汇票系统正式上线运行，全国统一票据市场基础设施建设取得了较快进展。票据市场交易成员逐步扩展为商业银行、政策性银行、城乡信用社、财务公司等各类金融机构和广大工商企业。票据市场为满足不同类型企业短期融资需求发挥了重要作用。在票据市场发展的基础上，银行间票据市场也逐步发展起来，对促进商业票据融资和金融机构短期票据流通发挥了重要作用。

银行间市场在货币市场中发挥了主导的作用，特别是银行间债券市场，已经成为金融机构货币市场交易的主要场所。而且，银行间债券市场是中国人民银行公开市场操作的主要场所。中国人民银行通过现券交易、债券回购业务及中央银行票据操作，直接影响金融机构的资金头寸和流动性，从而引导商业银行同业拆借利率，继而影响整个货币市场利率体系，达到调节货币供应量和市场利率以及实现宏观调控的政策意图。随着市场广度和深度的提高，货币市场效率进一步提升，银行间市场（特别是债券市场）交易主体对货币政策信号的灵敏度不断加强，使货币政策传导渠道更加畅通，货币政策传导链条不断延伸，货币政策调控（特别是利率调控）的灵活性和有效性随着市场的发展而不断提高。

我国货币市场概况如表 8–1 所示。

二、我国主要货币市场利率

从功能上看，一个利率体系能否成为货币市场基准利率，需要具备以下基本特征：在金融市场和多种利率体系中处于关键地位、发挥主导作用（温彬，2004）、被市场认可并成为其他金融产品定价的基础（戴国强、梁福涛，2006）、以市场供求为基础并与中央银行公开市场操作密切相关

表 8-1 我国货币市场概况

单位：万亿元

年份	同业拆借	银行间债券回购	其中：质押式回购	买断式回购	银行间债券现券	其中：1年及以下	签发商业汇票	票据贴现	银行间票据市场报价金额	其中：转贴现	回购
1997	0.41	0.03	0.03	n.a.	0.00097	n.a.	0.46	0.274	n.a.	n.a.	n.a.
1998	0.10	0.10	0.10	n.a.	0.00332	n.a.	0.384	0.240	n.a.	n.a.	n.a.
1999	0.33	0.40	0.40	n.a.	0.00774	n.a.	0.5076	0.245	n.a.	n.a.	n.a.
2000	0.67	1.57	1.57	n.a.	0.06824	n.a.	0.7442	0.645	n.a.	n.a.	n.a.
2001	0.81	4.01	4.01	n.a.	0.08125	n.a.	1.28	1.55	n.a.	n.a.	n.a.
2002	1.21	10.19	10.19	n.a.	0.44	n.a.	1.61	2.31	n.a.	n.a.	n.a.
2003	2.4	11.72	11.72	n.a.	3.08	n.a.	2.77	4.33	n.a.	n.a.	n.a.
2004	1.46	9.44	9.32	0.12	2.5	n.a.	3.4	4.5	1.73	0.61	1.11
2005	1.28	15.9	15.68	0.22	6.01	n.a.	4.45	6.75	22.26	21.29	0.98
2006	2.15	26.59	26.3	0.29	10.26	n.a.	5.43	8.49	8.22	5.51	2.7
2007	10.7	44.8	44.07	0.73	15.6	n.a.	5.87	10.11	20.44	19.75	0.69
2008	15	58.1	56.38	1.72	37.1	n.a.	7.1	13.5	53.34	40.58	12.76
2009	19.4	70.3	67.7	2.6	47.3	n.a.	10.3	23.2	66.56	62.07	4.49
2010	27.9	87.6	84.65	2.94	63.94	14.4	12.2	26	11	4.93	6.07
2011	33.4	99.5	96.7	2.8	63.6	19.3	15.1	25	10.9	3.78	7.1
2012	46.7	141.7	136.6	5.1	75.2	22.5	17.9	31.6	15.7	n.a.	n.a.

注：票据市场报价金额根据中国货币网 "票据市场日报" 整理而得，仅为各金融机构报价情况，并非实际成交金额。

资料来源：Wind、CEIC，《中国金融市场统计》各期。

（詹向阳、樊志刚、邹新和赵新杰，2008）。从理论上讲，基准利率应该具有无风险利率的特征，因为金融产品价格实际上就是考虑到各种不确定条件下对未来现金流的贴现值，即无风险利率。这样，理论上具有无风险性质的国债收益率成为非常理想的基准利率曲线。但是，国债收益率曲线只能根据每天市场交易的实际情况进行估计，而且市场的广度和深度对不同期限国债收益率有着重要的影响，不同的估计方法所得到的收益率曲线也会有所不同，因此国债利率期限结构（即收益率曲线）并不适于作为货币市场基准利率。票据市场主要是由不同信用资质企业发行的票据所组成，票据贴现利率包含大量信用风险溢价因素，因此也不适于作为货币市场基准利率。

　　由于无风险利率仅仅是理论上的一个抽象，实践中往往是选择风险相对较低、交易量较大、流动性较高且市场灵敏度较强的产品作为无风险利率的近似替代。从我国货币市场的实际运行情况来看，银行间同业债券市场和拆借市场构成了银行间市场交易的主体，债券质押式回购利率和同业拆借利率是货币市场最主要的利率。① 在 Shibor 推出之前，同业拆借利率和国债质押式回购利率已成为短期金融产品定价的重要参照指标，② 银行间市场国债发行利率和二级市场收益率也为中长期利率产品定价提供了参照系。但是，作为不同期限产品定价的基础，基准利率应该具有较为连续且相对稳定的期限结构，拆借利率和质押式回购利率并不完全满足这一条件。

　　在 1996 年我国银行间同业市场拆借利率 Chibor 推出之初，有关方面曾有意引导将其培育成我国的货币市场基准利率；但是由于 Chibor 是根据同业拆借成交记录进行计算的加权平均利率，而同业拆借大多集中于 7 日以内的短期交易，期限较长的交易不活跃，往往没有成交记录，利率变化无法体现。另外，同业拆借是信用交易，并非完全的无风险利率，因此 Chibor 难以成为有效的货币市场基准利率。回购市场利率主要是债券质押式回购加权平均利率（Repo）。由于债券质押式回购有债券作为质押担保，其信用风险要远小于同业拆借，因此自 1997 年银行间债券市场运行以来，债券质押式回购交易迅速发展，并成为货币市场交易的最主要品种，其利率水平也具有较强的基础性。但是，与 Chibor 一样，债券质押式回购仍然

---

① 《货币市场利率》，《中国人民银行 2003 年第三季度货币政策执行报告》。
② 《银行间市场建设与利率市场化》，《稳步推进利率市场化报告》，《中国货币政策执行报告》增刊，2005 年 1 月。

是以交易记录进行计算的，仍然面临由于交易缺乏而导致的相应期限利率空缺问题，而且债券质押式回购所质押的债券品种也比较复杂，既有无风险的国债，又有企业债、公司债、政策性金融债等各种债券，各类型债券的内在风险性质不尽一致，以交易量为权重计算的加权平均利率也并非完全意义上的无风险利率。我国银行间质押式回购和同业拆借不同期限产品占比情况，参见表8–2。

表8–2　银行间质押式回购和同业拆借不同期限产品占总成交的比重

单位：%

年份	质押式回购					银行间同业拆借				
	隔夜	7 天	14 天	21 天	1 个月	隔夜	7 天	14 天	20 天	30 天
1997	0.00	8.39	17.65	8.23	16.99	6.50	26.15	0.00	10.63	13.74
1998	0.00	37.05	17.85	6.54	16.92	5.91	22.51	0.00	14.52	22.63
1999	0.00	41.38	23.61	6.76	11.94	10.90	28.63	0.00	7.39	21.19
2000	0.00	67.86	15.42	6.88	3.30	7.75	63.64	0.00	12.04	4.96
2001	0.00	77.92	12.88	4.85	2.28	12.85	69.38	0.00	11.55	4.37
2002	0.00	83.38	11.58	2.11	1.32	16.64	70.40	0.00	8.29	2.41
2003	16.92	66.80	11.41	1.86	1.47	26.67	60.51	7.80	2.23	1.83
2004	22.57	58.28	11.47	3.09	2.51	19.47	71.55	4.36	2.11	1.30
2005	45.73	38.79	9.14	2.37	1.45	17.44	70.08	3.56	4.72	2.34
2006	51.04	37.36	8.50	1.34	1.22	29.57	60.07	6.83	1.77	0.89
2007	52.19	35.95	8.73	1.34	1.12	75.43	20.46	2.57	0.47	0.32
2008	63.86	26.65	6.46	1.27	1.30	70.78	23.26	3.15	0.74	0.75
2009	77.76	15.36	4.84	0.97	0.62	83.55	11.03	3.09	0.53	1.06
2010	79.97	14.25	3.43	0.63	1.02	87.86	8.71	1.82	0.23	0.58
2011	75.40	16.20	4.50	1.20	1.40	81.70	12.70	3.00	0.68	0.80
2012	81.20	12.60	3.47	0.73	0.96	86.20	8.98	2.58	0.51	0.96

资料来源：CEIC。

三、Shibor 基准利率体系发展情况

从各国和地区的经验来看，基准利率一般是根据信用等级较高的银行报出的同业拆出利率计算确定的平均利率，如英国的 Libor （London Inter-bank Offered Rate）、欧元区的 Euribor （Euro Interbank Offered Rate）、日本

的 Tibor（Tokyo Interbank Offered Rate）以及我国香港的 Hibor（Hongkong Interbank Offered Rate）等。这些基准利率体系都是由当地信用等级较高、交易规模较大、定价能力较强的金融机构所组成的报价银行团通过报价机制形成的，一般是在各行报价的基础上，剔除一定比例最高、最低的报价部分，并对剩余报价算术平均而得，是各报价银行拆出资金的利率报价而非实际成交利率。

为进一步推动利率市场化、培育中国货币市场基准利率体系、提高金融机构自主定价能力、指导货币市场产品定价以及完善货币政策传导机制，中国人民银行借鉴国际经验，于 2007 年 1 月正式推出了基于报价机制的中国货币市场基准利率 Shibor。目前，Shibor 是由公开市场一级交易商或外汇市场做市商，在中国货币市场人民币交易相对活跃、信用等级较高、信息披露较充分的 16 家主要银行组成的报价团自主报出的人民币同业拆出利率，剔除最高、最低各 2 家报价并对其余报价进行简单算术平均后所确定平均利率，是单利、无担保、批发性利率，每个交易日的 11：30 对社会公布包括隔夜、1 周、2 周、1 个月、3 个月、6 个月、9 个月及 1 年共 8 个品种。各期限档次的 Shibor 形成了一条从隔夜至 1 年期的完整利率曲线，具有较好的平滑特征。

经过几年的运行，Shibor 货币市场基准利率的地位得到了确立和巩固。由于 Shibor 体现了报价行对资金成本、市场资金供求及货币政策预期等因素的综合考虑，对货币市场具有较强的影响力。Shibor 与同业拆借、债券回购等主要货币市场利率高度相关，且 3 个月以内 Shibor 有货币市场交易支持，与拆借、回购实际交易利率走势一致，主要反映市场资金供求变动；3 个月及其以上中长端 Shibor 更多地反映了市场对未来利率走势的预期，交易主要集中在债券市场、票据市场和衍生品市场，并与中长端债券回购利率等主要货币市场利率形成了合理的利差。[①]

Shibor 还在市场化产品定价中得到了广泛运用。在 Shibor 运行的第一年，82% 以上的同业拆借和回购交易都以 Shibor 为基准成交，以 Shibor 为基准的利率互换、远期利率协议等金融创新产品成交活跃，票据转贴现、同业存款、回购等业务初步建立了以 Shibor 为基准的市场化定价机制，报价行内部资金转移定价也开始与 Shibor 挂钩。另外，2008 年 10 月以来，

---

① 《Shibor 的货币市场基准利率地位逐步夯实》，《中国人民银行 2009 年第四季度货币政策执行报告》。

中国人民银行与马来西亚、韩国等国家的中央银行签署了 6500 亿元的货币互换协议，全部采用 Shibor 为基准利率。Shibor 在金融市场产品定价的应用情况参见表 8-3。目前，金融市场正形成以 Shibor 为基准的定价群，各种利率间的比价关系日趋合理、清晰。

表 8-3　**Shibor 在金融市场产品定价中的应用情况**

		浮息债券	短期融资券	企业债	利率互换	远期利率协议	中期票据
发行（只）/ 成交数（笔）	2007 年	10	107	78	424	14	n.a.
	2008 年	3	156	57	1783	137	17
	2009 年	10	n.a.	190	n.a.	27	n.a.
	2010 年	24	n.a.	189	n.a.	20	n.a.
	2011 年	15	n.a.	195	n.a.	3	n.a.
	2012 年	n.a.	n.a.	483	n.a.	3	n.a.
金额 （亿元）	2007 年	990	1376	1657	285	11	n.a.
	2008 年	122	1786.3	2346.9	899.2	113.6	449
	2009 年	728	1272	4252	1292.6	60	n.a.
	2010 年	552	2414	3621	6046.4	33.5	n.a.
	2011 年	1302.8	2418	2499	12175.6	3.0	n.a.
	2012 年	n.a.	3888	6490	14513.6	2	n.a.
金额在此类 交易中占比 （%）	2007 年	18	41	97	13	100	n.a.
	2008 年	4.6	42	100	22	100	26
	2009 年	19	28	100	28	100	n.a.
	2010 年	13	37	100	40.3	100	n.a.
	2011 年	26.5	31	100	45.5	100	n.a.
	2012 年	n.a.	46	100	50.01	100	n.a.

资料来源：《中国人民银行货币政策执行报告》各期。

第三节　数据说明及相等性检验

一、数据说明

通过前面的讨论可以看到，同业拆借和债券质押式回购市场是我国货币市场最主要的组成部分，其利率也最具影响力，因此本书主要考察同业拆借加权平均利率和债券质押式回购加权平均利率与 Shibor 的关系。通过 CEIC 数据库，笔者获得 2006 年 10 月至 2011 年 12 月的月度数据，并按照与 Shibor 期限匹配的原则和实际成交情况，选取相应的变量进行经验分析。

同业拆借利率和债券质押式回购利率都是基于实际交易的数据，而 Shibor 则是报价数据，如果 Shibor 能够对真实交易起到基准性作用，那么实际交易数据与报价数据的差距就不应很大。当然，由于 Shibor 是剔除最高和最低各两家报价并对其余报价进行简单的算术平均得到的，而同业拆借和债券质押式回购都是根据交易量进行加权平均得到，因此二者在理论上不会完全相等。但是，如果 Shibor 的报价是真实、准确的，那么经过长时间的数据积累和不断完善后，报价序列与实际交易序列的均值和方差在理论上应该是相同的。这样，本书可以通过均值和方差相等性检验来考察 Shibor 的基准性。

二、均值和方差相等性检验

均值相等性检验，主要是利用 Anova（Analysis of Variance，）F 检验进行。设 $x_{g,i}$ 为数据组 g 中的第 i 个观察值，其中，g = 1，2，…，G，i = 1，2，…，n_g；各组之间的样本平方和及各组本身的样本平方和分别为：$SS_B = \sum_{g=1}^{G} n_g (\bar{x}_g - \bar{x})^2$ 和 $SS_W = \sum_{g=1}^{G} \sum_{i=1}^{n_g} (x_{ig} - \bar{x}_g)^2$，其中，$\bar{x}_g$ 为组 g 的样本均值，$\bar{x}$ 为总体样本均值。对于均值相等的 F 统计量定义为：

$$\text{Anova F} = \frac{SS_B/(G-1)}{SS_W/(N-G)} \tag{8-1}$$

其中，N 为所有样本观察值，自由度为（G-1）和（N-G），且各组为同均值、同方差的独立的相同正态分布。

类似的，对于仅有两序列的方差相等检验，通过计算各组序列的方差，并将方差较大的一组计为下标 L，方差较小的一组计为下标 S，构建 F 统计量为：

$$F = S_L^2 / S_s^2 \tag{8-2}$$

其中，s 为组 g（= 1，2）的方差。

这里，均值相等的 Anova F 统计量和方差相等的 F 统计量的原假设是两组序列具有相同的均值和方差。在方差相等性检验中，通过 Eviews5.0 还可以得到 Siegel-Tukey 统计量（近似服从正态分布）、Bartlett 检验（近似服从自由度为 G-1 的 χ^2 分布）、Levene 检验（近似服从分子自由度为 G-1，分母自由度为 2N-G 的 F 分布）、Brown-Forsythe 检验（即修正的 Levene 检验）等不同的检验结果。

三、检验结果

由于本书只是关心 Shibor 与 Chibor、Repo 的关系，因此仅对同期限的 Shibor 和 Chibor、Repo 构成的两序列组进行同均值、同方差检验即可，结果如表 8-4 所示。

表 8-4 **Shibor** 与同期限 **Chibor**、**Repo** 均值和方差相等性检验结果

	均值相等检验	方差相等检验				
	Anova F-Statistic	F-Test	Siegel-Tukey	Bartlett	Levene	Brown-Forsythe
Chibor1	0.9303 (0.3540)	1.7612 (0.1790)	0.5904 (0.5549)	0.2720 (0.2790)	2.2428 (0.1368)	1.6918 (0.1958)
Chibor7	0.2057 (0.8374)	1.7305 (0.0326)**	0.6392 (0.5527)	4.5671 (0.0326)**	0.5494 (0.4600)	0.4614 (0.4982)
Chibor14	0.4945 (0.6218)	1.3760 (0.2117)	0.0829 (0.9339)	1.5601 (0.2116)	0.4669 (0.4957)	0.3953 (0.5307)
Chibor30	0.2114 (0.8330)	1.2936 (0.3135)	0.2122 (0.8319)	1.0160 (0.3135)	0.2355 (0.6283)	0.1773 (0.6744)
Chibor90	0.4113 (0.6885)	1.1170 (0.6644)	0.6977 (0.4853)	0.1882 (0.6644)	0.3492 (0.5557)	0.2228 (0.6377)
Chibor180	1.6809 (0.0955)*	1.0799 (0.7760)	0.1672 (0.8672)	0.0847 (0.7710)	0.1879 (0.6654)	0.2189 (0.6407)
Chibor270	1.9458 (0.0547)*	1.0755 (0.7889)	0.1769 (0.8596)	0.0525 (0.8188)	0.6228 (0.4320)	0.6313 (0.4289)
Chibor360	1.7049 (0.0912)*	1.2738 (0.4129)	0.5004 (0.6168)	0.7257 (0.3943)	0.3986 (0.5292)	0.2756 (0.6007)
Repo1	0.8300 (0.4082)	1.5835 (0.1106)	0.3462 (0.7290)	2.7688 (0.1806)	1.4967 (0.2235)	1.1236 (0.2912)
Repo7	0.2937 (0.7695)	1.6031 (0.0654)*	0.8294 (0.4068)	3.3939 (0.0654)*	0.2728 (0.6023)	0.2100 (0.6475)
Repo14	0.1073 (0.9147)	1.1775 (0.5219)	0.6245 (0.5323)	0.4102 (0.5219)	0.0242 (0.8766)	0.0135 (0.9079)

续表

	均值相等检验	方差相等检验				
	Anova F-Statistic	F-Test	Siegel-Tukey	Bartlett	Levene	Brown-Forsythe
Repo30	0.2864 (0.7750)	1.2675 (0.3532)	0.2391 (0.8110)	0.8621 (0.3532)	0.1861 (0.6669)	0.1250 (0.7243)
Repo90	0.0299 (0.9762)	1.0837 (0.7526)	0.4245 (0.6712)	0.0993 (0.7526)	0.2494 (0.6184)	0.0840 (0.7725)
Repo180	1.1340 (0.2596)	1.2241 (0.4495)	0.4909 (0.6235)	0.5866 (0.4437)	0.8251 (0.3656)	0.8855 (0.3487)
Repo270	1.5990 (0.1133)	1.5377 (0.2118)	1.5548 (0.1200)	1.8478 (0.1740)	2.9782 (0.0878)*	1.5672 (0.2139)
Repo360	1.2875 (0.2008)	1.4811 (0.1830)	1.9165 (0.0553)*	1.9236 (0.1655)	5.5072 (0.0209)**	4.0683 (0.0463)**

注：括号内数字为相应统计量的 P 值，**、* 分别代表显著性水平 5% 和 10%。

　　这里的检验原假设是均值、方差相等，因此检验的 P 值越大，说明两序列均值、方差相等的概率越大。从表 8-4 的检验结果来看，所有 Shibor 与债券质押式回购利率具有较好的关系，都无法拒绝两者均值相等的原假设；尽管 6~12 个月同业拆借利率与同期限 Shibor 在 10% 显著性水平下拒绝了均值相等的原假设，但这可能与同业拆借包含了大量信用因素有关。从方差相等性检验来看，除个别检验式拒绝两者相等外，都无法在 10% 的显著性水平下拒绝原假设，因此可以比较有把握地说，Shibor 报价对于债券质押式回购和同业拆借实际成交时的利率具有很高的真实性，是比较可靠的。另外，从均值相等性检验的 P 值来看，6 个月以内的质押式回购利率和 3 个月内的同业拆借利率与同期限 Shibor 的 P 值都在 50% 以上，说明 Shibor 对短端货币市场利率具有很好的指向性作用；尽管大部分结果无法拒绝中长端均值相等的原假设，但 P 值在 50% 以下，这与实践中 3 个月以上的中长端 Shibor 报价与实际交易成交价之间的利差仍然较大是一致的（易纲，2008）。

第四节　基于向量自回归（VAR）模型的分析

　　传统的经济计量模型（如联立方程）都是以经济理论为基础来描述变

量间的关系及因变量对自变量的反应，但经济理论并没有对各主要利率体系究竟孰能够起到基准利率作用提供一个严密的说明，因此这里采用 Sims（1980）提出的基于数据统计性质的向量自回归模型（VAR）进行分析。由于 Shibor 期限较多，共有 8 个期限，债券质押式回购利率则更是多达11 个期限，而从表 8-2 中可见，2007 年以来，我国同业拆借和债券质押式回购业务绝大部分都是隔夜交易，而且隔夜交易占交易份额的比重还在持续上升，这说明我国金融机构流动性管理日益成熟，对市场短端利率的敏感性越来越强；第三章的分析也表明，无风险的国债收益率曲线隔夜收益率能够引起长端收益率的变化，这与发达国家中央银行仅钉住货币市场短期利率相一致。因此，本书仅考察隔夜 Shibor 对隔夜拆借利率和质押式回购利率的引导作用。

一、序列平稳性检验

VAR 模型要求序列必须是平稳的，否则容易产生伪回归问题（Granger 和 Nwebold，1974）。本书对各序列进行平稳性检验。通过 PP 检验可以发现，各期限利率的水平序列都不是平稳的，而其一阶差分序列都在 1%水平下通过平稳性检验，因此各期限利率都是 I（1）序列，如表 8-5 所示。

表 8-5　隔夜利率平稳性检验

变量	PP 统计量	变量	PP 统计量
Shibor1	−2.2546	D（Shibor1）	−9.2181***
Repo1	−2.3566	D（Repo1）	−10.686***
Chibor1	−2.103	D（Chibor1）	−9.3842***

注：D 代表差分变量，根据检验方程的 AIC 和 SC 准则，利率水平变量检验形式加入常数项，差分变量和残差项为既无常数项也无时间趋势项，*** 代表显著性水平 1%。

二、协整关系检验及 VAR 模型最优滞后阶数检验

通过基于多变量的 Johansen 协整检验可以发现（滞后阶数根据后面VAR 系统检验而确定），无论是特征根迹检验还是最大特征根检验都表

明，在5%显著性水平下，隔夜 Shibor 与隔夜拆借利率和隔夜质押式回购利率至少存在两个确定性的协整关系，因此根据 Sims、Stock 和 Watson（1990）可以将这三个水平变量进入 VAR 系统进行分析，如表8-6所示。

表8-6　隔夜利率 Johansen 协整检验结果

假设协整方程个数	特征值	特征根迹检验	P 值	最大特征值	P 值
没有	0.3617	44.22143	0.0006	27.38372	0.0058
1 个	0.2265	16.83771	0.0312	15.66827	0.0298
2 个	0.0190	1.169438	0.2795	1.169438	0.2795

通过不同标准对 VAR 系统最优滞后数的检验（最大试算阶数为6），可以发现似然比（LR）、最终预测误差（FPE）、AIC 标准各不相同，但 SC 和 HQ 准则都显示最优滞后阶数为1，因而选择滞后阶数为1，具体结果如表8-7所示。

表8-7　隔夜利率 VAR 最优滞后阶数检验结果

Lag	LR	FPE	AIC	SC	HQ
0	NA	0.001241	1.822109	1.929638	1.863899
1	98.57944	0.000265	0.277910	0.708026*	0.445067*
2	20.46394	0.000242	0.184420	0.937123	0.476946
3	17.22766*	0.000232	0.133664	1.208954	0.551558
4	16.52124	0.000221*	0.073970	1.471848	0.617233
5	11.73242	0.000233	0.103603	1.824067	0.772234
6	15.01262	0.000223	0.024324*	2.067375	0.818323

注：* 代表显著性水平为10%。

观察 VAR 系统的特征根可以发现，如图8-1所示。VAR 模型的全部三个特征根都落在单位圆以内，因此说明我们所设定的 VAR 模型是稳定的。

三、Granger 因果检验

在确立 VAR 系统的最优滞后阶数后，可以对于 VAR 模型中的各变量进行 Granger 因果检验。从表8-8中可以很明显地看到，虽然质押式回购

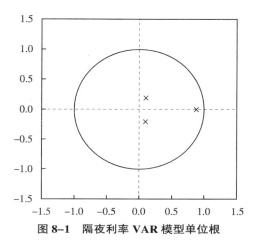

图 8-1　隔夜利率 VAR 模型单位根

利率和同业拆借利率互为 Granger 因果关系，但 Shibor 始终是质押式回购利率和同业拆借利率的 Granger 原因；但反之这一关系并不成立。这说明 Shibor 对质押式回购利率和同业拆借利率起到了很好的决定作用，Shibor 货币市场基准利率的地位是明确可靠的。

表 8-8　隔夜利率 Granger 因果检验结果

VAR Granger Causality/Block Exogeneity Wald Tests											
Dependentvariable：SHIBOR1				Dependentvariable：REPO1				Dependentvariable：CHIBOR1			
Excluded	Chi-sq	df	Prob.	Excluded	Chi-sq	df	Prob.	Excluded	Chi-sq	df	Prob.
REPO1	1.732168	1	0.1881	CHIBOR1	6.915989	1	0.0085	REPO1	6.044631	1	0.0139
CHIBOR1	1.923813	1	0.1664	SHIBOR1	9.685954	1	0.0019	SHIBOR1	12.32460	1	0.0004
All	2.117677	2	0.3469	All	19.91253	2	0.0000	All	19.40547	2	0.0001

四、结构 VAR 及脉冲响应分析

在确立了因果关系后，可以根据市场利率形成机制来构建一个结构 VAR，并进一步分析不同利率冲击的传导效果。在我国银行同业市场交易上，每天上午 9 点半开始交易，各大机构一般都会首先根据自身的资金状况和对市场流动性的判断确定一个报价利率水平，并根据实际交易情况修正报价，从而确定其拆出利率报价。这样，尽管 Shibor 报价是在 11：30 才公布，但各金融机构在此之都确定了自己的报价，并通过质押式回购和拆借业务体现出来。由于拆借交易属于信用交易，较质押式回购仍存在一定的信用风险，因此金融机构在进行拆借交易报价时，理论上应当参考 Shibor 及风险更小的回购交易利率。这样，对 VAR 施加短期约束，结构式残差 u_t 与无约束残差 ε_t 在 Cholesky 分解下的关系如下式所示：

$$
\begin{pmatrix} \varepsilon_t^{Shibor1} \\ \varepsilon_t^{Repo1} \\ \varepsilon_t^{Chibor1} \end{pmatrix} = \begin{pmatrix} S_{11} & 0 & 0 \\ S_{21} & S_{22} & 0 \\ S_{31} & 0 & S_{33} \end{pmatrix} \begin{pmatrix} u_t^{Shibor1} \\ u_t^{Repo1} \\ u_t^{Chibor1} \end{pmatrix}
$$

或者，$A\varepsilon_t = Bu_t$，$t = 1, 2, \cdots, T$，变量和参数矩阵为：

$$
A = \begin{pmatrix} 1 & 0 & 0 \\ C(1) & 1 & 0 \\ C(2) & 0 & 1 \end{pmatrix}, B = \begin{pmatrix} C(3) & 0 & 0 \\ 0 & C(4) & 0 \\ 0 & 0 & C(5) \end{pmatrix}, \varepsilon_t = \begin{pmatrix} \varepsilon_t^{Shibor1} \\ \varepsilon_t^{Repo1} \\ \varepsilon_t^{Chibor1} \end{pmatrix},
$$

$$
u_t = \begin{pmatrix} u_t^{Shibor1} \\ u_t^{Repo1} \\ u_t^{Chibor1} \end{pmatrix}
$$

这样，通过完全信息极大似然方法估计得到 SVAR 模型的所有未知参数如表 8-9 所示。

表 8-9 隔夜利率 SVAR 参数估计结果

Model：Ae = Bu where E[uu′] = I			Restriction Type：short-run pattern matrix
	Coefficient	Std. Error	z-Statistic	Prob.
C(1)	−0.375296	0.062570	−5.998027	0.0000
C(2)	−0.337820	0.058448	−5.779784	0.0000
C(3)	0.676270	0.060731	11.135530	0.0000
C(4)	0.333182	0.029921	11.135530	0.0000
C(5)	0.311235	0.027950	11.135530	0.0000

由表 8-9 可知，SVAR 短期约束的各个参数都通过了显著性检验，说明我们施加的约束是合理的。这样，进一步观察脉冲响应函数的结构式分解情况。从图 8-2 中可见，对于 1 单位正的隔夜 Shibor 的冲击，质押式回购利率和同业拆借利率的波动在第 1 期都有正的影响，而且这种正的影响

在第 3 期达到最大，之后逐步减弱并趋近于 0；对于 1 单位正的隔夜质押式回购利率和同业拆借利率的冲击，Shibor 所受到的影响非常小，几乎可以忽略不计，这充分说明了 Shibor 基准利率的引导作用。观察同业拆借利率与质押式回购利率冲击的影响可以发现，质押式回购利率对于同业拆借利率冲击的反应更小，而同业拆借利率对质押式回购利率冲击的反应更大，这也与在市场交易中基于信用且风险更高的拆借利率主要还是参考风险更低的利率（Shibor 及质押式回购利率）的实际情况相吻合，说明我们的分析是非常可靠的。

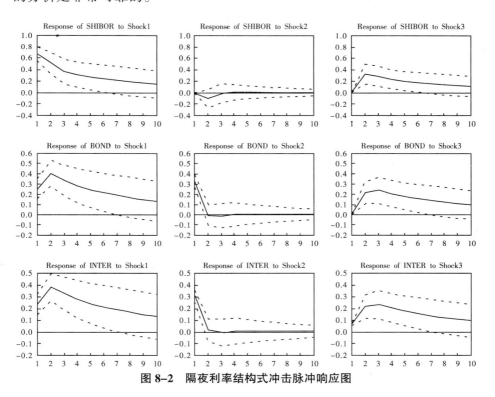

图 8-2　隔夜利率结构式冲击脉冲响应图

第五节　本章小结

通过运用均值、方差均等性检验和 VAR 模型对 2006 年 10 月以来的数据分析表明，Shibor 已经很好地发挥了货币市场基准利率的作用，不仅在金融产品定价中逐渐得到了广泛的应用，更与同业拆借、债券质押式回购等货币市场主要利率体系呈现较好的长期稳定关系，特别是短期 Shibor 报价真实性较高，3 月以上的中长期报价也体现了良好的无风险特性。对隔夜利率的分析表明，Shibor 是同业拆借利率和质押式回购利率的 Granger 原因，Shibor 的冲击对同业拆借利率和债券质押式回购利率也有显著的影响，说明 Shibor 作为基准利率的作用已经确立。事实上，对其他各期限的分析同样表明，Shibor 对同期限债券质押式回购利率和同业拆借利率同样具有良好的引导性作用（限于篇幅，不报告具体结果），而正如第二章所指出的，在实际交易过程中出现的三个月期以上市场利率与 Shibor 的偏离，可以用流动性溢价因素得到解释，Shibor 货币市场基准利率的地位是可靠的。

目前，国内很多学者认为现行的股票发行机制对货币市场的剧烈影响一定程度上使得 Shibor 报价失真（詹向阳等，2008；方先明、花旻，2009；等等），但这本身并非是 Shibor 报价机制造成的，而应改革相应的股票发行制度。由于新股发行带来的货币市场利率骤升也必然体现在报价利率体系当中，这恰恰说明 Shibor 能够真实地反映市场资金供求。由于 Shibor 报价行没有按报价成交的义务，不具有实质交易的约束力，这引起了人们对其报价决定的有效性和真实性的怀疑（詹向阳等，2008），但经验分析可以打消这种疑虑。Shibor 与债券质押式回购利率具有很好的关系，其信用风险甚至要小于同业拆借利率。应该看到，在市场信用风险较大的情况下，报价利率与真实成交利率之间存在较大的利差也是可以理解的，即使是已经非常成熟的 Libor 报价的准确性，在次贷危机以来就饱受各界的质疑。[1] 作为不断发展的金融市场，正如易纲（2008）指出的，我

---

[1] 参见张卫华：《尴尬的 Libor 和孤独的 Shibor》，经济观察网，www.eeo.com.cn，2008 年 6 月 24 日。

国货币市场中有的交易价包含了一些超出市场安排的因素，包括与对手方的其他利益安排和利益调整，能和某个确定对手成交但不能和其他对手成交等情况依然存在，这都会导致 Shibor 报价失真。但是，在报价的基础上对于正常的信用风险在实际成交中施加必要的风险溢价也是必要的。今后应进一步探索提高 Shibor 报价真实性机制，提高报价的透明度，将非市场利益因素尽量排除在报价之外，尽量减少由于报价对手不同所带来的信用风险溢价，从而形成一条接近于无风险状态的 Shibor 报价体系；完善对报价行的激励约束机制，建立正常的 Shibor 报价行进出机制，进一步加强 Shibor 在金融产品定价中的应用和商业银行内部资金转移定价管理水平，从而有效完善 Shibor 货币市场基准利率的作用。

第九章　我国中央银行基准利率、公开市场操作与货币市场利率引导

第一节　我国公开市场操作与货币市场利率引导

　　虽然 1998 年我国恢复人民币公开市场操作以来，市场操作主要以基础货币和银行体系流动性（超额储备）为主要目标，但数量目标的操作不可避免地影响货币市场的资金流动性，进而影响货币市场利率。与法定存款准备金率和存贷款基准利率等政策手段不同，公开市场操作是间接货币政策调控中最能够体现市场经济原则的操作手段。中央银行是通过与金融机构的交易行为来影响自身的资产负债表结构和数量，并进而影响金融机构的资金头寸。公开市场操作的原则是中央银行与金融机构双方共同自愿的交易，而不能通过强制手段要求对方接受交易条件，中央银行必须考虑市场的实际情况，依靠价格机制实现既定的政策操作目标，通过货币市场利率波动来实现既定的货币数量目标，或者通过基础货币和流动性的变化来实现价格目标。

　　一方面，数量调整不可避免地影响市场价格。在实行宽松货币政策投放基础货币时，就要引导市场利率降低；在实行紧缩性货币政策回笼基础货币时，就要引导市场利率上升。由于公开市场操作改变了金融体系的流动性数量，也就影响了市场的资金供求，从而起到引导利率的作用。另外，在具体的操作中，中央银行不同的公开市场操作意图对利率也会产生不同程度的影响。中央银行通过公开市场操作投放或回笼货币改变金融机构的头寸时，金融机构还会观察中央银行数量调整是防御性操作还是长期

的主动性操作。如果中央银行为应对大量票据到期而产生的流动性压力进行对货币的回笼操作，即防御性操作，那么其对市场利率的影响就相对较小；反之，中央银行持续加大货币回笼的力度，则表明其货币政策紧缩的立场明确，货币市场利率将明显上升。

另一方面，公开市场操作业务所形成的利率将直接引导市场利率。我国的公开市场操作采用市场化的招标方式进行，这样实际上形成了市场引导的利率和数量形成机制。就具体的招标形式而言，主要有价格（利率）招标和数量招标两种基本形式。价格（利率）招标是中央银行明确招标数量，金融机构以价格（利率）为标的进行投标，价格（利率）由竞标形成。数量招标是中央银行明确最高招标量和价格，金融机构以数量为标的进行投标。如果投标量超过招标量，则按比例分配；如果投标量低于招标量，则按实际投标量确定中标量。可见，价格招标是发现市场价格的过程，体现了数量调控的意图；数量招标则是中央银行用指定价格发现市场资金供求的过程，体现了利率目标的意图。虽然公开市场操作以数量目标为主并主要采用利率招标的形式，[①]但价格招标同样能够体现中央银行的市场利率意图。因为，尽管利率的上升和下降是由金融机构投标所决定的，但中央银行可以选择接受或不接受中标利率。如果投标利率超过了中央银行的可接受范围，那么就会产生公开市场操作的流标。在我国最近几年的公开市场操作实践中，就曾多次出现过中央银行票据流标的现象。

就我国而言，货币市场利率的稳定一直是公开市场操作和货币政策的一个重要操作目标（戴根有，2003；张晓慧，2008），中国人民银行每次公开市场操作公告也都说明其主要目的是"为保证基础货币平稳增长和货币市场利率基本稳定"，利率水平是央行货币政策调控时考虑的重要因素。由于公开市场操作具有灵活、可靠的特点，既可以大幅度地调整，也可以灵活微调，而且能够通过市场自主交易有效引导货币市场利率，因此公开市场操作有着准备金等其他货币政策所不具备的优点。

---

① 1998~2010年公开市场操作中，在全部可获得招标方式的交易中，回购交易和中央银行票据发行中价格招标分别占全部招标次数的73.5%和95.6%（资料来源：Wind）。

第二节　中央银行票据操作与中央银行基准利率

中国人民银行本币公开市场操作始于 1996 年，但受到当时国内债券市场不发达、交易品种少等因素的限制，当年仅开展了几笔交易，交易量仅为 20 多亿元，1997 年则停止了公开市场操作（戴根有，2003；孙国峰，2003）。通过大力发展银行间债券市场，1998 年中国人民银行重新恢复人民币公开市场操作，将交易品种扩大至政策性金融债，这丰富了公开市场操作的工具品种，为成功开展操作提供了必要条件（张翠微，2009）。在当时通货紧缩的背景下，中国人民银行主要通过逆回购投放基础货币；2000 年针对成立资产管理公司、剥离银行不良贷款而大量增加的基础货币引入正回购业务；2001 年下半年根据当时通货紧缩形势大量开展了现券买断业务，增加基础货币投放；2002 年随着我国经济逐步走出通货紧缩，外贸顺差和外汇占款持续增加，基础货币增速加快，商业银行流动性过多，中国人民银行曾经开展现券卖断交易。但是，由于开展公开市场操作时间不长，现券卖断和正回购交易受到中央银行债券资产不足的限制，因此中国人民银行于 2002 年尝试将正回购转化为中央银行票据，并于 2003 年 4 月正式发行中央银行票据。

中央银行票据与国债一样具有政府信用，即具有无风险和高流动性的特点，因此央票发行利率通常要较同期限回购利率更低。这样，央票在对冲大量流动性过程中具有更为明显的价格优势。另外，回购交易的期限一般都比较短，大多为 7 天、14 天或 28 天。[①] 在流动性过剩的大背景下，逆回购往往发生在受季节性因素影响的现金需求旺盛时期（最主要的是春节期间），正回购交易由于期限较短，冻结流动性的效果有限。因此，发行中央银行票据成为 2003 年以来中国人民银行最主要的公开市场业务，也是对冲流动性最经常的货币政策手段。在公开市场操作时，以发行中央银行票据为主，并为应对

---

① 2003~2010 年，中国人民银行共进行 7 天回购 180 次，占全部交易次数的 24.7%，14 天回购 117 次，占全部交易次数的 16.05%，28 天回购 232 次，占全部交易次数的 31.82%，91 天回购和 181 天回购占全部交易次数分别为 18.79% 和 6.45%（资料来源：Wind）。

市场出现的新变化，搭配使用回购交易，灵活调节市场资金头寸，从而形成了比较完备的公开市场操作模式。央票发行利率和正回购利率如图9-1所示。

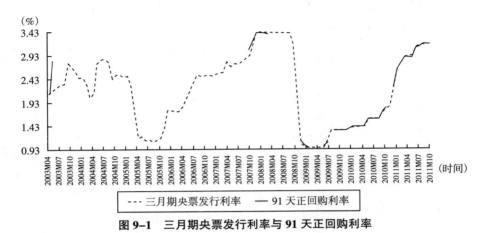

图9-1 三月期央票发行利率与91天正回购利率

资料来源：Wind。

应该说，发行央票是中央银行迫于现券不足而采取的替代策略。只有一定数量规模的国债才能满足中央银行和金融机构交易的需求，才可能为中央银行以国债进行现券或回购交易调节基础货币提供必要条件。但是，目前我国国债市场的发展仍无法满足中央银行公开市场操作的需求，国债发行仍然存在很多不足，市场规模较小、流动性不强。在此次金融危机爆发之前，美联储手中的国债占其资产的比重在80%以上，而中国人民银行对政府的债权占其总资产的比重由1987年最高的13.4%一度下滑至2005年的2.2%，这也是历史的最低水平，并直接限制了央行以国债开展公开市场操作的能力。特别是，我国短期国债发行量较少，发行仍不规律，从而使市场很难根据国债发行确定短期利率基准。但中央银行如果过多地以中长期国债开展公开市场操作，将在事实上形成中长期而非短期利率基准，这既不利于我国货币市场基准利率体系的发展，也不符合各国中央银行只调节货币市场短期利率的通常做法。

与国债相比，中央银行票据在公开市场操作方面具有明显的优势。央票本质上是中国人民银行的负债，在操作时将更为积极主动。中央银行票据发行也形成了一定的规律，每周二和周四开展两次公开市场操作，采取定期滚动拍卖的方式发行，业务操作非常规范、公开、透明。中央银行票

表9-1　我国国债、央票发行和交易情况

单位：亿元，%

年份	2003	2004	2005	2006	2007	2008	2009	2010	2011
银行间市场和交易所市场国债发行量	5442.37	4808.78	5042.00	6933.30	21883.16	7246.39	14213.58	15878.18	15417.89
占全部债券发行的比重	30.84	17.55	11.95	12.14	27.44	10.25	16.44	16.70	19.72
其中：1年（含）以下	355.00	634.80	1396.50	2121.80	2261.50	1749.20	5356.30	5047.36	2853.49
银行间市场国债交易量	71660.25	52496.16	82226.44	113118.89	174888.00	209300.08	235242.74	303018.59	84733.43
占银行间市场交易量比重	47.34	41.06	35.99	29.55	27.81	20.76	19.37	18.65	13.52
央票发行量	7226.80	17037.34	27882.00	36573.81	40721.28	42960.00	39740.00	46608.00	14140.00
占全部债券发行的比重	40.95	62.19	66.10	64.06	51.06	60.74	45.96	49.02	18.10
其中：1年（含）以下	7226.80	14771.50	24332.00	36522.70	26576.00	33280.00	39740.00	34468.00	12900.00
央票交易量	17427.06	18903.30	57141.64	117409.19	228634.70	477904.26	39740.00	431508.60	117757.13
占银行间市场交易量比重	11.51	14.79	25.01	30.67	36.36	47.40	30.70	26.56	18.80

资料来源：中国债券信息网。

据获得了市场的普遍欢迎。从表 9-1 中可见，从 2006 年起，央票交易量占银行间债券市场交易量的比重开始超过国债，而且在 2008 年央票交易量几乎占市场交易量的 50%，只是由于宏观调控的原因，这一数据才在 2011 年有所回落。大量具有较强流动性、交易活跃的中央银行票据更符合公开市场操作的要求。特别是，从信用等级上来看，中央银行与国债具有相同的政府信用，是无风险产品，而且大部分央票都是一年期以下的短期产品，可以说央票利率已经初步具备了中央银行基准利率的特征，央票利率起到了中央银行目标利率的作用（吴晓灵，2008）。

第三节　对央票基准利率作用的经验分析

一、指标选取

根据 Wind 资讯的统计，2003 年 4 月至 2011 年 12 月，中国人民银行共发行三月期央票 398 次，发行量达 103658.7 亿元；一年期央票 366 次，发行量达 114145.8 亿元，而六月期和三年期央票发行次数和发行量仅分别为 57 次、8484.9 亿元和 114 次、39105 亿元。无论是从发行的数量、连续性还是从规律来看，三月期央票和一年期央票是最主要的央票品种。从发行的连续性上看，一年期央票发行不连续情况较多，如 2008 年底至 2009 年 6 月，曾有连续半年多的发行空白期，而三月期央票除 2006 年 1 月空缺外都是连续发行的。因此，笔者选取按发行量加权平均的三月期央票（CP90）作为央票利率变量。

正如第八章中所提到的，我国货币市场利率主要以同业拆借利率和质押式回购利率为主，而且 2006 年 10 月推出的 Shibor 确实发挥了货币市场基准利率的作用，因此笔者主要分析央票发行利率对其的引导作用。由于央票发行期限最短为三个月，而第三章的分析已经表明，隔夜短期利率对其他较长期限利率都具有引导性作用，而且第八章表明隔夜交易构成了货币市场交易的主体，因此在这里分析央票发行利率对货币市场隔夜利率的引导作用。笔者采用 2003 年 4 月至 2010 年 12 月的月度数据进行分析。

二、平稳性检验和 VAR 分析

由于 Shibor 仅有 2006 年 10 月以来的数据，因此将同业拆借利率和质押式回购利率，Shibor 分别与央票利率进行分析。通过平稳性检验可以发现，央票利率也是一阶平稳序列，这样将其与货币市场利率进行协整检验（具体结果参见表 9-2）。

表 9-2　央票利率平稳性检验

变量	PP 统计量
CP90	−1.9169
D(CP90)	−5.1301***

注：D 代表差分变量，根据检验方程的 AIC 和 SC 准则，利率水平变量检验形式加入常数项，差分变量和残差项为既无常数项也无时间趋势项，*** 代表显著性水平 1%。

通过 Johansen 检验可以发现，各货币市场利率均存在确定性的协整关系，因此可以通过 VAR 系统进行分析（具体结果参见表 9-3）。经过最优滞后阶数检验可以发现，央票利率与 Repo 和 Chibor 的最优滞后阶数为 2，而央票利率与 Shibor 的最优滞后阶数则为 3（具体结果参见表 9-4）。

表 9-3　央票利率与市场利率的 Johansen 协整检验结果

假设协整方程个数	CP90 与 Repo1 和 Chibor1					CP90 与 Shibor1				
	特征值	特征根迹检验	P 值	最大特征值	P 值	特征值	特征根迹检验	P 值	最大特征值	P 值
没有	0.1351	27.7041	0.0856	14.32	0.0992	0.317	20.01	0.0296	19.04	0.0263
1 个	0.0836	13.480	0.0983	8.55	0.0948	0.019	0.971	0.3244	0.971	0.3244
2 个	0.0490	4.9253	0.0265	4.63	0.0100					

注：检验形式为序列有线性趋势而协整方程只有截距项。

表 9-4　央票利率与市场利率 VAR 最优滞后阶数检验结果

Lag	CP90 与 Repo1 和 Chibor1					CP90 与 Shibor1				
	LR	FPE	AIC	SC	HQ	LR	FPE	AIC	SC	HQ
0	−74.79980	NA	0.001	1.768177	1.852632	NA	0.719311	5.346286	5.417336	5.3739
1	67.86903	272.3	5.64e−05	−1.269751	−0.931932	181.5771	0.030417	2.182814	2.395964	2.2658

续表

	CP90 与 Repo1 和 Chibor1					CP90 与 Shibor1				
Lag	LR	FPE	AIC	SC	HQ	LR	FPE	AIC	SC	HQ
2	91.45638	43.42*	4.05e−05*	−1.601281*	−1.010099*	30.10912	0.019797	1.752649	2.107898	1.8910
3	97.53924	10.783	4.34e−05	−1.534983	−0.690436	18.834*	0.01573*	1.52128*	2.01863*	1.715*
4	101.0236	5.939	4.93e−05	−1.409628	−0.311717	4.906996	0.016381	1.559069	2.198517	1.8081
5	110.1961	15.00	4.94e−05	−1.413547	−0.062272	2.351341	0.017962	1.646972	2.428519	1.9514
6	117.2148	11.00	5.21e−05	−1.368517	0.236121	NA	0.719311	5.346286	5.417336	5.3739

注：* 代表显著性水平为 10%。

观察 VAR 系统的特征根可以发现（如图 9−2 所示），VAR 模型的全部特征根都落在单位圆以内，因此说明笔者所设定的 VAR 模型是稳定的。

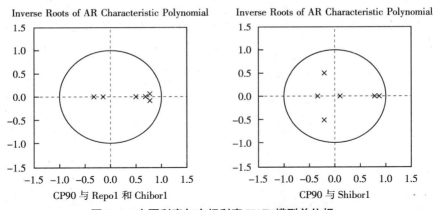

图 9−2　央票利率与市场利率 VAR 模型单位根

三、Granger 因果检验

在确立 VAR 系统的最优滞后阶数后，可以对 VAR 模型中的各变量进行 Granger 因果检验。从表 9−5 中可以很明显地看到，央票利率始终是各主要货币市场利率的 Granger 原因，反之则关系并不成立。这说明央票利率起到了很好的决定作用，央票利率能够有效引导货币市场利率。

表 9-5　央票利率与市场利率 Granger 因果检验结果

VAR Granger Causality/Block Exogeneity Wald Tests											
CP90 与 Repo1 和 Chibor1											
Dependentvariable：CP90				Dependentvariable：REPO1				Dependentvariable：CHIBOR1			
Excluded	Chi-sq	df	Prob.	Excluded	Chi-sq	df	Prob.	Excluded	Chi-sq	df	Prob.
REPO	0.155086	2	0.9254	CP90	11.65997	2	0.0029	CP90	14.79133	2	0.0006
CHIBOR	0.077958	2	0.9618	CHIBOR	2.670997	2	0.2630	REPO	2.423424	2	0.2977
All	1.484044	4	0.8295	All	16.91266	4	0.0020	All	17.25750	4	0.0017

CP90 与 Shibor1							
Dependentvariable：CP90				Dependentvariable：SHIBOR1			
Excluded	Chi-sq	df	Prob.	Excluded	Chi-sq	df	Prob.
SHIBOR1	3.463967	3	0.3255	CP90	7.077415	3	0.065
All	3.463967	3	0.3255	All	7.077415	3	0.065

四、结构 VAR 及脉冲响应分析

在确立了因果关系后，可以借鉴上一章市场利率之间的关系来构建一个结构 VAR，并进一步分析不同利率冲击传导效果。这里，对 VAR 施加短期约束，结构式残差 u_t 与无约束残差 ε_t 在 Cholesky 分解下的关系与第八章相同。通过完全信息极大似然方法估计得到 SVAR 模型的所有未知参数如表 9-6 所示。

表 9-6　央票利率与市场利率 SVAR 参数估计结果

	CP90 与 Repo1 和 Chibor1				CP90 与 Shibor1			
	Model：Ae=Bu where E［uu′］= I				Restriction Type：short-run pattern matrix			
	Coefficient	Std.Error	z-Statistic	Prob.	Coefficient	Std.Error	z-Statistic	Prob.
C（1）	−0.688590	0.220844	−3.117995	0.0018	−0.774021	0.458874	−1.686783	0.0916
C（2）	−0.867161	0.016231	−53.42711	0.0000	0.174101	0.017410	10.00000	0.0000
C（3）	0.186568	0.013192	14.14214	0.0000	0.564912	0.056491	10.00000	0.0000
C（4）	0.412024	0.029134	14.14214	0.0000				
C（5）	0.070050	0.004953	14.14214	0.0000				

从表 9-6 中可见，SVAR 短期约束的各个参数都通过了显著性检验，说明我们施加的约束是合理的。这样，进一步观察脉冲响应函数的结构式分解情况，如图 9-3 所示。

从图 9-3 中可见，对于 1 单位正的央票利率冲击，货币市场利率的波动在第 1 期都有正的影响，而且这种正的影响在第 3 期左右达到最大，之后逐步减弱并趋近于 0；对于 1 单位市场利率的冲击，央票利率所受到的影响非常小，几乎可以忽略不计，这充分说明了央票利率对货币市场利率具有良好的引导作用，中央银行央票操作可以有效引导市场利率，实现货币政策意图。

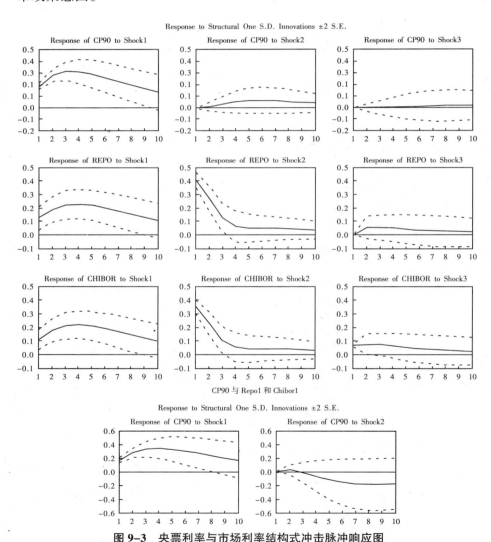

图 9-3 央票利率与市场利率结构式冲击脉冲响应图

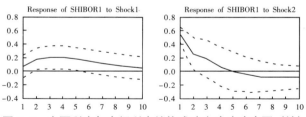

图9-3 央票利率与市场利率结构式冲击脉冲响应图（续）

第四节 对央票利率操作规则的经验分析

目前，国内对于利率规则的讨论，主要是在泰勒规则的基础上展开的。Taylor（1993）对中央银行的规则行为和相机抉择行为进行了论述，并根据美国、英国和加拿大等国的数据模拟发现，以产出、物价与其目标值的差额为根据调节利率的货币政策规则，在稳定产出水平和物价水平方面占优。Taylor（1998）还发现，美联储在20世纪80年代中期以后的沃尔克—格林斯潘时期以来，具有稳定的利率操作规则。[①] 在泰勒规则提出之后，有关泰勒规则的经验研究非常多，主要是针对经验研究中潜在产出水平的测算、均衡利率、数据的滞后期、前瞻性规则、利率平滑等问题展开的。[②] 大量经验研究样本数据不同，选取的指标不一，计量模型的方法各异，由此得到的结果也有很大的差异。但从本质上说，对于利率操作规则的讨论，最基本的是考虑中央银行目标利率与产出缺口和通货膨胀目标缺口的关系。鉴于我国公开市场操作（特别是央票操作）的时间不长，这里我们只考察央票利率水平与产出缺口和通货膨胀目标缺口的线性关系，公式如下：

$$i_t = r^f + \pi + h(\pi - \pi^*) + g\tilde{y} + \varepsilon_t \tag{9-1}$$

经变换可得

[①] Taylor（1998）表明，（9-2）式中利率对产出缺口和通胀的回归系数分别大于0.5和1时，才属于稳定的利率操作，美联储1987~1997年，系数分别为0.765和1.533，是稳定的，而在20世纪60~70年代则是不稳定的，系数分别为0.252和0.813。

[②] 具体可参考卜志村（2005）。

$$i_t = (r^f - h\pi^*) + (1 + h)\pi + g\tilde{y}_t + \varepsilon_t$$

其中，i 为中央银行政策目标的短期名义利率，也即三月期央票发行利率；r^f 为均衡实际利率；$\tilde{y}$ 是产出缺口，$\tilde{y} = (y - y^*)/y \times 100\%$，其中，y 和 y^* 分别代表实际产出和潜在产出水平；$\tilde{\pi}$ 是通货膨胀目标缺口，$\tilde{\pi} = \pi_t - \pi_t^*$，其中，$\pi$ 和 π^* 分别是实际通货膨胀率和中央银行的目标通货膨胀率。

在数据方面，由于 GDP 为季度数据，数据样本较少。为此，以工业增加值作为产出的代理变量，得到月度产出数据。工业增加值数据与附录 3 的处理方法相同，根据已公布的 2000 年各月工业增加值数据和工业增加值当月同比数据，得到不变价各月工业增加值数据，并通过 X12-ARI-MA 方法，得到季节调整后的序列。经 HP 滤波方法得到潜在产出和潜在产出缺口。以《中国人民银行货币政策执行报告》和历年《政府工作报告》所公布的消费物价目标作为通货膨胀目标，以当月 CPI 与之差作为通货膨胀缺口。这样，我们得到月度数据，并按照 (9-1) 进行回归。类似的，我们还利用附录 3 的不变价季度 GDP 数据作为产出变量，通过 HP 滤波方法计算了季度 GDP 产出缺口，并根据发行量得到 3 月期央票发行利率及通胀目标缺口数据。我们分别对月度和季度数据进行回归，得到的结果如表 9-7 所示。

表 9-7　利率操作规则检验结果

	月度数据结果	季度数据结果
常数项	2.1046 (0.0828)***	1.3686 (0.1564)***
$\tilde{y}$	0.1723 (0.0150)***	0.2143 (0.0545)***
π	0.1361 (0.0536)***	0.1141 (0.0618)**
R^2	0.2763	0.3764
S.E.	0.5678	0.8063

注：括号内数字为 Newey-West 标准差，***、** 分别代表显著性水平为 1% 和 5%。

表 9-7 的回归效果比较理想，各变量都至少在 5% 条件下通过显著性检验。从检验结果来看，央票利率与产出和通货膨胀缺口的系数都比较小，说明目前的利率操作并不是稳定的，这应该与央票发行主要是为对冲基础货币而非利率引导有密切关系。央票利率与产出和通货膨胀缺口确实

存在显著的线性关系，而且央票利率对货币市场利率具有良好的引导作用，说明我国通过利率引导进行间接货币政策调控是可能的。

第五节　本章小结

应当看到，中央银行公开市场操作与基础货币或超额储备的数量目标和货币市场利率的价格目标有着非常密切的关系。通过公开市场操作能够直接地实现货币的数量目标；通过货币数量的调节也能够实现利率的价格目标。因此，货币政策的中介目标和操作目标并没有必要的对应关系。如果货币政策以市场利率作为中介目标，那么通过超额储备的调整影响市场资金供求，从而实现既定的价格目标；如果货币政策以货币数量作为中介目标，那么也可以通过货币市场利率作为判断基础货币和市场流动性的依据。尽管不同国家选择何种货币政策框架和操作模式与其特定的国情和金融市场发展阶段有关，但只要是在市场经济条件下，金融和货币运行的机制的原理是相同的。中央银行都要根据市场的情况，灵活确定和掌握货币政策的操作目标（包括数量目标和价格目标）。

1998 年初，我国取消信贷规模控制并于当年 6 月正式恢复本币公开市场操作，标志着我国货币政策由直接调控转向间接调控。经过 10 多年的发展，公开市场操作已经成为货币政策操作最常用的政策手段。经验分析表明，中央银行公开市场操作，特别是央票利率，能够有效引导货币市场利率。我国货币政策调控的基本框架和功能与发达国家已经非常接近。尽管目前我国仍然以货币数量作为中介目标，并且以超额储备作为主要的操作目标，但货币市场利率已经成为中央银行决策不可忽视的重要变量。确定明确的中央银行基准利率，通过公开市场操作，有效实现货币市场利率的引导，从而实现既定的产出和价格水平，通过利率操作开展间接货币政策调控的条件已经具备。中国人民银行应进一步明确货币政策的操作规则，密切关注市场参与者的预期，根据最终目标的情况，通过利率调节开展前瞻性的操作，从而实现物价的稳定和经济的平稳健康发展。

第十章　全书总结及我国间接货币政策转型的政策建议

第一节　全书总结

由于经济学是以具体的人所构成的经济系统为研究对象的学科，个人的主观判断就成为经济学无法绕过的问题，预期理论也成为经济学研究的重要内容。经历了静态预期、适应性预期等阶段后，可以说理性预期理论是目前经济学家对预期最好的理论描述。根据理性预期理论，在理性假设下，人们在进行预期时会最大限度地利用所获得的信息来做出行动而不会犯系统性错误。理性预期决不意味着每个人每次行动都是正确的（因为那样将意味着他每次投资都不会赔钱，而持续的盈利意味着其收益无限发散，这在现实中是不可能的），而是在大数定律的意义上讲，总体而言，人们的预期应该是准确的。

尽管最近 20 年来人类经历了多次严重的经济金融危机，对理性预期理论的质疑也持续不断，特别是 2008 年的所谓"百年不遇"的全球金融危机，更是让人们怀疑理性预期理论。但是，应该看到，目前为止还没有其他更好地刻画预期的方法。虽然行为金融学已经发展了超过 20 年，马休·拉宾（Rabin，M.）在 2001 年获得克拉克奖以及卡尼曼（Kahneman，D.）和史密斯（Smith，V.）在 2002 年获得诺贝尔奖也使人们对此抱以厚望，但应该看到他们获奖更主要的是由于对预期理论研究的贡献，而行为金融学试图将心理学的研究方式引入经济学研究的企图显然超过了人们的认知能力。迄今为止，行为金融学也没有建立一套让所有人都信服的完整严密的分析框架，而且在经验研究方面也存在很多实际的困难。显然，如果以没有避免经济金融危机为理由来批评理性预期理论是极其幼稚的。理性预期理论并不是行为的假设，而是"经济人在进行预期时，在其能力范围之内，做得好得不能再好"的均衡条件，而并不是说只要是理性的就一定不会出现危机。其实，行为金融学也无法确保避免危机。毕竟，按照更为严格的奥地利学派的观点，"萧条的唯一原因就是繁荣"![1]

　　20 世纪 70 年代以来，以 Lucas 为代表的理性预期学派和理性预期革命在理论界和决策层都产生了巨大的影响。特别是对货币决策当局来说，只有考虑到市场预期的政策才能达到理想的政策效果，否则就会引发政策的动态不一致性问题。因此，货币政策的前瞻性、可靠性和可信性就显得尤为重要。进入 90 年代以来，各国中央银行普遍采用了以稳定通货膨胀为最主要目标，并仅调节短期货币市场利率的货币政策框架，货币政策更加遵循一定的规则并对市场预期高度重视。与此同时，随着固定收益债券市场的发展，通过利率期限结构来观察市场对经济增长和通货膨胀等的预期及货币政策的实际效果，在货币政策实践中发挥了越来越重要的作用，各国中央银行都投入大量资源估计收益率曲线作为货币决策的参考。

　　1998 年我国货币政策实现由直接信贷调控向以公开市场操作为主要标志的间接调控模式转变，形成了以货币供应量和新增信贷为中介目标，以商业银行超额储备和货币市场利率为操作目标，以币值稳定并以此促进经济增长为最终目标，灵活运用公开市场操作、存款准备金率、利率、再贷款和再贴现等间接调控手段为主的货币政策框架。但是，由于货币政策缺乏必要的规则，对市场预期的重视不够，以数量型目标和工具为主的货币政策的有效性减弱，不得不依靠信贷直接控制。自 1997 年以来，我国债券市场，特别是银行间债券市场，取得了飞速发展，市场的广度深度已为有效开展公开市场操作进行以利率为目标开展前瞻性的间接货币调控提供了必要条件。那么，我国利率期限结构能否支持预期理论，能否为货币政策提供有效的宏观经济信息，以利率为目标的间接货币政策转型的条件是否充分，这是我们关心的问题，也是本书的主要目的。除引言外，本书主要分三个部分展开。

　　在第一章引言中，首先简要地回顾了预期理论及其对货币政策的重要

---

[1] Clement Juglar, 1862, "The only cause of depression is prosperity", 参见 Schumpeter（1954, p.1124）。

意义，总结了利率期限结构对中央银行货币政策的作用。通过对发达国家货币政策的转型及金融市场发展的分析，说明了利率期限结构对 20 世纪 90 年代以来以利率为目标的间接货币政策调控的重要意义。在对我国货币政策进行了简要的回顾后，还对我国债券市场的发展和中债收益率曲线进行了详细的介绍，阐明了研究的背景和意义。

　　第一部分由第二章和第三章构成，主要对我国利率期限结构的预期理论进行检验。预期理论是否能够解释我国利率期限结构是依靠利率期限结构开展间接货币政策调控的必要条件。为此，本书主要对经期限溢价修正后的预期理论进行检验，并利用协整理论方法对利率期限结构的预期理论进行进一步的检验。第二章"利率期限结构的远期利率预测作用——经期限溢价修正的预期假说检验"对基于预期假说的我国利率期限结构的远期利率预测作用进行了经验分析，结果表明我国利率期限结构存在明显的时变溢价特征，这可以解释利率期限结构中的"预期之谜"。经期限溢价修正后，利率期限结构所隐含的远期利率包含了大量未来即期利率变化的信息，而且无法拒绝预期理论。第三章"基于协整理论的利率期限结构预期假说检验"通过协整分析方法，对我国利率期限结构的预期理论进行了检验。结果表明，各期限国债收益率存在着长期均衡的协整关系，从而支持了利率期限结构的预期理论。不同期限利率通过短期动态调整的误差修正机制，实现了稳定的长期均衡关系。经验研究还发现，隔夜及 1 月期短端利率始终是其他各期限利率的 Granger 原因，反之则不成立。这为我国货币政策操作框架由数量工具直接调控向价格工具间接调控转变，提供了理论支持。

　　第二部分由第四章和第五章构成，主要对利率期限结构对经济增长和通货膨胀等主要宏观经济变量的预测作用进行了经验分析。第四章"利率期限结构、费雪效应与通货膨胀预测"沿袭 Fama（1990）、Mishkin（1990a，b）的传统，在费雪效应和理性预期假设下，对我国利率期限结构中一年以内的短期和 5 年以下的中期通货膨胀的预测能力进行了经验分析，结果表明，我国利率期限结构包含了未来通货膨胀变动的信息，因此可以作为判断未来通货膨胀走势的预测变量；在短期利率期限结构中，中短端利率期限结构包含了更多的通胀信息，而与短期收益率曲线相比，较长期的利率期限结构包含了更多未来通货膨胀变化的信息；与各国类似，我国实际利率也并非是稳定的，名义利率期限结构包含了实际利率变动的重要信息；无论是对短期收益率曲线还是对中期收益率曲线的考察都表明，未来一段时期内我国仍然存在较大的通货膨胀压力。第五章"仿射利率期限结构模型与宏观经济预期"在仿射利率期限结构模型中推导出预期宏观经济变化和利率期限结构的仿射关系，并通过三因子模型进行检验。结果表明，无套利利率期限结构模型的效果要好于利差方法，能够显著提高对宏观经济的预测能力。类似的，通过更为直观的收益率曲线斜率的分析同样表明，利率期限结构能够有效发挥为宏观经济指示器的作用，未来两三年内我国经济增长和通货膨胀仍然面临着较大的上升压力。

第三部分由第六章至第九章构成，主要是在对国内外货币政策框架进行了比较分析的基础上，对我国以利率为目标和工具的间接货币政策转型的充分条件进行了经验分析。第六章"第二次世界大战后发达国家货币政策的变迁及其启示"首先考察了第二次世界大战以来发达国家货币政策演进过程，特别是对以利率为中介目标到 20 世纪 70 年代以货币供应量为中介目标，再到 20 世纪 90 年代重新以利率为中介目标的货币政策变迁过程，进行了详细的分析，总结了发达国家货币政策调控的主要模式（以美联储为代表的公开市场操作为主的模式和以欧洲中央银行为代表的利率走廊模式），并得到货币政策操作必须遵循一定的规则、价格型目标和工具往往要优于数量型目标和工具等对我国货币政策的有益启示。第七章"走向间接调控的中国货币政策及其挑战"首先对我国几十年的货币政策变迁进行了历史回顾，并对当前间接货币调控的典型性特征及其面临的挑战进行了深入分析，并分析了由数量调控向以利率为目标的价格调控的间接货币政策转型的有利条件。第八章"对 Shibor 货币市场基准利率作用的经验分析"通过对 Shibor 和同业拆借利率、债券质押式回购利率等主要货币市场利率的均值、方差均等性检验、VAR 模型及格兰杰因果检验、脉冲响应函数等经验分析表明，经过几年的运行，Shibor 报价具有很高的真实性、准确性和可靠性，在金融产品定价中的作用日益显著，已经充分发挥了货币市场基准利率的作用。第九章"我国中央银行基准利率、公开市场操作与货币市场利率引导"则通过对我国公开市场操作和货币政策引导的分析及对央票利率与货币市场主要利率引导作用的经验分析，表明中央银行可以通过公开市场操作有效引导货币市场利率，这也说明我国已经具备了以利率为目标开展间接货币政策调控的充分条件。

第二节 当前我国公开市场操作和利率引导
存在的问题

尽管经验分析表明，作为当前公开市场操作的主要内容，央票操作日趋成熟并有效引导货币市场利率，我国已具备了开展以利率为目标的间接货币政策的条件，但是应该看到，毕竟我国仍处于转轨的特定时期，公开市场操作的时间并不长，无论是市场发育程度还是市场参与主体，都还处于不断成熟的过程之中，而且在当前特定的制度安排下，通过央票操作开展利率间接货币政策调控仍然存在着很大的局限。

一、以央票开展公开市场操作是特定经济金融环境的产物

正如前面指出的，中央银行票据的推出，实际上是由于中央银行出于对外汇储备"对冲"而又缺乏必要的国债等手段而进行的不得已的选择，是一种短期的临时性、阶段性的措施。随着我国汇率及外汇管理体制改革的不断深入开展，以及我国经济金融形势（特别是外汇占款）的变化，中央银行票据的发行和操作行为也应发生变化，甚至同样面临央票工具不足的情况。例如，在 2008 年 9 月全球金融危机爆发后，货币政策突然由"从紧"转向"适度宽松"，货币政策主要是为了刺激经济增长而非回收流动性，公开市场操作的方向也发生了方向性转变，我国一年期央票在半年多时间内停发，三月期央票发行数量也急剧减少，这充分说明了这一点。

二、央票仍然是多目标的政策工具，且以数量为最主要目标

尽管在进行公开市场操作时，中国人民银行也十分关注货币市场利率情况，但在当前以货币数量为中介目标，以超额储备为主要操作目标的政策模式下，央票的发行最主要的还是根据经济金融环境的变化和通货膨胀

压力情况，根据外汇占款的变化，确定发行数量。与之相配套，绝大部分央票发行采用的是价格招标，是在确定数量的基础上由市场发现价格，很少为了特定的利率目标采用数量指标模式。虽然从理论上讲，央行可以通过量的调整来影响价格，但数量目标限制了其基准利率作用更有效地发挥。

三、央票发行成本也是中央银行开展公开市场操作时必须考虑的问题

虽然在实际操作上，发行中央银行票据成本要比正回购更低，但毕竟央票发行还是有成本的。从图 9-1 中可以看到，近年来央票低利率优势已经不是非常明显，特别是受中央银行自身资产结构的限制，为回收流动性，在特定时期央票发行利率还要高于正回购利率。尽管中央银行并不以利润为最主要经营目标，但事实上这也会侵蚀中央银行大量的利润，而且随着对冲外汇占款和发行央票规模的不断扩大，央票发行成本是中国人民银行必须认真考虑的问题。从我国央票发行的实际情况来看，确实出现过央票"流拍"现象，而且在特定情况下不得不采用过行政干预式的定向发行，一定程度可以说明这一点。

四、央票利率还面临着与短期国债定价协调的问题

从本质上讲，央票与国债具有同样的国家信用，属于同质产品，其利率水平应该是一致的，否则将会对市场造成一定的困扰。当前，我国短期国债，特别是一年期以下国债的发行数量还比较小，发行也不规律，因此还没有出现很大的问题。从长远看，我国应该增加短期国债的发行，加强发行规律，这一方面为中央银行公开市场操作提供必要的操作工具，也符合国债发行的国际惯例，但这也自然引出央票与短期国债利率协调问题。

五、公开市场操作还需要与准备金等其他货币政策统筹协调，有效配合

由于当前特定的外汇管理体制，由外汇占款而导致的基础货币的刚性增加使我国货币具有明显的内生性特征。中央银行为了有效对冲流动性，

在数量工具上只能依靠准备金和中央银行票据（及正回购）。但是，中央银行票据的成本制约了中央银行公开市场操作的空间，特别是在当前法定存款准备金利率比较低的情况下（1.62%，而 2011 年 3 月中旬以来 1 年期央票发行利率已经超过了金融机构人民币存款基准利率），以数量为目标的货币政策将不可避免地更多地依赖准备金政策，这也是 2006 年以来我国频繁开展准备金操作并达到 1985 年以来的最高点的原因。但是，显然忽视价格的数量操作空间也越来越有限。尽管准备金政策没有理论上的上限，但目前中资全国性大型银行的存贷比已高达 60%左右，再加上 1%左右的超额准备金率，大型银行全部存款资金来源中仅约有 15%的资金能够用于货币市场投资，不可避免地压缩货币市场和公开市场操作的空间。

第三节　向价格型货币政策转型的政策建议

一、以利率为目标和手段的间接货币调控的模式选择

第六章对 20 世纪 90 年代以来发达国家以利率为目标的间接货币政策操作框架的分析表明，在利率走廊模式下，中央银行可以不再频繁动用公开市场操作而使货币市场利率落在利率走廊区间内，并有效实现市场利率引导。第七章的分析则表明，超额准备金率作为货币市场利率下限，再贷款（再贴现）作为货币市场利率上限，我国具备了"利率走廊"模式开展利率间接货币调控的基本条件。从图 10-1 也可以看出，以 7 天回购利率作为中央银行短期基准利率，其利率水平基本都在利率走廊区间。鉴于我国当前公开市场操作和央票利率引导还存在诸多的问题，因此我国以利率为目标的间接货币政策框架可以采用利率走廊模式，为进一步完善公开市场操作和利率引导，健全利率间接调控，积累宝贵的经验。

另外，第六章的分析表明，利率走廊区间的大小对引导货币市场利率具有不同的效果，利率走廊区间越小，利率引导效果越明显。当然，利率走廊区间的大小也与各国的实际情况有关。例如，作为将情况差异很大的各国统一货币的欧洲中央银行，其利率走廊区间在长期高达 200 个基点。

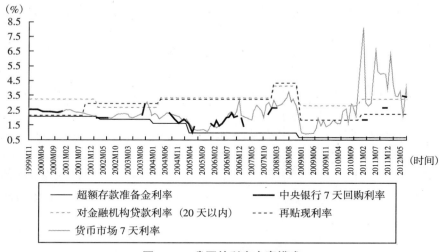

图 10-1　我国的利率走廊模式

注：7 天回购利率包括正回购利率和逆回购利率，根据当月交易量加权平均而得。

资料来源：CEIC。

就我国的情况而言，再贷款（再贴现）与超额准备金利率之差曾最高达 333 个基点，最低仅为 9 个基点。当然，这也与不同时期中央银行基准利率的政策意图有关。不过，2009 年以来，再贷款与超额准备金利率之差在 207~253 个基点之间，再贴现与超额准备金利率之差在 108~153 个基点之间，这样的区间实际上已经基本能够满足货币市场的波动。因此，保持 100~200 个基点的利率走廊区间是比较适合的。随着我国经济金融体制的完善和市场发育的成熟，为进一步提高利率引导的有效性，可以根据实际情况逐步缩窄利率走廊区间，从而形成比较完善的利率调控模式。

二、完善我国利率间接调控的其他政策建议

通过完善利率走廊机制，根据市场的发展和公开市场操作的逐步完善，逐步缩窄利率走廊区间，配合公开市场操作，我国货币政策完全可以顺利实现以货币供应量、超额准备金率等数量目标和手段向利率价格目标和手段的转变，这也是以价格机制为核心的市场经济内在要求。在货币政策变革的过程中，除不断完善利率走廊机制和公开市场操作外，还需要注意以下几方面的问题：

一是货币政策应高度重视市场预期，切实以物价稳定为首要目标，完善货币政策操作规则。第六章的分析表明，无论是以数量为目标还是以价格为目标，货币政策当局都必须高度重视市场预期，积极与公众进行沟通协调，加强政策的前瞻性、透明性与可靠性，从而更好地实现货币政策目标。

二是加强货币政策操作的独立性，提高货币政策的可信度和可靠性。大量的经验研究表明（Alensina 和 Summers，1993），中央银行的独立性对于物价稳定和货币政策的有效性具有非常重要的作用，对同类型的中央银行独立性及其与宏观经济绩效的关系也有着大量的讨论（Fischer，1995；Walsh，2008）。尽管我国对中央银行独立性对有效货币政策的重要作用有着明确的认识（孙凯、秦宛顺，2007），2003 年将银行监管职能从中央银行分离某种程度上也是加强中央银行货币政策独立性的努力（谢伏瞻、魏加宁，2002）。但应该看到，在我国目前的体制下，中国人民银行至少在货币政策决策上还很难在独立性方面获得实质性的进展。但是，在既定的货币政策框架内，中央银行至少可以加强操作上的独立性。具体而言，在既定的货币政策尺度下（稳健货币政策下），中国人民银行可以强化公开市场操作的力度，并根据既定的中介目标明确准备金、利率等政策调整的规则和操作的方式，以进一步加强货币政策操作的透明性，形成决策层与市场的良好互动，从而切实提高货币政策的有效性。

三是大力发展债券市场，完善国债利率期限结构。尽管银行间债券市场构成了我国固定收益市场的主体，但毕竟债券市场仍处于事实上的分割状态，这不仅不利于债券均衡价格的发现和各方面投资者的金融需求，也不利于完善的收益率曲线的构建。虽然有关方面就债券市场的统一问题进行了大量的工作，但这方面的实质性进展仍然不大。因此，今后应进一步推进债券市场建设，加大投入规范债券市场发展，完善收益率曲线估值工作，为以利率为目标的间接货币政策调控提供必要条件。另外，由于中央银行缺乏足够的短期债券，因此在公开市场操作时只能进行回购交易，而无法进行现券买卖。我国国债发行利率期限结构也不尽完善，一年期以下的短期国债只是最近几年才逐渐丰富起来，这限制了中央银行通过买卖国债引导货币市场利率的能力。为此，应进一步发展短期国债市场规模，为以利率为目标的间接货币政策调控提供必要条件。

四是逐步明确中央银行的货币市场基准利率目标，确定利率调整规则，根据利率目标开展公开市场操作。随着汇率体制改革的深入，以对冲外汇占款为主要目的的央票发行也将最终退出历史舞台。因此，中央银行应逐步明确货币市场短期利率目标及其调整规则，加强与市场的沟通，根据利率目标灵活开展公开市场操作，有效进行利率引导，以更好地实现物价稳定等货币政策最终目标。

五是继续深化利率、汇率体制改革，完善货币政策传导渠道。间接货币政策调控模式效果的发挥取决于金融市场化的深度。虽然经过十多年的市场化改革，金融部门的市场化进程飞速发展，利率在货币政策传导中的作用逐渐重要，但利率、汇率等要素的市场化必将影响货币政策的效果，也是间接货币政策有效发挥的必要条件。

六是适当降低法定准备金要求，逐步通过完善公开市场操作实现市场价格引导。目前，发达国家都取消了准备金要求或实行非常低的法定准备金，而且大多数国家也不对准备金付息。这主要也是与其通过公开市场操作进行利率引导的货币政策模式有关。由于中央银行能够有效引导市场利率并实现政策目标，也就没有必要实行较高的准备金要求。另外，零准备金或较低的准备金要求还不至于引发更多的金融扭曲和脱媒现象，有利于金融业各部门的公平竞争，提高货币政策传导和调控的效率。为此，今后应适当降低法定准备金要求，真正实现由数量调控向价格调控的货币政策模式转变。

七是探索央票利率与短期国债利率的协调机制，完善中央银行基准利率调控模式。随着短期国债发行和二级交易市场的成熟，必须考虑央票发行利率与短期国债利率的协调问题。可以考虑在发行机制上，中央银行应与财政部紧密配合，同一期限的央票与短期国债发行不应在同一交易日，以免二者利率差别过大从而给市场造成不必要的困扰。

附　录

附录 1　基于 Tzavalis 和 Wickens（1997）框架的分析

一、基础模型

Tzavalis 和 Wickens（1997）采用了 Shiller，Campbell 和 Schoenholtz（1983）给出的期限溢价定义：零息债券下，$Eh_{t+1}^{n} = s_t + \theta_t^{n}$，其中，$h_{t+1}^{n} = nR_t^{n} - (n-1)R_{t+1}^{n-1}$，即 t 时刻持有期为 n 的债券持有 1 期所获得的收益，s_t 为 1 期短期利率，期限溢价 θ_t^{n} 就是 t 时刻持有期为 n 的债券持有 1 期的超额收益。

将 h_{t+1}^{n} 代入期限溢价定义公式，有 $(n-1)(ER_{t+1}^{n-1} - R_t^{n}) = R_t^{n} - s_t - \theta_t^{n}$，因而可得回归方程：

$$(n-1)(R_{t+1}^{n-1} - R_t^{n}) = \alpha + \beta(R_t^{n} - s_t) + \phi_{t+1}^{n} \tag{A1}$$

其中，$\phi_{t+1}^{n} = -(\theta_t^{n} + \varepsilon_{t+1})$，$\varepsilon_{t+1} = R_{t+1}^{n-1} - ER_{t+1}^{n-1}$，即无偏预期误差项。在理性预期假设下，期限溢价为零或者为固定的常数，则有 $\beta = 1$，否则预期理论不成立，且利率期限结构不包含未来利率变化的信息。笔者以 2002 年 1 月至 2010 年 12 月收益率曲线为样本，分别选择持有期 3 个月、6 个月个月、9 个月及 12 个月，对式（A1）进行检验，发现与 Tzavalis 和 Wickens（1997）的研究结果类似，所有方程系数 β 的方向是与理论假设相反的且不显著，结果如附表 1 所示。

附表 1　利率期限结构的未来利率信息和预期理论检验结果

m	α	β	R^2	S.E.	F
3	−0.006 (0.049)	−0.309 (0.260)	0.020	0.434	2.189
6	0.033 (0.139)	−0.429 (0.554)	0.008	1.041	0.897
9	0.092 (0.241)	−0.647 (0.793)	0.009	1.647	0.948
12	0.091 (0.355)	−0.635 (1.007)	0.005	2.232	0.578

注：括号内为 Newey–West 标准差。

二、经期限溢价修正的单因子模型

Tzavalis 和 Wickens（1997）对期限溢价进行修正，根据 $\theta_t^n = \gamma^{n,m}\theta_t^m$ 的关系，对公式（A1）整理，得到回归方程：

$$(n-1)(R_{t+1}^{n-1} - R_t^n) = \alpha^* + \beta^*(R_t^n - s_t) + \eta^{n,m}P_t^m + \varepsilon_{t+1}^* \qquad (A2)$$

其中，$\eta^{n,m} = -\gamma^{n,m}$，$P_t^m = (h_{t+1}^m - s_t)$，预期假设成立应有 $\beta^* = 1$，ε_{t+1}^* 为均值为零的无偏误差项。

首先，通过平稳性检验可以发现，式（A2）中各变量进行平稳性检验，可以发现至少在 10% 显著性水平下各变量是平稳的，结果如附表 2 所示。

附表 2　变量平稳性检验结果

$(n-1)(R_{t+1}^{n-1}-R_t^n)$	PP 统计量	$(R_t^n - s_t)$	PP 统计量	P_t^m	PP 统计量
n = 3	−5.532***	n = 3	−3.293*	m = 3	−4.601***
n = 6	−4.600***	n = 6	−3.831**	m = 6	−4.736***
n = 9	−4.431***	n = 9	−3.798**	m = 9	−4.454***
n = 12	−4.228***	n = 12	−3.528**	m = 12	−4.521***

注：根据检验方程的 AIC 和 SC 准则，$(R_t^n - s_t)$ 检验形式为即有常数项又有趋势项，而其他变量检验形式均为既无常数项也无时间趋势项，***、**、* 分别代表显著性水平 1%、5% 和 10%。

这样，笔者分别通过 OLS 和 GMM 方法对式（A2）进行检验，结果如附表 3 和附表 4 所示。

附表3　单因子期限溢价修正后的未来利率信息和预期理论检验结果（OLS）

m	α	β	η	R²	S.E.	F	β = 1 Wald 检验 χ² 统计量
m = 3							
6	−0.057 (0.042)	1.933 (0.042)***	−2.173 (0.181)***	0.870	0.378	348.8***	9.413***
9	−0.158 (0.095)*	2.526 (0.478)***	−3.293 (0.352)***	0.820	0.705	236.90***	10.21***
12	−0.332 (0.155)**	3.081 (0.506)***	−4.375 (0.506)***	0.807	0.987	218.02***	12.22***
m = 6							
3	0.009 (0.011)	0.344 (0.068)***	−0.393 (0.012)***	0.884	0.150	369.12***	91.53***
9	−0.018 (0.028)	1.288 (0.086)***	−1.561 (0.027)***	0.986	0.197	3661.2	11.22***
12	−0.604 (0.061)	1.501 (0.154)***	−2.080 (0.055)***	0.968	0.402	1578.1***	10.68***
m = 9							
3	0.007 (0.013)	0.223 (0.077)***	−0.243 (0.010)***	0.839	0.177	270.50***	100.50***
6	0.007 (0.015)	0.766 (0.061)***	−0.630 (0.009)***	0.986	0.124	3707.2***	14.51***
12	−0.036 (0.028)	1.186 (0.079)***	−1.340 (0.013)***	0.990	0.226	5080.1***	5.603**
m = 12							
3	0.009 (0.015)	0.166 (0.080)**	−0.178 (0.008)***	0.827	0.184	248.04***	109.2***
6	0.023 (0.022)	0.616 (0.082)***	−0.463 (0.009)***	0.969	0.184	1650.5***	22.19***
9	0.030 (0.019)	0.803 (0.063)***	−0.737 (0.006)***	0.990	0.166	5160.2***	9.705***

注：括号内为 Newey–West 标准差，***、**、* 分别代表显著性水平 1%、5% 和 10%。

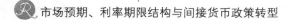

附表 4　单因子期限溢价修正后的未来利率信息和预期理论检验结果（GMM）

m	α	β	η	J(2)	β = 1 Wald 检验 χ² 统计量
P_t^3					
6	−0.085 (0.027)***	2.294 (0.234)***	−2.438 (0.088)***	2.565	30.53***
9	−0.228 (0.069)***	3.174 (0.389)***	−3.891 (0.155)***	2.967	31.28***
12	−0.418 (0.133)***	3.870 (0.548)***	−5.359 (0.246)***	2.647	27.44***
P_t^6					
3	0.0009 (0.008)	0.327 (0.078)***	−0.395 (0.016)***	2.883	75.30***
9	−0.014 (0.019)	1.274 (0.087)***	−1.606 (0.026)***	2.881	9.838***
12	−0.063 (0.054)	1.587 (0.194)***	−2.226 (0.065)***	1.870	9.148***
P_t^9					
3	0.005 (0.010)	0.221 (0.084)***	−0.244 (0.012)***	3.913	85.55***
6	0.002 (0.011)	0.808 (0.057)***	−0.621 (0.011)***	2.944	11.39***
12	−0.039 (0.025)	1.244 (0.084)***	−1.370 (0.018)***	1.873	8.445***
P_t^{12}					
3	0.001 (0.012)	0.183 (0.092)**	−0.175 (0.010)***	3.849	79.04***
6	0.006 (0.019)	0.676 (0.094)***	−0.447 (0.013)***	2.060	11.96***
9	0.021 (0.016)	0.806 (0.064)***	−0.730 (0.009)***	1.881	9.133***

工具变量：常数项、时间趋势项、ΔR_{t-1}^1、ΔR_t^{12} 和 $R_t^{12} - R_t^1$

注：括号内为标准差，*** 和 ** 分别代表显著性水平 1% 和 5%。J(2) 为 GMM 的 J 统计量与观测值 N 之积，且 $J(2) \sim \chi_2^2$（自由度为 2，即工具变量个数减估计参数个数）。

　　由附表 3 和附表 4 的结果可以看到，单因子期限溢价修正的模型结果表明，利率期限结构包含了未来利率变化的信息，但所有方程 Wald 系数检验都拒绝了 $\beta^* = 1$ 的原假设，也就是拒绝预期理论，这样实际上仍然存在着"预期之谜"。

三、期限溢价修正的双因子模型

Tzavalis 和 Wickens（1997）对期限溢价进行修正是采用单因子的表示方法，不过如果并不是很严格的话，可以假设不同期限的期限溢价实际上具有某种多重线性关系，这样期限溢价可以由多因子形式表示，即有：$\theta_t^n = \gamma^{n,i}\theta_t^i + \gamma^{n,j}\theta_t^j$，同样，对式（A1）整理，得到回归方程：

$$(n-1)(R_{t+1}^{n-1} - R_t^n) = \alpha^* + \beta^*(R_t^n - s_t) + \eta^{n,i}P_t^i + \eta^{n,j}P_t^j + \varepsilon_{t+1}^* \tag{A3}$$

其中，$\eta^{n,i} = -\gamma^{n,i}$，$\eta^{n,j} = -\gamma^{n,j}$，$P_t^i = (h_{t+1}^i - s_t)$，$P_t^j = (h_{t+1}^j - s_t)$，预期假设成立应有 $\beta^* = 1$，ε_{t+1}^* 为均值为零的无偏误差项。当然，由于期限溢价选择的不同，会导致不同的结果，通过反复试验，报告对不同期限的 i，j 选择后通过预期理论检验的结果如附表 5 和附表 6 所示。

附表 5　双因子期限溢价修正后的未来利率信息和预期理论检验结果（OLS）

n, i, j	α	β	η^i	η^j	R^2	S.E.	F	$\beta = 1$ Wald 检验 χ^2 统计量
3, 2, 4	−0.005 (0.008)	1.077 (0.116)***	−0.348 (0.064)***	−0.572 (0.026)***	0.968	0.079	1034.3***	0.443
6, 3, 9	−0.007 (0.014)	1.034 (0.074)***	−0.431 (0.091)***	−0.524 (0.025)***	0.992	0.093	4423.1***	0.210
9, 7, 10	0.007 (0.003)**	1.004 (0.012)***	−0.404 (0.044)***	−0.621 (0.030)***	0.9997	0.028	119108***	0.118
12, 10, 11	0.003 (0.004)	0.994 (0.012)***	−1.091 (0.026)***	−2.080 (0.023)***	0.9999	0.020	440268***	0.279

注：括号内为 Newey–West 标准差，*** 和 ** 分别代表显著性水平 1% 和 5%。

附表 6　双因子期限溢价修正后的未来利率信息和预期理论检验结果（GMM）

n, i, j	α	β	η^i	η^j	J(1)	$\beta = 1$ Wald 检验 χ^2 统计量
3, 2, 4	−0.013 (0.010)	1.266 (0.146)***	−0.529 (0.128)***	−0.488 (0.054)***	0.243	3.293*
6, 3, 9	−0.012 (0.010)	1.126 (0.087)***	−0.589 (0.137)***	−0.475 (0.033)***	0.506	2.078

续表

n, i, j	α	β	η^i	η^j	J(1)	β = 1 Wald 检验 χ^2 统计量
9, 7, 10	0.012 (0.009)	0.899 (0.066)***	−0.199 (0.345)***	−1.018 (0.225)***	0.027	2.307
12, 10, 11	0.001 (0.005)	1.013 (0.024)***	0.763 (0.321)**	−1.784 (0.289)***	0.259	0.296

工具变量：常数项、时间趋势项、ΔR^1_{t-1}、ΔR^{12}_t 和 $R^{12}_t − R^1_t$

注：括号内为标准差，***、**、* 分别代表显著性水平 1%、5% 和 10%。J(1) 为 GMM 的 J 统计量与观测值 N 之积，且 J(1)～χ^2_1（自由度为 1，即工具变量个数减估计参数个数）。

可以看到，大部分方程都无法拒绝 $\beta^* = 1$ 的原假设，因而无法拒绝预期理论。当然，与前文分析的一样，对预期理论检验结果受期限溢价修正的影响很大，因而一个解释是我国金融市场预期很可能是适应性预期影响比较大，而不一定符合理性预期的情形。

附录 2　季度收益率曲线的因子分解

将 2002 年 1 月至 2010 年 12 月的中债银行间固定利率国债收益率期限月度数据平均，得到季度收益率曲线数据，期限同样分别为隔夜、1月、3 月、6 月、9 月、1 年、2 年、3 年、4 年、5 年、6 年、7 年、8 年、9 年、10 年、15 年和 20 年。通过主成分分析的方法提取因子，可见，三因子模型对收益率方差的贡献率分别高达 5.44%、11.14% 和 2.69%，三个因子对总体方差的累积解释能力最高达 99.27%，如附表 7 所示。

附表 7　季度收益率曲线的特征值和因子载荷

	特征值	方差贡献率	累积贡献率		f_1	f_2	f_3
f_1	14.242310	5.44%	85.44%	隔夜	0.147100	0.248311	−0.781539
f_2	2.037808	11.14%	96.58%	1 月	0.199882	0.288853	−0.320008
f_3	0.571132	2.69%	99.27%	3 月	0.244267	0.302517	0.036289
				6 月	0.248364	0.285553	0.067514
				9 月	0.253449	0.273942	0.092879
				1 年	0.260225	0.264210	0.121196
				2 年	0.271105	0.192974	0.181373
				3 年	0.261470	0.065197	0.193842
				4 年	0.258189	−0.008367	0.162475
				5 年	0.252328	−0.093000	0.168461
				6 年	0.250517	−0.140727	0.118751
				7 年	0.248677	−0.180918	0.063716
				8 年	0.248274	−0.210906	0.011792
				9 年	0.248689	−0.233012	−0.039986
				10 年	0.248353	−0.256091	−0.082476
				15 年	0.229920	−0.374562	−0.218094
				20 年	0.224236	−0.359998	−0.241013

通过第五章中的公式（5−6）进一步考察因子模型的合理性，对水平因子及斜率因子与期限分别进行回归，得到结果如附表 8 所示。

附表 8　季度收益率曲线水平因子和斜率因子的合理性检验

	f_1	f_2
α	0.2399 (0.0170)***	0.2204 (0.0485)***
β	1.57E-05 (0.0001)	-0.0034 (0.0006)***
R^2	0.0014	0.8381
S.E.	0.0301	0.1039

注：括号内为 Newey-West 标准差，*** 代表显著性水平 1%。

与月度数据类似，结果非常理想，可以看到 f_1 与期限无关，且 R^2 仅为 0.0014，而 f_2 则与各期限显著相关，且 R^2 高达 0.8381，说明季度收益率曲线的三因子模型是合理的。

附录3　收益率曲线斜率对宏观经济的预测作用
——基于 Estrella 和 Hardouvelis（1991）的方法

一、理论背景及指标数据说明

与 Harvey（1988）通过基于消费的资本资产定价模型（C-CAPM）模型得到利率期限结构对宏观经济预测作用不同，Estrella 和 Hardouvelis（1991）指出，实际利率对经济增长、消费、投资的宏观经济变量具有决定性的作用，而且投资决策主要取决于长期而非短期利率水平。在紧缩（扩张）的货币政策下，长短期债券收益率利差将变小（扩大），这一方面是由于对未来通胀预期的下降，另一方面也意味着长期实际利率的提高（降低），从而导致未来产出水平的收缩（扩张）。因而，收益率曲线的斜率可以很好地预测经济增长、消费、投资及经济周期。Estrella 和 Hardouvelis（1991）选取 1955~1988 年美国季度数据，对收益率曲线对 GDP、消费、耐用商品消费、投资、政府支出等宏观变量的累积变化和比较变化的预测作用进行了经验分析，发现收益率曲线的斜率对 4 年之内的实际经济变量具有较强的解释能力。

Estrella 和 Hardouvelis（1991）对 GDP 的累积增长率和边际增长率的定义如下：

累积增长率　$GDP_{t,t+k} = (400/k) \times [\log(GDP_{t+k}/GDP_t)]$

边际增长率　$GDP_{t+k-j,t+k} = (400/j) \times [\log(GDP_{t+k}/GDP_{t+k-j})]$

其中，GDP_{t+k} 为 $t+k$ 季度的实际 GDP 水平。

类似地，可以得到月度数据的累积增长率和边际增长率定义如下：

累积增长率　$Y_{t,t+k} = (1200/k) \times [\log(Y_{t+k}/Y_t)]$

边际增长率　$Y_{t+k-j,t+k} = (1200/j) \times [\log(Y_{t+k}/Y_{t+k-j})]$

观察累积增长率与边际增长率的定义可以发现，如果 $j = 1$，那么累积增长率 $Y_{t,t+k}$ 等于连续的边际增长率的算术平均 $Y_{t+k-j,t+k}$，当 $i = 1, 2, \cdots, k$；或者，$Y_{t,t+k}$ 等于边际增长率 $Y_{t,t+j}$ 和 $Y_{t+k-j,t+k}$ 的加权平均数（权重分别为 j 和 k–j）。边际增长率实际上反映的是未来 k 时期的 k–j 期的增长变化，因而能够更精确地反映经济变化的情况。Estrella 和 Hardouvelis（1991）仅报告了 1 个季度或 1 年（即 j = 1，4）的边际增长率情况，笔者还考察了 j = 8，12 的情况。

　　本书分别以 GDP、消费、工业增加值及 CPI 为对象进行检验。在收益率曲线斜率的选取上，Estrella 和 Hardouvelis（1991）以 10 年期与 3 月期收益率之差，本书仍然用 20 年期与 1 年期收益率之差（类似的，以 10 年期与 3 月期收益率之差及其他收益率曲线斜率并不会改变检验的最终结论）。对于各季度当季不变价 GDP 数据，本书将 2000 年季度 GDP 累计值分解得到各季 GDP 值，并通过季度 GDP 累计同比增长率的关系，从而得到 1992 年以来以 2000 价格表示的不变价各季 GDP 数据。类似地，通过 CPI 环比数据对社会零售总额进行处理得到 2000 年各月不变价数据，并根据当月社会零售总额同比增长率数据，得到不变价各月消费数据；通过 2006 年前公布的工业增加值绝对值数据和工业增加值当月同比数据，以 2000 年各月工业增加值数据得到不变价各月工业增加值数据，其中 2007 年以后 1 月、2 月工业增加值同比增速以 1~2 月累计同比增速替代；CPI 数据通过 1995 年 1 月为定基的环比数据而得。这样，对于上述四列不变价宏观经济变量采用 X12–ARIMA 方法，得到季节调整后的序列，并进而得到累积增长率和边际增长率。样本期为 2002 年 1 月/1 季度~2011 年 10 月/3 季度。

二、检验结果

　　我们对收益率曲线对未来四年以内的宏观经济变量的预测作用逐一进行了检验，结果显示收益率曲线的斜率与各宏观变量的累积增长率和边际增长率均呈正向关系，这与 Estrella 和 Hardouvelis（1991）所分析的理论机制是一致的。不过，收益率曲线斜率大多对 1 年以上及 4 年以下的中期宏观经济变量有着显著的预测作用，这主要是由于我们选择的收益率曲线所决定的（我们尝试不同类型的斜率得到的显著性结果也会有所差别，但所有斜率都可以得到其与未来宏观变量存在显著关系的结论），如附表 9 所示。

附表 9　收益率曲线斜率对 GDP 累积增长率的预测作用

k	C	Spread	R^2	S.E.
1	3.5161 (0.8502)***	0.4494 (0.3574)	0.0516	1.2619
2	3.3144 (0.7885)***	0.5514 (0.3348)	0.1189	0.9695
3	3.5386 (0.6818)***	0.4491 (0.2906)	0.1133	0.8143
4	3.6973 (0.6252)***	0.3736 (0.2689)	0.0985	0.7313
5	3.8433 (0.5088)***	0.3056 (0.2283)	0.0816	0.6725
6	3.9528 (0.4195)***	0.2605 (0.2087)	0.0695	0.6343
7	3.8933 (0.3691)***	0.2992 (0.2056)	0.1004	0.5947
8	3.8084 (0.3658)***	0.3555 (0.2161)	0.1631	0.5276
9	3.7699 (0.3899)***	0.3876 (0.2377)*	0.2218	0.4717
10	3.6317 (0.3814)***	0.4768 (0.2255)**	0.3279	0.4161
11	3.4844 (0.3694)***	0.5739 (0.1967)***	0.4238	0.3723
12	3.4388 (0.3602)***	0.6136 (0.1771)***	0.5068	0.3319
13	3.5931 (0.3890)***	0.5283 (0.1857)***	0.4207	0.3345
14	3.8486 (0.4389)***	0.3936 (0.2064)*	0.2821	0.3369
15	4.1354 (0.4472)***	0.2433 (0.2050)	0.1274	0.3360
16	4.4199 (0.3647)***	0.0977 (0.1605)	0.0249	0.3166

注：括号内为 Newey–West 标准差，***、**、* 分别代表显著性水平 1%、5% 和 10%。

　　首先观察对 GDP 的预测作用。由附表 9 可见，收益率曲线的斜率对未来 9 个季度至 14 个季度的 GDP 累积增长率具有良好的预测效果，特别是对于未来三年左右的 GDP 预测效果更好，不仅在 1% 条件下显著，而且 R^2 也有在 0.5 以上，在其之前及随后期限的预测效果则相应下降。观察边际增长率的预测作用，限于篇幅本书只报告部分检验显著的结果。可以发现，收益率曲线对边际增长率的预测效果较累积增长率较差，但同样各组回归都至少有一个显著的结果。而且，可以看到，当 j=8，12 时，模型具有最好的预测效果，说明利率期限结构的经济预测效果是比较可靠的，如附表 10 所示。

附表 10　收益率曲线斜率对 GDP 边际增长率的预测作用

	j=1					j=4			
k	C	Spread	R^2	S.E.	k	C	Spread	R^2	S.E.
1	3.5161 (0.8502)***	0.4494 (0.3574)	0.0516	1.2619	4	3.6973 (0.6252)***	0.3736 (0.2689)*	0.0985	0.7313
2	3.0373 (0.7642)***	0.6852 (0.3452)*	0.1137	1.2361	5	3.8678 (0.5649)***	0.2927 (0.2647)	0.0606	0.7564
3	3.8383 (0.7705)***	0.3006 (0.3410)	0.0231	1.2677	6	4.1980 (0.5061)***	0.1398 (0.2608)	0.0144	0.7699
4	3.9318 (0.8729)***	0.2423 (0.4010)	0.0146	1.2886	7	4.1325 (0.4651)***	0.1743 (0.2688)	0.0215	0.7798
5	4.4223 (0.6331)***	0.0786 (0.3155)	0.0115	1.3179	8	4.0646 (0.5064)***	0.2158 (0.2932)	0.0312	0.7881
	j = 8					j = 12			
k	C	Spread	R^2	S.E.	k	C	Spread	R^2	S.E.
8	3.8084 (0.3658)***	0.3555 (0.2161)	0.1631	0.5276	12	3.4388 (0.3602)***	0.6136 (0.1771)***	0.5068	0.3319
9	3.8025 (0.4596)***	0.3702 (0.2757)	0.1704	0.5305	13	3.5251 (0.4075)***	0.5628 (0.1953)***	0.4032	0.3694
10	3.7686 (0.5078)***	0.4058 (0.3031)	0.1777	0.5321	14	3.8112 (0.5170)***	0.4071 (0.2459)	0.2061	0.4288
11	3.6000 (0.4716)***	0.5153 (0.2694)*	0.2313	0.5226	15	4.1410 (0.5852)***	0.2258 (0.2712)	0.0589	0.4764
12	3.6116 (0.4315)***	0.5243 (0.2350)**	0.2271	0.5304	16	4.5627 (0.5431)***	0.0106 (0.2394)	0.0221	0.5085

注：括号内为 Newey–West 标准差，***、**、* 分别代表显著性水平 1%、5% 和 10%。

通过逐一检验可以发现，收益率曲线的斜率对未来 45~82 个月的累积消费增长率具有良好的预测作用，而且对未来 5 年左右的预测效果最好，收益率曲线的斜率都在 1% 条件下显著，而且 R^2 高达 0.4 左右。类似地，收益率曲线斜率对未来 23~37 个月的工业增加值累积增长率具有显著的预测作用，而且通过显著性水平和 R^2 的标准，对未来两年半左右的预测效果最好；收益率曲线斜率对未来 23~46 个月的物价累积增长率具有显著的预测作用，而且对未来 3 年左右具有最佳的预测效果，显著性水平都在 1% 以下且能够解释 30% 左右的物价变化，如附表 11 所示。

附表 11　收益率曲线斜率对消费、生产和物价的累积变化预测作用

Term structure and total retail sales of consumer goods					Term structure and gross industrial output value					Term structure and CPI				
k	C	Spread	R²	S.E.	k	C	Spread	R²	S.E.	k	C	Spread	R²	S.E.
44	3.2137 (0.3414)***	0.2326 (0.1420)	0.0560	0.4898	22	5.4857 (0.4847)***	0.3325 (0.2139)	0.0479	0.9233	22	0.7351 (0.3682)**	0.2709 (0.1721)	0.0636	0.6476
45	5.311 (0.5910)***	0.4563 (0.2438)*	0.0708	0.8409	23	5.4243 (0.4747)***	0.3666 (0.2107)*	0.0623	0.8805	23	0.7245 (0.3399)**	0.2764 (0.1629)*	0.0717	0.6163
48	5.3513 (0.5480)***	0.5513 (0.2245)**	0.1081	0.7934	24	5.3785 (0.4707)***	0.3926 (0.2099)*	0.0742	0.8546	24	0.7206 (0.3135)**	0.2781 (0.1544)*	0.0795	0.5830
51	5.4567 (0.5553)***	0.4939 (0.2346)**	0.0997	0.7574	27	5.3189 (0.4534)***	0.4268 (0.2119)**	0.1098	0.7407	27	0.7064 (0.2454)***	0.2856 (0.13181)**	0.1162	0.4801
54	5.5903 (0.5500)***	0.4238 (0.2275)*	0.0857	0.7226	30	5.3289 (0.4206)***	0.4296 (0.1943)**	0.1125	0.6959	30	0.6903 (0.1979)***	0.2955 (0.1199)**	0.1615	0.3883
57	5.5920 (0.5407)***	0.4189 (0.2254)*	0.0984	0.6705	33	5.2338 (0.4436)***	0.4886 (0.2113)**	0.1373	0.6500	33	0.7313 (0.1590)***	0.2760 (0.1050)**	0.1789	0.3138
60	5.5135 (0.5227)***	0.4551 (0.22237)**	0.1434	0.5938	36	5.3689 (0.4240)***	0.3997 (0.2100)*	0.1064	0.6070	36	0.7370 (0.1196)***	0.2777 (0.0806)***	0.2622	0.2440
63	5.4762 (0.4798)***	0.4724 (0.2076)**	0.1924	0.5288	37	5.5594 (0.4508)***	0.3838 (0.2243)*	0.0874	0.6447	39	0.7265 (0.1090)***	0.2882 (0.0635)***	0.3728	0.1938
66	5.4131 (0.3698)***	0.5049 (0.1569)***	0.2879	0.4466	38	5.8162 (0.1865)***	0.3356 (0.2520)	0.0648	0.6583	42	0.8014 (0.1225)***	0.2547 (0.0613)***	0.3404	0.1837
69	5.4644 (0.3409)***	0.4757 (0.1501)***	0.3704	0.3598						45	0.9595 (0.1553)***	0.1766 (0.0715)**	0.1626	0.2039
72	5.6564 (0.3050)***	0.3768 (0.1350)***	0.2999	0.3429						46	1.0288 (0.1948)***	0.1408 (0.0783)*	0.0998	0.2148
75	5.7823 (0.2686)***	0.3100 (0.1197)**	0.2380	0.3322						47	1.1026 (0.2044)***	0.1029 (0.0844)	0.0510	0.2241

续表

| k | Term structure and total retail sales of consumer goods | | | | Term structure and gross industrial output value | | | | | Term structure and CPI | | | | |
	C	Spread	R²	S.E.	k	C	Spread	R²	S.E.	k	C	Spread	R²	S.E.
78	5.7447 (0.2813)***	0.3222 (0.1228)**	0.2990	0.3053										
81	6.5193 (0.3780)***	0.3260 (0.1665)*	0.2533	0.3481										
82	5.6918 (0.3431)***	0.2646 (0.1546)*	0.2083	0.3100										
83	5.8161 (0.3437)***	0.2377 (0.1589)	0.1603	0.3191										

注：括号内为 Newey–West 标准差，***、**、* 分别代表显著性水平 1%、5%和10%。

三、控制其他变量的结果

为进一步检验利率期限结构的预测效果，Estrella 和 Hardouvelis（1991）还进一步考虑了货币政策及其他经济先行指标的共同影响，进行多元回归。类似地，笔者也控制其他变量，选取实际利率（RR）和消费者信心指数（Leading）作为控制变量，检验利率期限结构对经济增长的预测作用，结果如附表 12 所示。

附表 12　控制其他变量后的预测效果

k	C	Spread	RR	Leading	R^2	S.E.
1	5.5503 (7.3611)	0.1660 (0.3740)	−0.2321 (0.0830)***	−0.0137 (0.0641)	0.2375	1.2316
2	−0.0329 (5.1299)	0.4733 (0.2596)*	−0.2090 (0.06098)***	0.0319 (0.0457)	0.3757	0.8724
3	−0.7350 (4.3651)	0.4435 (0.1832)**	−0.1833 (0.0541)***	0.0391 (0.03935)	0.42821	0.6895
4	−0.2326 (4.0336)	0.4208 (0.167)**	−0.1358 (0.0451)***	0.0351 (0.0368)	0.3441	0.6530
5	1.2493 (4.0151)	0.3397 (0.1684)*	−0.0795 (0.0412)*	0.0231 (0.0370)	0.1876	0.6569
6	1.5828 (4.6729)	0.3075 (0.1984)	−0.0342 (0.0420)	0.0208 (0.0421)	0.1953	0.6082
7	1.6481 (5.2171)	0.3557 (0.2130)*	−0.0140 (0.0445)	0.0195 (0.0464)	0.1141	0.6108
8	1.4774 (5.1055)	0.4134 (0.2192)*	−0.0100 (0.0432)	0.0203 (0.0453)	0.1787	0.5417
9	2.8170 (5.1482)	0.4063 (0.2353)*	−0.0126 (0.0380)	0.0083 (0.0458)	0.2286	0.4873
10	5.2827 (4.9117)	0.4424 (0.2204)*	−0.0155 (0.0307)	−0.0144 (0.0443)	0.3424	0.4277
11	9.4961 (3.5577)**	0.5182 (0.1471)**	−0.0193 (0.0249)	−0.0537 (0.0321)	0.5289	0.3504
12	11.4653 (2.0077)***	0.5726 (0.0892)***	−0.0208 (0.0245)	−0.0720 (0.0180)***	0.6899	0.2744
13	10.9923 (2.2111)***	0.4902 (0.0970)***	−0.0214 (0.0301)	−0.0664 (0.0199)***	0.6123	0.2858
14	11.8847 (2.4128)***	0.3510 (0.1199)***	−0.0113 (0.0359)	−0.0720 (0.0219)***	0.5450	0.2807

续表

k	C	Spread	RR	Leading	R^2	S.E.
15	13.1877 (2.2874)***	0.1593 (0.1171)	0.0182 (0.0330)	0.0803 (0.0074)***	0.5172	0.2622
16	12.1635 (2.1896)***	0.0619 (0.0797)	0.0631 (0.0235)	−0.0668 (0.0201)***	0.4718	0.2450

注：括号内为 Newey–West 标准差，***、**、* 分别代表显著性水平 1%、5%和10%。

由附表 12 可见，利率期限结构的预测效果更为理想，在未来 2~14 个季度均具有良好的预测效果。而且，显著方程中的实际利率也在短期内是显著的，不过消费者信心指数预测效果较差，且显著方程中的符号与理论相反。结果再次表明，利率期限结构对未来经济变化具有非常强的预测作用。

四、对未来经济增长的判断

经验分析表明，20 年与 1 年的国债收益率利差对未来 GDP、工业增加值、消费及通胀都具有良好的预测作用。人们也可以发现，利差在 2002~2003 年总体上是相对平稳的，基本上都在 200 个基点以下，并 2003 年 9 月为最低（71.4 个基点），这也对应着 2004~2006 年物价相对稳定经济增长较快时期。但是，2004~2005 年利差大多在 200 个基点以上，并在 2004 年 11 月一度接近 300 个基点，而这也对应着 2007 年至 2008 年上半年我国经济高速增长和通货膨胀高涨时期。2006 年 2 月开始，利差回落至 200 个基点以下，至 2008 年 11 月其水平基本上与 2002 年和 2003 年相当，而这也与 2009 年和 2010 年经济增长稳定且物价基本稳定的实际情况相一致。但是，在金融危机最严重的 2008 年底和 2009 年上半年，收益率曲线斜率陡然上升，最高达 323.2 个基点（2009 年 3 月），这显然与应对全球金融危机而出台的大量刺激性经济政策有关，并也预示着 2011 年至 2012 年经济增长和通胀面临较大的上升压力。但是，2010 年下半年以来，利差明显缩小，说明未来经济可能出现紧缩趋势，如附表 13 所示。

附表 13　20 年和 1 年收益率利差情况

Period	2002S1	2002S2	2003S1	2003S2	2004S1	2004S2	2005S1	2005S2	2006S1	2006S2
Spread	1.3935	1.6715	1.6464	1.1814	2.2048	2.6252	2.3561	2.3052	1.9495	1.6743
Period	2007S1	2007S2	2008S1	2008S2	2009S1	2009S2	2010S1	2010S2	2011S1	2011Q3
Spread	1.6452	1.5465	1.1800	1.5033	3.0849	2.7171	2.5149	1.9805	0.8665	0.9690

　　可以对未来经济增长进行预测，根据边际增长率与累积增长率的关系以及最优回归方程标准，选择未来 12 期和 13 期的方程结果，对未来 3 年的年化季度经济增长情况进行预测，结果如附图 1 所示。

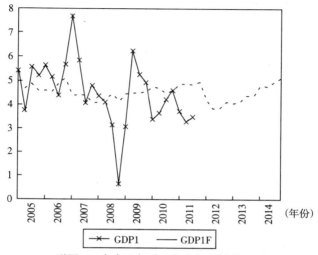

附图 1　未来三年季度年化经济增长预测

　　由附图 1 可见，2012 年我国经济将出现明显下滑，并在 2、3 季度达到谷底，随后经济将逐步回升，并在 2013 年 4 季度之后恢复至危机前的水平。这显然与 2009 年底爆发的欧债危机等因素有关，而且也对未来宏观政策提出了新的挑战。

　　笔者利用 Estrella 和 Hardouvelis（1991）的方法，对我国利率期限结构的宏观经济预测作用进行了检验，发现我国利率期限结构对未来经济增长、消费、生产和通胀等宏观经济变量同样具有良好的预测作用。因此，可以作为货币政策和宏观调控部门良好的经济指示器，对准确判断经济走势，把握政策方向和节奏，起到可靠的参考作用。本书的预测结果表明，2012 年我国经济将出现明显的回落，这主要是受欧债危机不利的国际经济环境的影响，并与国内经济自身的周期性调整有关。因此，有关部门应认识到，未来经济下滑是有其合理性的，经济经过调整后，能够重新回复到危机前的正常水平，因而在确保经济平稳回落的同时，只要做好政策的预调和微调，我国没有必要出台类似于 2008 年那样的大规模刺激性政策，而这也有利于经济结构的调整和资源的优化配置。

参考文献

卞志村：《泰勒规则的实证问题及在中国的检验》，《金融研究》2006 年第 8 期。

卞志村：《泰勒规则的研究文献综述》，《财经问题研究》2005 年第 8 期。

陈晖、谢赤：《国债收益率曲线在货币政策制定与实施中的应用》，《求索》2006 年第 6 期。

陈震：《中国国债收益率曲线研究》，复旦大学博士学位论文，2009 年。

崔嵬：《国际货币市场基准利率的一般做法与经验》，《中国货币市场》2007 年第 7 期。

戴根有：《中国央行公开市场业务操作实践和经验》，《金融研究》2003 年第 1 期。

戴国强、梁福涛：《中国金融市场基准利率选择的经验分析》，《世界经济》2006 年第 4 期。

戴相龙：《中国人民银行五十年：中央银行制度的发展历程》，中国金融出版社 1998 年版。

范龙振、施婷：《上海证券交易所回购利率期限结构的风险溢酬》，《系统工程理论方法应用》2006 年第 4 期。

范龙振、王晓丽：《上交所国债市场利率期限结构及其信息价值》，《管理工程学报》2004 年第 1 期。

方先明、花旻：《Shibor 能成为中国货币市场基准利率吗》，《经济学家》2009 年第 1 期。

郭建伟：《Shibor 与利率市场化》，《中国货币市场》2007 年第 7 期。

郭涛、宋德勇：《中国利率期限结构的货币政策含义》，《经济研究》2008 年第 1 期。

郭涛：《利率期限结构曲线的估计方法》，《南方经济》2007 年第 12 期。

洪永森、林海：《中国市场利率动态研究》，《经济学》（季刊）2006 年第 2 期。

黄晨、任若恩、李焰、柏满迎：《中国金融市场基准利率分析》，《北京航空航天大学学报》2002 年第 6 期。

惠恩才：《国债收益率曲线与宏观经济相关性的实证研究》，《经济社会体制比较》2007 年第 6 期。

蒋竟：《中国基准利率选择的实证分析》，《四川理工学院学报》2007 年第 4 期。

蒋贤锋、史永东：《国债交易市场统一、风险度量及影响因素分析》，《世界经济》2010 第 2 期。

蒋瑛琨、刘艳武、赵振全：《货币渠道与信贷渠道传导机制有效性的实证分析》，《金融研究》2005 年第 5 期。

康书隆、王志强：《中国国债利率期限结构的风险特征及其内含信息研究》，《世界经济》2010 年第 7 期。

李彪、杨宝臣：《基于我国国债回购市场的利率预期理论检验》，《证券市场导报》2006 年第 8 期。

李崇淮、黄宪：《西方货币银行学》，中国金融出版社 1992 年版。

李德、陈颖玫：《我国银行存贷差问题的分析与对策》，《中国人民银行金融研究报告》2004 年第 787 期。

李治国、张晓蓉：《转型期货币供给内生决定机制》，《统计研究》2009 年第 6 期。

林海、郑振龙：《利率期限结构研究述评》，《管理科学学报》2007 年第 1 期。

刘金全、王勇、张鹤：《利率期限结构与宏观经济因素的动态相依性》，《财经研究》2007 年第 5 期。

刘金全、郑挺国：《利率期限结构的马尔科夫区制转移模型与实证分析》，《经济研究》2006 年第 11 期。

陆军、钟丹：《泰勒规则在中国的协整检验》，《经济研究》2003 年第 8 期。

马庆魁：《我国货币市场利率期限结构及其与宏观经济关联性研究》，吉林大学博士学位论文，2009 年。

米什金：《货币金融学》，中国人民大学出版社 1998 年版。

欧阳志刚、王世杰：《我国货币政策对通货膨胀与产出的非对称反应》，《经济研究》2009 年第 9 期。

秦海英：《内生货币供给对货币政策传导机制的影响及启示》，《南开经济研究》2003 年第 2 期。

饶余庆：《现代货币银行学》，中国社会科学出版社 1983 年版。

石柱鲜、孙皓、邓创：《中国主要宏观经济变量与利率期限结构的关系》，《世界经济》2008 年第 3 期。

史敏、汪寿阳、徐山鹰、陶铄：《银行同业拆借市场利率期限结构实证研究》，《管理科学学报》2005 年第 5 期。

孙国峰：《中国公开市场业务的实践与思考》（上），《中国货币市场》2003a 年第 3 期。

孙国峰：《中国公开市场业务的实践与思考》（下），《中国货币市场》2003b 年第 4 期。

孙凯、秦宛顺：《对我国中央银行独立性建设的探讨》，《金融研究》2007 年第 5 期。

唐齐鸣、高翔：《我国同业拆借市场利率期限结构的实证研究》，《统计研究》2002 年第 5 期。

王一鸣、李剑峰：《我国债券市场收益率曲线影响因素的实证分析》，《金融研究》2005 年第 1 期。

王永中：《中国外汇储备的构成、收益与风险》，《国际金融研究》2011 年第 1 期。

魏玺：《引入宏观政策变量的中国利率期限结构微观研究》，复旦大学博士学位论文，2008 年。

温彬：《我国利率市场化后基准利率选择的实证研究》，《国际金融研究》2004 年第 11 期。

吴丹、谢赤：《中国银行间国债利率期限结构的预期理论检验》，《管理学报》2005 年第 5 期。

吴晓灵：《利率市场化改革尚未完成》，中国金融 40 人论坛，www.cf40.org. cn，2008 年 12 月。

夏斌、廖强：《货币供应量已不宜作为当前我国货币政策的中介目标》，《经济研究》2001 年第 8 期。

谢赤、陈晖、何源：《基于理性期望的利率期限结构预期假设与风险溢酬》，《系统管理学报》2008 年第 3 期。

谢伏瞻、魏加宁：《金融监管与金融改革》，中国发展出版社 2002 年版。

谢平、罗雄：《泰勒规则及其在中国货币政策中的检验》，《经济研究》2002

年第 3 期。

谢平：《中国金融制度的选择》，上海远东出版社 1996 年版。

熊鹏、王飞：《国债、央行票据与货币政策有效性》，《投资研究》2006 年第 4 期。

徐小华、何佳：《利率期限结构中的货币政策信息》，《上海金融》2007 年第 1 期。

易纲：《易纲副行长在 2008 年 Shibor 工作会议上的讲话》，www.pbc.gov.cn，2008 年 1 月。

易纲：《中国的货币化进程》，商务印书馆 2003 年版。

于鑫：《宏观经济对利率期限结构的动态影响研究》，《南方经济》2009 年第 6 期。

于鑫：《利率期限结构对宏观经济变化的预测性研究》，《证券市场导报》2008 年第 10 期。

余文龙、王安兴：《中国货币市场利率的期限风险溢价》，《证券市场导报》2010 年第 9 期。

詹向阳、樊志刚、邹新、赵新杰：《银行间市场基准利率体系选择及 Shibor 运行分析》，《金融论坛》2008 年第 4 期。

张翠微：《公开市场业务的发展及当前面临的挑战》，中国人民银行货币政策司研究报告，2009 年 9 月。

张杰：《中国金融制度的结构与变迁 1978~1998》，山西经济出版社 1998 年版。

张林、何广文：《我国货币市场基准利率 SHIBOR 实证分析及运行评价》，《金融理论与实践》2009 年第 4 期。

张晓慧、纪志宏、崔永：《中国的准备金——准备金税与货币控制》，《经济研究》2008 年第 7 期。

张晓慧：《走向间接调控的中国货币政策》，《中国金融》2008 年第 23 期。

张雪莹：《交易所国债期限风险溢价的实证研究》，《证券市场导报》2006 年第 8 期。

张屹山，张代强：《包含货币因素的利率规则及其在我国的实证检验》，《经济研究》2008 年第 12 期。

郑振龙、吴颖玲：《中国利率期限溢酬：后验信息法与先验信息法》，《金融研究》2009 年第 10 期。

钟开莱：《概率论教程》，上海科技出版社 1989 年版。

周莉萍：《货币乘数还存在吗》，《国际金融研究》2011 年第 1 期。

周小川：《当前研究和完善货币政策传导机制需要关注的几个问题》，在中国人民银行和 IMF 共同举办的"中国货币政策传导机制高级研讨会"上的发言，www.pbc.gov.cn，2004 年 4 月 13 日。

周小川：《中国货币政策的特点和挑战》，《财经》2005 年第 24 期。

周正庆：《中国货币政策研究》，中国金融出版社 1993 年版。

周子康、王宁、杨衡：《中国国债利率期限结构模型研究与实证分析》，《金融研究》2008 年第 3 期。

朱世武、陈建恒：《交易所国债利率期限结构实证研究》，《金融研究》2003 年第 10 期。

朱世武、陈建恒：《利率期限结构理论检验与期限风险溢价研究》，《金融研究》2004 年第 5 期。

朱世武：《利率期限结构对通货膨胀预测能力的实证分析》，《中国货币市场》2005 年第 10 期。

Alesina, A. and L. Summers, "Central Bank Independence and Macroeconomic Performance", *Journal of Money, Credit, and Banking*, Vol.25, No. 2, 1993, pp.157–162.

Ang, A. and M. Piazzesi, "A No–Arbitrage Vector Autoregression of Term Structure Dynamics with Macroeconomic and Latent Variables", *Journal of Monetary Economics*, Vol.50, No.4, pp.745–787, 2003.

Ang, A., G. Bekaert and M. Wei, "The Term Structure of Real Rates and Expected Inflation", *Journal of Finance*, Vol.63, No.2, 2008, pp.797–849.

Ang, A., J. Boivin, S. Dong and R. Loo–Kung, "Monetary Policy Shifts and the Term Structure", *NBER Working Paper*, No.15270, 2009.

Ang, A., M. Piazzesi, and M. Wei, "What Does the Yield Curve Tell Us about GDP Growth?", *Journal of Econometrics*, Vol.131, No.1–2, pp. 359–403, 2006.

Ang, A., S. Dong and M. Piazzesi, "No–Arbitrage Taylor Rules", *NBER Working Paper*, No.13448, 2007.

Bagehot, W., *Lombard Street, a Description of the Money Market*, Homewood,

Illinois: Richard D. Irwin, INC, 1962, *Library of Congress Catalogue Card* No.62-12571, 1873.

Bansal, R., G. Tauchen, and H. Zhou, "Regime Shifts, Risk Premiums in the Term Structure, and the Business Cycle", *Journal of Business and Economic Statistics*, Vol.22, No.4, 2004, pp.396-409.

Barro, R., and D. Gordon, "Rules, Discretion and Reputation in a Model of Monetary Policy", *Journal of Monetary Economics*, Vol.12, No.1, 1983, pp.101-121.

Bekaert, G., S. Cho, and A. Moreno, "New Keynesian Macroeconomics and the Term Structure", *Journal of Money, Credit and Banking*, Vol.42, No.1, 2010, pp.33-62.

Berardi, A. and W. Torous, "Term Structure Forecasts of Long-Term Consumption Growth", *Journal of Financial and Quantitative Analysis*, Vol. 40, No. 2, 2005, pp.241-258.

Bernanke, B., "The Macroeconomics of the Great Depression: A Comparative Approach", *Journal of Money, Credit and Banking*, Vol.27, No.1, 1995, pp.1-28.

Bernanke. B., and F. Mishkin, "Central Bank Behavior and the Strategy of Monetary Policy: Observations form Six Industrialized Countries", *NBER Working Paper*, No.4082, 1992.

BIS, "Market Functioning and Central Bank Policy", Monetary and Economic Department, *BIS paper*, No.12, 2002.

BIS, "Zero-Coupon Yield Curves: Technical Documentation", Monetary and Economic Department, *BIS paper*, No.25, 2005.

Black, F. and M. Scholes, "The Pricing of Options and Corporate Liabilities", *Journal of Political Economy*, Vol.81, No.3, 1973, pp.637-654.

Boero, G. and C. Torricelli, "The Information in the Term Structure of German Interest Rates", *The European Journal of Finance*, Vol.8, No.1, 2002, pp.21-45.

Campbell, J. and R. Shiller, "Cointegration and Tests of Present Value Models", *Journal of Political Economy*, Vol.95, No.5, 1987, pp.1063-1088.

Campbell, J. and R. Shiller, "Yield Spreads and Interest Rate Movements: A

Bird's Eye View", *Review of Economic Studies*, Vol.58, No.3, 1991, pp.495-514.

Campbell, J., "A Defense of Traditional Hypotheses about the Term Structure of Interest Rates", *Journal of Finance*, Vol.41, No.1, 1986, pp.183-193.

Campbell, J., "Stock Returns and the Term Structure", *Journal of Financial Economics*, Vol.18, No.2, 1987, pp.373-399.

Caporale, G. and N. Pittis, "Term Structure and Interest Differentials as Predictors of Future Inflation Changes and Inflation Differential", *Applied Financial Economic*, Vol.8, No.6, 1998, pp.615-625.

Carlson, J., "Short-Term Interest Rates as Predictors of Inflation: Comment", *American Economic Review*, Vol.67, No.3, 1977, pp.469-475.

Chapman, D., "The Cyclical Properties of Consumption Growth and the Real Term Structure", *Journal of Monetary Economics*, Vol.39, No.2, 1997, pp.145-172.

Chauvet, M. and Z. Senyuz, "A Joint Dynamic Bi-Factor Model of the Yield and the Economy as a Predictor of Business Cycles", *Munich Personal RePEc Archive (MPRA) Paper*, No.15076, 2009.

Chen, N., "Financial Investment Opportunities and the Macroeconomy", *Journal of Finance*, Vol.46, No.2, 1991, pp.529-554.

Cochrane, J. and M. Piazzesi, "Bond Risk Premia", *American Economic Review*, Vol.95, No.1, 2005, pp.138-160.

Cox, J., J. Ingersoll and S. Ross, "A Theory of the Term Structure of Interest Rates", *Econometrica*, Vol.53, No.2, 1985b, pp.385-407.

Cox, J., J. Ingersoll and S. Ross, "An Intertemporal General Equilibrium Model of Asset Prices", *Econometrica*, Vol.53, No.2, 1985a, pp.363-384.

Davidson, J., D. Hendry, F. Srba, and S. Yeo, "Econometric Modelling of the Aggregate Time-Series Relationship Between Consumers' Expenditure and Income in the United Kingdom", *Economic Journal*, Vol.88, No.352, 1978, pp.661-692.

Davis, E. and S. Henry, "The Use of Financial Spreads as Indicator Variables: Evidence for the United Kingdom and Germany", *International*

Monetary Fund Staff Papers, Vol.4, No.94/31, 1994, pp.517-525.

Demiralp, S., and O. Jorda, "The Announcement Effect: Evidence from Open Market Desk Data", *Paper for the Conference of Financial Innovation and Monetary Transmission*, Sponsored by the Federal Reserve Bank of New York, Apr. 4-5th, 2001.

Diamond, D., and P. Dybvig, "Bank Runs, Deposit Insurance, and Liquidity", *Journal of Political Economy*, Vol.91, No.3, 1983, pp.401-419.

Diebold, F. G. Rudebusch, and S. B. Aruoba, S., "The Macroeconomy and the Yield Curve: A Dynamic Latent Factor Approach", *Journal of Econometrics*, Vol.131, No.1-2, 2006, pp.309-338.

Dueker, M., "Strengthening the Case for the Yield Curve as a Predictor of US Recessions", *The Federal Reserve Bank of St. Louis Review*, Vol. 79, March, 1997, pp.41-51.

Duffie, D. and K. Singleton, "Modeling Term Structures of Defaultable Bonds", *Review of Financial Studies*, Vol.12, No.4, 1999, pp.687-720.

Duffie, D. and K. Singleton, "An Econometric Model of the Term Structure of Interest-rate Swap Yields", *Journal of Finance*, Vol. 52, No.4, 1997, pp.1287-1321.

Dziwura, J. and E. Green, "Interest Rate Expectations and the Shape of the Yield Curve," *Federal Reserve Bank of New York*, Research Paper, No. 9631, 1996.

Elshareif, E. and H. Tan, "Term Structure and Inflation Dynamics: Evidence from Three South Eastern Asian Countries", *European Journal of Scientific Research*, Vol.34, No.2, 2009, pp.204-211.

Engle, R. and C. Granger, "Co-Integration and Error Correction: Representation, Estimation, and Testing", *Econometrica*, Vol.55, No.2, 1987, pp.251-276.

Engle, R., D. Lilien and R. Robins, "Estimating Time-Varying Risk Premia in the Term Structure: The ARCH-M Model", *Econometrica*, Vol.55, No.2, 1987, pp.391-408.

Engsted, T. and C. Tanggaard, "Cointegration and the US Term Structure", *Journal of Banking and Finance*, Vol.18, No.1, 1994, pp.167-182.

Estrella, A. and F. Mishkin, "Is there a Role for Monetary Aggregates in the Conduct of Monetary Policy", *Journal of Monetary Economics*, Vol.40, No.2, 1997b, pp.279–304.

Estrella, A. and F. Mishkin, "Predicting US Recessions: Financial Variables as Leading Indicators", *Review of Economics and Statistics*, Vol.80, No. 1, 1998, pp.45–61.

Estrella, A. and F. Mishkin, "The Predictive Power of the Term Structure of Interest Rates in Europe and in the United States: Implications for the European Central Bank", *European Economic Review*, Vol.41, No. 7, 1997a, pp.1375–1402.

Estrella, A. and G. Hardouvelis, "The Term Structure as a Predictor of Real Economic Activity", *Journal of Finance*, Vol.46, No.2, 1991, pp.555–576.

Estrella, A., "Why Do Interest Rates Predict Macro Outcomes? A Unified Theory of Inflation, Output, Interest and Policy", *Federal Reserve Bank of New York*, *Research Paper*, No.9717, 1997.

Estrella, A., "Why Does the Yield Curve Predict Output and Inflation?", *Economic Journal*, Vol.115, No.505, 2005, pp.722–744.

Evans, C., "Economic Determinants of the Nominal Treasury Yield Curve", *Journal of Monetary Economics*, Vol.54, No.7, 2007, pp.1986–2003.

Evans, M., "Real Risk, Inflation Risk, and the Term Structure", *Economic Journal*, Vol.113, No.487, 2003, pp.345–389.

Fama, E. and G. Schwert, "Inflation, Interest, and Relative Prices", *Journal of Business*, Vol.52, No.2, 1979, pp.183–209.

Fama, E. and R. Bliss, "The Information in Long Maturity Forward Rates", *American Economic Review*, Vol.77, No.4, 1987, pp.680–692.

Fama, E., "Inflation Uncertainty and Expected Returns on Treasury Bills", *Journal of Political Economy*, Vol.84, No.3, 1976, pp.427–448.

Fama, E., "Short–Term Interest Rates as Predictors of Inflation", *American Economic Review*, Vol.65, No.1, 1975, pp.269–282.

Fama, E., "Term–Structure Forecasts of Interest Rates, Inflation and Real Returns", *Journal of Monetary Economics*, Vol.25, No.1, 1990, pp.59–76.

Fama, E., "The Information in the Term Structure", *Journal of Financial Economics*, Vol.13, No.4, 1984, pp.509–528.

Fama, E., and M. Gibbons, "Inflation, Real Returns and Capital Investment", *Journal of Monetary Economics*, Vol.9, No.3, 1982, pp.279–324.

Fischer, S., "Central –Bank Independence Revisited", *American Economic Review*, Vol.85, No.2, 1995, pp.201–206.

Fischer, S., "Rules Versus Discretion in Monetary Policy", in Friedman, B. and F. Hahn, eds. *Handbook of Monetary Economics*, Vol.2, 1992, pp. 1155–1184.

Fisher, I., "Appreciation and Interest", *Publications of the American Economic Association*, Vol.3, No.11, 1896, pp.331–442.

Fisher, I., *The Theory of Interest*, New York: Macmillan, 1930.

Frankel, J. and C. Lown, "An Indicator of Future Inflation Extracted from the Steepness of the Interest Rate Yield Curve along Its Entire Length", *Quarterly Journal of Economics*, Vol.59, No.2, 1994, pp.517–530.

Friedman, B. and K. Kuttner, "Why Does the Paper–Bill Spread Predict Real Economic Activity?", in Stock, J. and M. Watson eds. *Business Cycles, Indicators, and Forecasting*, Chicago: University of Chicago Press, 1993, pp.213–253.

Friedman, M. and A. Schwartz, *A Monetary History of the United States*: 1867–1960, Princeton: Princeton University Press, 1963.

Garbade, K. and P. Wachtel, "Time Variation in the Relationship between Inflation and Interest Rates", *Journal of Monetary Economics*, Vol.4, No. 4, 1978, pp.755–765.

Gerlach, S. and F. Smets, "The Term Sturcture of Euro–Rates: Some Evidence in Support of the Expectations Hypothesis", *Journal of International Money and Finance*, Vol.16, No.2, 1997, pp.305–321.

Granger, C. and P. Newbold, "Spurious Regression in Econometrics", *Journal of Econometrics*, Vol.2, No.2, 1974, pp.111–120.

Granger, C., "Investigating Causal Relations by Econometric Models and Cross –Spectral Methods", *Econometrica*, 1969, Vol.37, No.3, 1969, pp.424–438.

Green, W., *Econometric Analysis*, New Jersey: Prentice-Hall, 2002.

Hagan, P. and G. West, "Interpolation Methods for Curve Construction", *Applied Mathematical Finance*, Vol.13, No.2, 2006, pp.89–129.

Hall, A., H. Anderson and C. Granger, "Treasury Bill Yield Curves and Cointegration", *Review of Economics and Statistics*, Vol.74, No.1, 1992, pp.116–126.

Hamilton, J. and D. Kim, "A Re-Examination of the Predictability of the Yield Spread for Real Economic Activity", *Journal of Money, Credit, and Banking*, Vol.34, No.2, 2002, pp.340–360.

Hardouvelis, G., "The Predictive Power of the Term Structure during Recent Monetary Regimes", *Journal of Finance*, Vol.43, No.2, 1988, pp.339–356.

Hardouvelis, G., "The Term Structure Spread and Future Changes in Long and Short Rates in the G7 Countries: Is There a Puzzle?", *Journal of Monetary Economics*, Vol.33, No.2, 1994, pp.255–283.

Harvey, C., "Term Structure Forecasts Economic Growth", *Financial Analysis Journal*, Vol.49, No.3, 1993, pp.6–8.

Harvey, C., "The Real Term Structure and Consumption Growth", *Journal of Financial Economics*, Vol.22, No.2, 1988, pp.305–333.

Harvey, C., "The Term Structure and World Economic Growth", *Journal of Fixed Income*, Vol.1, No.1, 1991, pp.4–17.

Haubrich, J. and A. Dombrosky, "Predicting Real Growth Using the Yield Curve", *Federal Reserve Bank of Cleveland Economic Review*, Vol. 32, No.1, 1996, pp.26–35.

Hicks, J., *Value and Capital*, London: Oxford University Press, 1939.

Ho, T. and S. Lee, "Term Structure Movements and Pricing Interest Rate Contingent Claims", *Journal of Finance*, Vol.41, No.5, 1986, pp.1011–1029.

Hull, J. and A. White, "Pricing Interest-Rate Derivative Securities", *Review of Financial Studies*, Vol.3, No.4, 1990, pp.573–592.

Jongen, R., W. Verschoor and C. Wolff, "Time Variation in Term Premia: International Evidence", Luxembourg School of Finance; Centre for Economic Policy Research, *CEPR Discussion Paper*, No.4959, 2005.

Jorion, P. and F. Mishkin, "A Multicountry Comparison of Term –Structure Forecasts at Long Horizons", *Journal of Financial Economics*, Vol.29, No.1, 1991, pp.59–80.

Kamara, A., "The Relation between Default–Free Interest Rates and Expected Economic Growth is Stronger than You Think", *Journal of Finance*, Vol. 52, No.4, 1997, pp.1681–1694.

Kessel, R., "The Cyclical Behavior of the Term Structure of Interest Rates", *NBER Occasional Papers*, No.91, 1965.

Kim, D. and A. Orphanides, "The Bond Market Term Premium: What Is It, and How Can We Measure It", *BIS Quarterly Review*, June, 2007, pp. 27–40.

Kotlan, V., "The Term Structure of Interest Rates and Future Inflation", *Eastern European Economics*, Vol.37, No.1, 1999, pp.36–51.

Kydland, F. and E. Prescott, "Rules Rather than Discretion: The Inconsistency of Optimal Plans", *Journal of Political Economy*, Vol.85, No.3, 1977, pp.473–491.

Lint, C.R., and D. Stolin, "The Predictive Power of the Yield Curve: A Theoretical Assessment", *Journal of Monetary Economics*, Vol.50, No. 7, 2003, pp.1603–1622.

Litterman, R. and J. Scheinkman, "Common Factors Affecting Bond Returns", *Journal of Fixed Income*, Vol.1, No.1, 1991, pp.54–61.

Longstaff, F., "The Term Structure of Very Short–Term Rates: New Evidence for the Expectations Hypothesis", *Journal of Financial Economics*, Vol. 58, No.3, 2000, pp.397–415.

Lown, C., "Interest Rate Spreads, Commodity Prices, and the Dollar: A New Strategy for Monetary Policy?", Federal Reserve Bank of Dallas, *Economic Review*, July, 1989, pp.13–26.

Lucas, R., "Asset Prices in an Exchange Economy", *Econometrica*, Vol.46, No.6, 1978, pp.1429–1445.

Lucas, R., "Econometric Policy Evaluation: A Critique", *Carnegie–Rochester Conference Series on Public Policy*, Vol.1, No.1, 1978, pp.19–46.

Lucas, R., "Expectations and the Neutrality of Money", *Journal of Economic Theory*, Vol.4, 1978, pp.103–124.

Lucas, R., "On the Mechanics of Economic Development", *Journal of Monetary Economics*, Vol.22, No.1, 1978, pp.3–42.

Lutz, F., "The Structure of Interest Rates", *Quarterly Journal of Economics*, Vol.55, No.4, 1940, pp.36–63.

Malkiel, B., "Term Structure of Interest Rates", in Eatwell, J., M. Milgate, and P. Newman eds. *The New Palgrave: A Dictionary of Economics*, London and New York: Macmillan and Stockton, 1987, pp.629–631.

Mankiw, G. and J. Miron, "The Changing Behavior of the Term Structure of Interest Rates", *Quarterly Journal of Economics*, Vol.101, No.2, 1986, pp.211–228.

Mankiw, G. and L. Summers, "Do Long–Term Interest Rates Overreact to Short–Term Interest Rates?", *Brookings Papers on Economic Activity*, Vol.19, No.1, 1984, pp.223–242.

Mankiw, G., "The Term Structure of Interest Rates Revisited", *Brookings Papers on Economic Activity*, Vol.1986, No.1, 1986, pp.61–110.

Mishkin, F., "A Multi–Country Study of the Information in the Term Structure about Future Inflation", *Journal of International Money and Finance*, Vol.10, No.1, 1991, pp.2–22.

Mishkin, F., "Does Correction for Heteroscedasticity Help?", *Economics Letters*, Vol.34, No.4, 1990c, pp.351–356.

Mishkin, F., "From Monetary Targeting to Inflation Targeting: Lessons from the Industrialized Countries", in *Banko de Mexcio, Stabilization and Monetary Policy: The International Experience*, Bank of Mexico, 2002, pp.99–139.

Mishkin, F., "Is the Fisher Effect for Real? A Reexamination of the Relationship between Inflation and Interest Rates", *Journal of Monetary Economics*, Vol.30, No.2, 1992b, pp.195–215.

Mishkin, F., "The Information in the Longer Maturity Term Structure about Future Inflation", *Quarterly Journal of Economics*, Vol.55, No.3, 1990b, pp.815–828.

市场预期、利率期限结构与间接货币政策转型

Mishkin, F., "The Information in the Term Structure: Some Further Results", *Journal of Econometrics*, Vol.3, No.4, 1988, pp.307–314.

Mishkin, F., "The Real Interest Rate: An Empirical Investigation", *Carnegie –Rochester Conference Series on Public Policy*, Vol.15, No.1, 1981, pp.151–200.

Mishkin, F., "What Does the Term Structure Tell Us about Future Inflation?", *Journal of Monetary Economics*, Vol.25, No.1, 1990a, pp.77–95.

Mishkin, F., "Yield Curve", in Newman, P., M. Milgate and J. Eatwell eds. *The New Palgrave Dictionary of Money and Finance*, London and New York: Macmillan and Stockto, 1992a, pp.812–814.

Muth, J., "Rational Expectations and the Theory of Price Movements", *Econometrica*, Vol.29, No.3, 1961, pp.315–335.

Nagayasu, J., "On the Term Structure of Interest Rates and Inflation in Japan", *Journal of Economics and Business*, Vol.54, No.5, 2002, pp.505–523.

Nelson, C. and A. Siegel, "Parsimonious Modeling of Yield Curves", *Journal of Business*, Vol.60, No.4, 1987, pp.473–489.

Nelson, C. and G. Schwert, "Short–Term Interest Rates as Predictors of Inflation: On Testing the Hypothesis that the Real Rate of Interest Rate is Constant", *American Economic Review*, Vol.67, No.3, 1977, pp.478–486.

Nelson, E., "Milton Friedman and U.S. Monetary History 1961–2006", *Federal Reserve Bank of St. Louis Review*, Vol.89, No.3, 2007, pp.153–182.

Newey, W. and K. West, "A Simple, Positive Definite, Heteroskedasticity and Autocorrelation Consistent Convariance Matrix", *Econometrica*, Vol.55, No.3, 1987, pp.703–708.

Orphanides, A., and M. Wei, "Evolving Macroeconomic Perceptions and the Term Structure of Interest Rates", *Journal of Economic Dynamics and Control*, Vol.36, No.2, 2012, pp.239–254.

Phelps, E., "Money–Wage Dynamics and Labor–Market Equilibrium", *Journal of Political Economy*, Vol.76, No.4, 1968, pp.678–711.

Philips, A., "The Relationship between Unemployment and the Rate of Change of Money Wage Rates and in the United Kingdom: 1861–1957", *Economica*, New Series, Vol.25, No.100, 1958, pp.283–299.

Plosser, C. and K. Rouwenhorst, "International Term Structures and Real Economic Growth", *Journal of Monetary Economics*, Vol.33, No.1, 1994, pp.133–155.

Poole, W., "Optimal Choice of Monetary Policy Instruments in a Simple Stochastic Macro Model", *Quarterly Journal of Economics*, Vol.84, No.2, 1970, pp.197–218.

Primm, J., "A Foregone Conclusion: The Founding of the Federal Reserve Bank of St. Louis", Federal Reserve Bank of St. Louis, http://www.stlouisfed.org/foregone/index.cfm, 1989.

Robertson, D., "Term Structure Forecasts of Inflation", *Economic Journal*, Vol.102, No.414, 1992, pp.1083–1093.

Ross, S., "The Arbitrage Theory of Capital Pricing", *Journal of Economic Theory*, Vol.13, No.3, 1976, pp.341–360.

Rudebusch, G. and T. Wu, "A Macro–Finance Model of the Term Structure, Monetary Policy, and the Economy", *Economic Journal*, Vol.118, No.530, 2008, pp.906–926.

Rudebusch, G., "Federal Reserve Interest Rate Targeting, Rational Expectations, and the Term Structure", *Journal of Monetary Economics*, Vol.35, No.2, 1995, pp.245–274.

Schumpeter, J., *History of Economic Analysis*, London: Allen & Unwin, 1954.

Shea, G., "Benchmarking of Expectations Hypothesis of the Interest Rate Term Structure: An Analysis of Cointegration Vectors", *Journal of Business and Economic Statistics*, Vol.10, No.3, 1992, pp.347–366.

Shiller, R., "Can the Fed Control Real Interest Rates?", *NBER Working Paper*, No.348, 1980.

Shiller, R., "Comments and Discussion", *Brookings Papers on Economic Activity*, Vol.1986, No.1, 1986, pp.100–107.

Shiller, R., "The Term Structure of Interest Rates", in Friedman, B. and F. Hahn eds. *Handbook of Monetary Economics*, Vol.1, 1990, pp.627–722.

Shiller, R., "The Volatility of Long-Term Interest Rates and Expectations Models of the Term Structure", *Journal of Political Economy*, Vol.87, No. 4, 1979, pp.1190-1219.

Shiller, R., J. Campbell and K. Schoenholtz, "Forward Rates and Future Policy: Interpreting the Term Structure of Interest Rates", *Brookings Papers on Economic Activity*, Vol.1983, No.1, 1983, pp.173-217.

Simon, H., *Economic Policy for a Free Society*, Chicago: University of Chicago Press, 1948.

Sims, C., "Macroeconomics and Reality", *Econometrica*, Vol.48, No. 1, 1980, pp.1-48.

Sims, C., J. Stock, and M. Watson, "Inference in Linear Time Series Models with Some Unit Roots", *Econometrica*, Vol.58, No.1, 1990, pp.113-144.

Smant, D., "Direct Tests of the Expectations Theory of the Term Structure: Survey Expectations, the Term Premium and Coefficient Biases", Munich Personal RepEc Archive, *MPRA Paper*, No.19185, 2010.

Smets, F. and K. Tsatsaronis, "Why Does the Yield Curve Predict Economic Activity? Dissecting the Evidence for Germany and the United States", *BIS Working Paper*, No.49, 1997.

Sommer, A., "Monetary Policy Strategy of the ECB", Lectures on the Macroeconomic Policies Studies Program (MPS) at Berlin School of Economics and Law, Deutschen Bundesbank, 2009.

Svensson, L. and M. Woodford, "Indicator Variables for Optimal Policy", *Journal of Monetary Economics*, Vol.50, No.3, 2003, pp.691-720.

Svensson, L., "Estimation and Interpreting Forward Interest Rates: Sweden 1992-1994", *NBER Working Paper*, No. 4871, 1994.

Taylor, J., "An Historical Analysis of Monetary Policy Rules", *NBER Working Paper*, No. 6768, 1998.

Taylor, J., "Discretion Versus Policy Rules in Practice", *Carnegie-Rochester Conferences Series on Public Policy*, Vol.39, December, 1993, pp.195-214.

Taylor, J., "Expectations, Open Market Operations, and Changes in the Federal Funds Rate", *Federal Reserve Bank of St. Louis Review*, July/August, 2001, pp.33–48.

Tzavalis, E. and M. Wickens, "Explaining the Failures of the Term Spread Models of the Rational Expectations Hypothesis of the Term Structure", *Journal of Money, Credit, and Banking*, Vol.29, No.3, 1997, pp.364–380.

Vasicek, O., "An Equilibrium Characterization of the Term Structure", *Journal of Financial Economics*, Vol.5, No.2, 1977, pp.177–188.

Walsh, C., "Central Bank Independence", in Durlauf, S. and L. Blume eds. *The New Palgrave Dictionary of Economics*, Palgrave Macmillan, 2008.

Walsh, C., *Monetary Theory and Policy*, Cambridge, MA: MIT Press, 2nd Edition, 2003.

Whitesell, W., "Interest Rate Corridors and Reserves", *Journal of Monetary Economics*, Vol.53, No.6, 2006, pp.1177–1195.

Woodford, M., "Monetary Policy in the Information Economy", *Paper for the Symposium of Economic Policy for the Information Economy*, Sponsored by the Federal Reserve Bank of Kansas City, Aug. 30th–Sep. 1st, 2001.

Wu, T., "Macro Factors and the Affine Term Structure of Interest Rates", *Journal of Money, Credit and Banking*, Vol.38, No.7, 2006, pp.1847–1875.

索 引

后　记

　　三年前（2008 年）在我的博士论文的后记中，我一度为自己即将度过的人生中的第三个十年而忧伤。毕竟，随着创造力"无法超越的顶峰"的逝去，我也只是"润色和修饰他过去的观点而已"。当然，我不指望自己打破熊彼特"神圣十年"的宿命论。事实上，我从未奢望自己在理论上能够有什么创新。所谓的"中国经济学"也仅是自欺欺人的说法，因为科学是不分国界的（如果认为经济学也是科学或者向着科学的方向努力的话）！但正如科学家是有国界的，能够置身于如此大规模经济社会变迁的中国经济并研究之，确实是我们的幸运！博士毕业后，我有幸进入中国社会科学院世界经济与政治研究所从事博士后研究工作，而各种机缘巧合使我更多地投入到宏观经济和货币政策的研究中，这份出站报告就是对这三年工作的一个阶段性总结吧。

　　尽管我在 2003 年进入中国人民银行营业管理部以来一直从事中央银行金融研究岗位工作，宏观经济和金融问题一直是我研究的主要内容，我的博士论文也是围绕经济增长和不良贷款展开的，但我还是缺乏对实际宏观经济和金融市场运行的直观认识。2008 年 7~12 月，我有幸被派至中国工商银行北京市分行学习锻炼，在当年的 9~11 月，我恰好在资产负债管理部暨资金交易室学习，而那时正是全球金融危机爆发国际金融市场大动荡的时期。我切身体会到了金融市场的波澜壮阔、起伏动荡！虽然仅仅是分行，但工商银行北京市分行拥有一定的自主交易头寸，他们的资金交易业务让我最为直接地了解了金融市场的实际运行状况，特别是在外部经济金融环境和政策剧烈变化时期市场第一线的交易员们对市场波动及政策变化的反应，让我印象深刻，这段经历也加深了我对金融市场的理解和经济金融运行机制的认识。2009 年 3~7 月，我又有幸经选拔由中国人民银行派送至柏林经济学院进修高级宏观经济和货币政策课程，得以近距离地观察全球经济危机对欧洲国家的实际影响。那段学习经历也非常有趣，因为可能是受刚刚发生的全球金融危机的影响吧，柏林经济学院和洪堡大学的教授们似乎都是传统凯恩斯主义和社会民主党的坚定支持者。尽管课堂中的学生还包括中国财政部的同事、越南中央银行的同行以及来自美国和波兰的留学生，但似乎大多数中国人民银行的同事们（包括我自己）都是自由市场经济的坚定支持者，我们与教授们经常意见相左。好在，宽松的课堂环境也让我们了解了彼此的观点，尽管仍然互不认同。当时我就在想，之所以形成这样的局面，也与大家相互了解不够有关吧。不过，当我了解到经常能够在蒂尔加腾公园（Tiergarten）看到的让我们这些依靠几百块钱（欧元）奖学金度日的过得"紧巴巴"的中国学生着实是羡慕、嫉妒（就差一点点恨了）的，在大草坪上懒洋洋晒着太阳的人们很多只是领取救济金（很多有子女的失业人员可以拿到原收入 2/3 左右的失业金，这至少要上千欧元）的失业人员时，我更坚定了自己对欧美经济差异原因的认识和自由市场经济的信念。也许，这就是凯恩斯所说的"在经济学和政治哲学的领域中，在 25 岁或 30 岁以后还受新理论影响的人是不多的"一个具体例子吧。

在工行北分和柏林经济学院学习的这两段经历极大地丰富了我对宏观经济和金融市场的认识，也促使我偏向宏观经济的研究。说老实话，我一直觉得宏观研究的挑战性太大了，并且一度心存畏惧。这不仅仅是因为宏观经济学远未如微观经济学那样自成体系成熟完备，各种各样的宏观经济学派就足以让人无所适从，更主要的是，宏观经济分析与现实确实太接近了。宏观研究者不得不对现实的经济运行进行研判并对政策进行解读和展望，其所做出的每一项结论不仅仅会影响政策走向或机构的决策方向，而且，要不了多长时间市场就会告诉我们曾经的分析结论是对还是错。宏观分析师的内心无时无刻不在经受这种非对即错的煎熬。事实上，宏观分析中能够有 1/3 预测正确（至少预测的方向上是正确的），那已经是非常了不起的成绩了。我有的时候与同事自嘲说，当前的宏观预测水平基本上与中世纪的巫师差不多。人们总是在追问为什么会判断错误，是理论出现了问题，还是有哪些情况没有注意到？即使各种情况都考虑到了，下次就一定能够保证不会再犯其他的错误吗？即使预测正确了，但那是不是运气因素呢？很多情况下基于经验和直觉的拍脑袋预测效果甚至要更好，而现代宏观经济学发展出来的复杂的宏观经济模型（如 DSGE），难道对分析现实的宏观经济真的是一点用处都没有吗？（毕竟，DSGE 也没有预测到 2008 年的全球金融危机）如果基于理论的分析和预测的成功率还不过 50%，那么宏观经济学难道真的是科学吗？正是在对这些问题的不懈思考中，我们的宏观经济分析才一点点地在进步。可以说，这篇出站报告的很大一部分内容，也正是我对这些问题思考的一个结果吧。通过利率期限结构来预测经济增长、通货膨胀等宏观经济变量，虽然我不敢保证这个方法每一次预测的精准性，但至少在理论上找到了一种分析和预测宏观经济的方法，而且有着一定的理论基础，这也让宏观分析和预测不至于仅仅是依靠数据，而与统计工作区分不大。当然，也正如 M. Friedman 不允许 Markowitz 以"均值—方差模型"为题进行论文答辩一样，如果仅是关心宏观预测的话，那么也就不是一项很好的经济学研究。我国的宏观经济始终存在着"一放就乱，一收就紧"的怪圈，而其根源很大程度上是在于宏观政策当局本身。以熨平经济波动为目标的宏观调控很可能是经济波动的根源，这个问题同样适用于货币领域。因此，我将论文的题目扩展至更广阔的层面，以利率期限结构为出发点，对我国间接货币政策转型问题进行了深入的分析。

这份出站报告是在 2011 年夏季完成并顺利通过了答辩。虽然已经过去两年，但现在看，报告所研究的问题及相关的观点经受住了时间的考验。我重新将很多计量分析的样本期做了尽可能的更新，很多描述性的分析数据至少更新到了 2012 年末，经济金融发展的新情况及政策的相应变化，更进一步验证了两年前的研究结论。有关通胀和宏观经济增长的预测样本并没有再更新，一是由于精力有限，更主要的是，我也有意保留这些早在两年前甚至更早时期做的预测。相较于对未来十几年、几十年乃至几百年的那些无法亲自去检验或很容易被忘记去检验的预测，为更得意自己的这些中短期预测，这些预测结果已经或即将接受现实的检验。我也有义务立此为证，虽然这更容易引来攻击和批评，但至少我所做的预测更符合 Karl Raimund Popper 爵士所定义的科学范畴。毕竟，预测是区分科学与伪科学的最好办法。预测实际现象的统计性而不是预测某个具体的结果（尽管现实中我们更加关心这个具体的结果），才是合理且通常的做法。而且，我也坚信经济学是不分国界的科学！

当然，作为中国经济研究者，这份出站报告主要还是加深了我对中国经济，特别是货币政策的理解。即使是两年前就已经得到了主要结论，但这些结论一点儿也不过时（我相信，至少是期望，但绝非是奢求，未来几十年也不会过时）。虽然中国人民银行很早就对"四万亿元"的副作用有着非常清醒的意识，在 2009 年第三季度起就有意识地采取了紧缩性的货币政策，通过公开市场操作等手段采取"动态微调"并在 2010 年初连续三次上调存款准备金率，但是 2010 年年中欧债危机的恶化打乱了货币调控的节奏，在各方面（市场及其他政府部门）全球经济"二次探底"担忧和国内经济可能再次重蹈"通缩"的压力下，中国人民银行只能保持沉默。2010 年第三季度整整三个月，货币政策几乎处于一种真空状态，这个代价就是通货膨胀和房地产泡沫的再次反弹。直到形势已经非常迫切，各界也终于达成共识之后，紧缩性货币政策才得以实施。然而，这一切也仅仅是"亡羊补牢"了，货币政策当局不得不"矫枉过正"，这也就是为什么 2010 年 11 月十天内相继两次上调准备金率、存款准备金率升至 21.5% 的历史高位（甚至是全球高位）的罕见情形的大背景。但是，与国外不负责任的政客和"无知"的大众一样，国内对货币政策寄予了太多的期望，似乎只要是货币政策就能够解决所有一切的问题，由此也将宏观经济的大起大落完全归咎于货币政策上来了，这并不公平。由于是"亡羊补牢"、"矫枉过正"，经济增长不可能不受影响。应当说，2011 年第四季度以来稳步回落的经济增速和总体回落的物价走势基本符合政策预期，但由于欧债危机持续发酵、美国失业率依然处在历史高位、经济仍笼罩在财政悬崖阴影之中、新兴经济体增速普遍放缓，再加上国内银行不良贷款上升、房地产市场和地方政府融资平台监管政策持续收紧等多重因素的影响，2012 年上半年以来市场弥漫着悲观的情绪，对宏观调控政策存在很大争论，甚至个别政府部门也卷进了非议货币政策的"洪流"。不过，毕竟中国人民银行认真吸取了上一轮宏观调控的教训。2012 年年中以来，由于对房价和物价的警惕及存款、外汇占款增速放缓等多重原因，货币政策保持了相当的克制，公开市场操作也由回收流动性转向投放流动性，市场利率保持在较高水平，这从市场在年中对降准、降息预期的频繁落空就可以看出。平心而论，最近两年的货币政策确实非常不容易，已经非常难能可贵了。毕竟，作为一个独立性非常有限的中央银行，中国人民银行这两年的表现至少要比近期第三大经济体日本银行好多了，而且这么讲，绝非是我作为一个 Central Banker 的卸责，而是作为一个严肃研究者的真实想法。

　　应当看到，最近两年，中国人民银行在疲于货币调控的同时，金融改革方面的确实实在在做了很多工作。银行间债券市场管理机制的变化使中国债券市场近两年的面貌发生了极大的改变，已跃升为全球第三大债券市场，中国的资本市场得到了跨越式发展，金融结构进一步优化；汇率弹性的进一步扩大、资本项目和人民币国际化进程的深入开展；开放存款利率上限并进一步扩大贷款下浮空间；加强逆回购强化公开市场操作在货币政策中的作用，并在 2013 年初引入短期流动性调节工具（Short-Term Liquidity Operations，SLO），逐步探索适合中国的利率走廊机制，等等，诸多措施都是在最近两年左右时间内完成的。不过，也应承认，与很多国家相比，与中国历史上的著名改革相比，中国金融改革的步伐确实是有些慢了，很多事情其实可以更早更好地实现，我们也曾经丧失过推进改革的宝贵时间窗口，但毕竟中国人民银行已经表明了在下一个十年完成金融要素改革等金融领域核心深层次改革的决心（参见刘士余副行长于 2013 年 3 月 18~19 日在"首届诺贝尔奖经济学家中国峰会"上的发言），我们也有充分的理由对中国金融的未来抱有乐观信心！当然，金融和货币政策改革只是经济改革的有机组成部分。作为宏观经济决策者，应当意识到，潜在经济增速已经下降，当前经济已经开始进入上行轨道，而且未来中国经济仍将保持较高的增速，没有必要出台大规模刺激政策。否则，通过投资和货币扩张等措施一味追求 10% 以上的经济增速，最终结果只能是"滞胀"和"中等收入陷阱"的恶果。在经济平稳回升过程中，决策者应保持清醒和冷静，对通货膨胀和资产价格泡沫保持高度警惕，通过深层次改革切实转变当前投资和政府主导的经济增长模式，优化经济结构，提高资源配置效率，增强经济自身的内生增长动力，真正实现经济的长期可持续健康发展。

　　中国经济能否延续"中国奇迹"，顺利实现"中国梦"，更多的还是要有足够的决心进行全方面的甚至是触及灵魂的全方位的改革！我真诚地期盼，下一个十年，不会是又一个"南柯一梦"！

　　我之所以能够有以利率期限结构作为博士后出站报告的选题，与我的博士后合作导师孙杰研究员的指导和鼓励是密不可分的。在此，我要对孙老师表示感谢。由于我国金融市场起步较晚，国内有关利率期限结构的研究仍是刚刚起步。2009 年，我在承担的中国人民银行重点课题项目"利率规则在货币政策中的应用"研究过程中，发现国内对利率期限结构的研究，特别是对其宏观经济指示器作用的研究，并不是很多。也就是在那时起，我尝试着进行初步研究，并逐步深入了下去。对于这个题目，我一开始也存在顾虑，主要是考虑到利率期限结构比较属于技术性较强的领域，但其国内的应用还并不普遍。不过，孙老师非常鼓励我的研究。他曾经也从事过债券市场的研究，深知这方面研究的意义，并就研究成果的应用性方面给了我非常大的启发。而且，孙老师还花费了大量的时间给我的论文提出了大量中肯的建议，甚至对于某个技术细节都要反复与我讨论。这不仅是对我负责，更体现了孙老师严谨的治学态度，令我深受感动。正是孙老师的建议，才使我的论文不仅仅局限于宏观预测的范畴，而是扩展至对中国货币政策模式的深入讨论。孙老师在学术研究上的宽容也非常让我感动。虽然是他的学生，但他也经常将自己的研究成果拿出来让我提些意见"挑挑错"，而无论我提出的问题是对是错，孙老师都会仔细考虑并认真地给我回复意见，我们经常就某个问题反复通过邮件进行大量的讨论，而正是通过这种讨论让我感受到了孙老师宽厚的长者之风！

我还要感谢我的硕士生导师吉林大学的项卫星教授和博士生导师中国人民大学的张杰教授，以及教授我学业的所有老师！我每一阶段的成长，都凝聚着各位师长对我的心血与期望，这份出站报告也是向老师们的一个阶段性成果汇报吧！感谢论文答辩组的曹远征老师、刘斌老师、何帆老师、姚枝仲老师和高海红老师，虽然这份报告的最终版本很多地方仍未能很好地回答他们的问题，但通过答辩，我确实进一步加深了对问题的认识，论文也得到了极大的完善和提高。

我还要感谢中央国债登记结算有限公司信息部的刘凡主任和宏源证券的何一峰博士，是他们给了我数据和技术上的大力支持。十分感谢光大证券首席宏观分析师徐高博士，早在当年我在北大听课时，他就对我学习高级宏观经济学课题给予了大量无私的帮助。特别感谢现在在兴宜村镇银行工作的徐爽博士，从某种意义上说，我能够走上学术研究这条路，与徐爽当年在北京大学读书时对我的鼓励和帮助至关重要，是通过他我才得以旁听 CCER 和光华一门门精彩的高级现代经济学课程，他在学术上的能力让我敬佩之极，直到现在我还不得不经常向他请教些经济学的 ABC 问题。虽然，我曾经为他放弃了学术的道路（国内少了一名优秀的经济学家）而深感惆怅，但是金子在哪里都会闪光，条条大路通罗马，我为他的选择和现在的成就而感到高兴。我还要感谢广东金融学院的陆磊教授，中国银行钟红老师，中国人民银行货币政策司的李斌博士，中国人民银行货币政策二司的伍戈博士，中国人民银行研究局的张怀清博士、王鹏博士、贾彦东博士和杨骏副研究员，广发基金的蔡键研究员，光大证券的钟正生博士，北京科技大学的张燃博士，正是与他们的交流讨论使我更多地了解到了金融业内的实际情况，并对我的研究予以了大力支持。感谢中国人民银行营业管理部的各位领导和同事，正是他们的理解与宽容使我得以顺利完成博士学业和博士后研究工作！我更要感谢社科院世界经济与政治研究所，特别是徐奇渊、张明、张斌、黄薇、高凌云等各位老师，所里良好的科研环境和浓厚的讨论氛围是我顺利完成出站报告的重要保障！感谢全国博士后管理委员会与中国社会科学院共同设立的《中国社会科学博士后文库》资助项目使这份报告得以资助出版。当然，我的成长得到了无数人的帮助，未能一一列出具体的名字，仅在此一并表示真诚的谢意。

最后，我要感谢爱我和我爱的家人。不养儿不知父母恩。博士后报告写作期间，正逢妻子怀孕并迎来了儿子治平的出世。感谢我的妻子纪淼和岳父岳母的辛勤操劳，使我得以安心论文的写作。看看三年前他们的照片，我知道妻子渐逝的青春容颜和岳父岳母更多更深的皱纹，我知道我欠他们的太多。尽管由于年龄和身体的原因，我们无法让我的父母过多地在抚育治平上面投入过多的精力，但父母对孩子的心是一样的。现在，每当我看到父亲面庞的皱纹和满头白发步履已有些蹒跚的母亲，我知道，虽不情愿，但爸妈还是老了……

愿我们的父亲母亲身体健康！这本书，就作为献给他们的礼物吧！

李宏瑾

2011 年 7 月于北京三里河办公室　第一稿

2013 年 3 月于北京马连道家中　第二稿